# 憲政の政治学

坂野潤治／新藤宗幸／小林正弥——［編］

東京大学出版会

History and Theory of Japanese Constitutional Politics
Junji BANNO, Muneyuki SHINDO, Masaya KOBAYASHI, editors
University of Tokyo Press, 2006
ISBN 4-13-030138-1

憲政の政治学／目次

## 第3部　憲法政治における外交と内政——アジア主義と総動員体制化

# 序　憲政と憲法政治

小林正弥

## 概念の展開

「憲政」とは、辞書的定義では「憲法に基づいて行う政治。近代的議会制度による政治。立憲政治」(広辞苑、第五版)とあり、小項目として、憲政会・憲政党・憲政の常道・憲政本党・憲政擁護が並んでいる。このように、この用語は主として、戦前の日本政治(史)において用いられ、今日では使用回数が少なくなっている。永田町の衆議院前にある憲政記念館では、国会や議会史についての展示が行われ、第一次憲政擁護運動で憲政の神様と称された尾崎行雄や、第二次憲政擁護運動によって成立した加藤高明内閣については、特に詳しい展示がなされている。

この展示は、「憲政」という歴史的概念を反映している。欽定憲法たる「大日本帝国憲法」においては、国民主権の原理が存在せず、議会制も不十分な形でしか定められなかったから、この概念は、藩閥政治などの専制政治や超然主義に対抗して、その憲法の許す限り民主的な議会政治や政党内閣を実現しようとする志向を含意していた。いわば最高法規としての憲法の限界に対して、政治的な「憲政」概念によって、臨界点ぎりぎりまで迫り、可能な限りにおける民主的政治を実現しようとしたのである。

「憲法」概念は、ドイツ語の Verfassung、フランス語の Constitution、英語の Constitution の訳語である。当初は「律例」「政事」「国法」「政体」「根本律法」「国憲」、「国制」、「朝綱」「建国法」など、さまざまな訳語が使用されていたが、次第に「憲法」に統一されるようになった。[1] 穂積陳重の『法窓夜話』によれば、明治六(一八七三)年に、箕作麟祥が『フランス六法』の中で「コンスティテュシオン」に「憲法」なる訳語を当てたのが始まりといい、[2] 明治一四(一八八一)年の民間における憲法草案起草ブームの中でこの訳語が決定的になった。

これに対して、「憲政」概念の発祥は必ずしも詳らかではないが、管見の限りでは、「立憲政治」が起点であるように思える。おそらく、constitutional government を「立憲政体」と訳したのは加藤弘之と思われ、彼の『立憲政体略』(中外堂、慶応四[一八六五]年)以来、[3] 立憲政体という用語が用いられるようになり、訳語として「立憲政体」「立憲政治」が定着していく。[4] この概念においては、憲法の存在と共に、当時の民撰議院設立論争の文脈の中で「代議政治」ないし「代議政体(representative government)」の存在が重要な特徴として考えられていた。[5]

そして、「憲政」という用語が著作の題名に用いられるのは、調べられた限りでは、野口長次郎(自悠居士)の『憲政之骨』(鶏鳴館、明治二九[一八九六]年)であり、ここでは「憲政」は「立憲政治」と同義の概念として用いられている。[6] ここから見ると、「憲政」概念は、「立憲政治」の縮約として用いられ始めたのではないだろうか。したがって、「憲政」概念は、constitutional politics の訳語として始まったのではないようである。

この二年後の明治三一年(一八九八年)に自由党・進歩党が合流して「憲政党」を結成し、[7] 大隈首相・板垣内相による隈板内閣が成立する。僅か四ヶ月で崩壊した日本最初の政党内閣である。「憲政党」は「憲政党」(一八九八―一九〇〇)と「憲政本党」(一八九八―一九一〇)に分裂し、さらに前者の「憲政党」は二年後に立憲政友会となる。おそらく、「憲政党」という政党名によって、「憲政」の概念が一層決定的に重要なものになったように思われる。自由党・民主党・自由民主党・社会党・共産党などの多くの政党名が海外の政党名と共通していて独自性を持たないのに対し、「憲政党」という名称は日本独特のものであり、それがひいては「憲政」という新しい概念を日本に定着させるに至った。日本の多くの政治的用語が海外からの輸入であるのに対し、このような独特の概念が創出されて政治史上で重要な意義を持ったことは注目に値しよう。いったい誰が「憲政党」という名称を付けたのだろうか。

『憲政之骨』の後、「憲政」概念が著作の表題に使われた例は暫く見当たらず、この次に現れるのは大正二年(一九一三年)であり[8]、この年から急増する。その理由は、大正元年末から二年にかけて第一次憲政擁護運動が起こったからである。尾崎行雄と犬養毅が先導して「閥族打破、憲政擁護」の旗印の下で桂内閣を攻撃して、大正政変を引き起こし、彼らは「憲政の神様」と称された。この後は、第二次世界大戦まで一貫して「憲政」の概念は多用されている。一九一六年に憲政会(—一九二七年)が成立し、一九二四年に第二次憲政擁護運動が起こって、これ以降、一九三二年まで「憲政の常道」による政党内閣が実現する。この用例の急増から見ると、「憲政」の概念が確立したのは、一九一三年頃と言うことができよう。第一次憲政擁護運動の時である。この二つの民主化運動は明治憲法の下で次第に発達してきた「憲政」を守れという運動で、保守的な明治憲法を擁護せよという運動ではなかった。これらの運動を「護憲運動」と呼ぶのは歴史的用例において稀であるばかりではなく、分析用語としても不適切なのである[9]。

さらに、「憲法政治」という概念も、第一次憲政擁護運動の後で用いられ始めたが、これも constitutional politics の訳ではなく、日本独特の概念として始まったようである。この語の著作題名としての初出は、管見の限りではマリオット『英国の憲法政治』(占部百太郎訳、慶応義塾出版局、大正三[一九一四]年)だが、これは著名な歴史家にして教育者・政治家のジョン・アーサー・ランサム・マリオット卿(一八五九—一九四五)の *English Political Institutions* (初版一九一〇年)の訳であり、直訳すれば『英国の政治制度』だから、constitutional politics の訳というわけではない[10]。続く用例は、法学者・江木衷の『憲法政治に対する長防人士の責任』(山口県法政会、大正六[一九一七]年)で、ここでは「憲法政治」は「立憲政治」という概念の同義語として用いられている[11]。

このように、「憲政」や「憲法政治」という概念は、「立憲政治」という概念の同意語として用いられ始めたと思われる。事実、大正デモクラシーを牽引した政治学者・吉野作造は、その有名な「憲政の本義を説いて其の有終の美を済すの途を論ず」(大正五[一九一六]年)において、「憲政とは何ぞや」との項において「憲政、即ち立憲政治または憲法政治というのは、文字の示す通り、『憲法を以てする政治』、『憲法に遵拠して行うところの政治』という意味である」(傍点、圏点原文)とした。[12] その上で、「国家統治の根本法則」としての憲法の要件として、憲法が普通の法律よりも高い効力を持ち、「①人民権利の保障、②三権分立主義、③民選議院制度」という三種の規定を含む必要があるとして、このような憲法を遵則とするものを「立憲政治」とする。

さらに彼が言うには、「憲政」は憲法の制定によって始まるが、「有終の美を済す」には「憲法の奥の奥に潜んで居るところの根本精神」に従って、「制度の足らざる所に改善を加え」、かつその「運用」に「奮闘努力」する必要がある。この「各国憲法に通有する精神的根柢」こそが「民本主義」である。デモクラシーには二義があり、「国家の主権は法理上人民に在るべし」という意味には「民主主義」という訳が適切であるのに対し、「国家の主権の活動の基本的な目標は人民に在るべし」という意味、言い換えれば、主権の所在ではなくその運用において「主権者は須らく一般民衆の利福並びに意嚮を重んずるを方針とす可しという主義」を民本主義と訳す。

なかでも最後の「一般民衆の……意嚮」は吉野民本主義の眼目である。彼はこの立場から普通選挙を提唱し続けたのであるから。また吉野は今日的意味での「社会民主主義」の日本における創始者でもあったが、それは彼の言う「一般民衆の利福」の重視に基づいたものである。

吉野の「民本主義」は「主権の所在」の問題を回避した点で悪名高い。しかし、「主権の所在」を重視した美濃部達吉の「天皇機関説」にしても、明治憲法を前提にする限り、主張できたのは「国家主権説」であって「人民主権説」ではない。事実上改正不可能であった明治憲法下における「民本主義」と「天皇機関説」は、可能な限りの理想を現実的に実現しようとする試みであり、いわば「理想主義的現実主義」の立場と言うことができよう。この試みにおいて、「憲政」という概念は、現実において理想を実現するための「規範概念」としての役割を果たしている。

上述のように、吉野は「憲政」を「立憲政治」ないし「憲法政治」と言い換えているが、戦後においては、「憲政」という概念よりも「憲法政治」という概念の方が頻繁に用いられてきた。吉野が主張した意味における「憲政」は日本国憲法において明文化されたため、それ自体は「規範概念」としての役割を失って使用頻度が減少したのに対し、「憲法政治」の方は「描写概念」として用いられることになったのである。(13)

特に戦後憲法学において、「憲法政治」という概念は、従来、「政治のなかで、とくに憲法にかんする政治」(杉原泰雄)(14)というような、極めて広い意味において用いられてきた。例えば、小林直樹『憲法政治の転換——民主政の再建を求めて』(東京大学出版会、一九九〇年)においては、第1章「憲法政治の点検」において、立憲制・憲法保障と司法権が論じられ、第2章「議会制の混迷と再建」、第3章「金権政治の構造と改革」、第4章「平和憲法と軍拡路線」といった広汎な内容が扱われている。ここでは、戦前の憲政の概念のように立憲主義や議会政治という意味も存在するが、平和主義を始め憲法に関する、さらに幅広い意味が含まれている。(15)

この場合の「憲法政治」は、基本的には描写概念である。けれども、この用語においては、戦後に成立した日本国憲法において、国民主権・基本的人権・平和主義の三大原理が定められたものの、逆コース以降において、平和主義を始めとするこれらの憲法規範が掘り崩されていくという危機感が、しばしば暗に陽に表明されている。だから、この「憲法政治」概念によって、憲法の定着の有無や解釈改憲などが論じられることになった。従って、この「憲法政治」概念自体は描写的概念だが、その背後には護憲という規範的志向性が伏在している、と言うことができよう。つまり、戦前政治についての「憲政」概念においては、憲法が保守的でありそれに対する近代的・民主的・進歩的な政治が「憲政」と規範的に呼ばれたのに対し、戦後政治についての「憲政」概念においては、憲法が民主的になったので、これを掘り崩す保守的政治(と憲法の関係)を「憲法政治」と描写的に呼ぶことが多かった、と言えよう。

ところが、これらの二つの概念に対し、第三の概念として、近年では、アメリカの法哲学や政治哲学などでブルース・アッカーマンが提起した「憲法政治 (constitutional politics)」の概念が用いられるようになってきた。リベラル共和主義者のアッカーマンはアメリカを対象として論じており、『私達、人民』(二巻、一九九一、一九九八年)で、人民全体による討議によって憲法の制定や修正を行う「憲法政治」と、既存の憲法の下で議会や利益集団などによって行われる「通常政治」とを区別し、「二元的民主政 (dualist democracy)」のモデルを提起した。(16)

憲法政治の段階においては、人民は公共心に鼓舞され、熟慮に基づき公共民としての美徳を発揮して、憲法の制定や修正などの大変動に関わって、人民が決定する。この際には、通常の政治では対応できない危機的・革命的状況が現れ、これに対して人民は政治的運動を組織し結集を行う。これに対して、通常政治の時期は、憲法政治の間の時期で、人民は私的利益の追求に専念しており、代表者がその支持を得るべく競争して、政府が決定を行う。つまり、「憲法政治―公共的市民(美徳)―人民の決定／通常政治―私的市民(利益追求)―政府の決定」という対応関係が想定されている。アッカーマンは、このような憲法政治の時期として、アメリカ建国期、南北戦争期、大恐慌後のニュー・ディール期という三つの時期を挙げている。これらの憲法政治の時期には、それまでの憲法が「現在の人民」によって修正される。ただし、その修正は、憲法改正や修正条項の付加といった明示的な形で行われるとは必ずしも限らない。

従って、仮にこの考え方を日本政治にあてはめてみれば、明示的な憲法制定や憲法改正だけではなく、解釈改憲に関する戦後政治も、この点では概念としてはアッカーマンの言う「憲法政治」に相当する可能性があるということになろう。また、戦前の「憲政」も、その実現は、明治憲法の明文改正ではなくともその運用の大変化を意味しているから、やはり「憲法政治」に相当しうることになるだろう。

大きく見れば、アメリカの憲法政治においては民主化が周期的に進むのに対して、日本の憲法政治においては、憲政が成立しては危機に至る一種の循環が存在すると考えられよう。民撰議院設立建白書(一八七四年)以来、明治一四年（一八八一年）の政変（国会開設の詔）に至る自由民権運動、大同団結運動（一八八七年）、第一次・第二次の憲政擁護運動（一九一三・一九二四年）以降の政党内閣期と民主化が進んだ後で、一九三〇年代には革新ファシズムによって憲政が崩壊する。戦後には、日本国憲法の制定から安保闘争などに至る民主化の高揚の後、高度成長期の「通常政治」を経て、一九八〇年代以来の「政治改革」によって二大政党化が進んでいる反面、憲法改定の可能性がかつてないほど高まっている。これらは、いずれもアッカーマンの言う「憲法政治」の時期に相当しよう。

ただ、アッカーマンの言う「憲法政治」は、アメリカにおける民主主義の存在を前提にしている。そして、リベラルながら共和主義の観点から、憲法政治における民主主義の発現を重視しており、この点で憲法の変革をむしろ肯定的に捉えている。通常のリベラルが人権の擁護を中心に考えるためにそれに反する可能性のある憲法修正に対して慎重な姿勢を示すのに対して、「民主主義第一、権利尊重第二」と言えるような姿勢を示している。だから、彼の「憲法政治」概念は、描写的であると同時に、人民主権の行使という規範的意味を含んでいると言えよう。

これに対して、戦前の「憲政」の要求は、「民本主義」という意味においてではあっても民主主義的という点ではアッカーマンの言う「憲法政治」と共通しているが、明治憲法に人民主権が存在しなかった点ではそもそも異なっている。また、日本の憲法学で言うところの戦後の「憲法政治」は、人民主権が憲法問題において行使されて公共的熟議が行われたとは言えず、むしろ保守政治によって憲法問題に関する人民主権の行使や公共的熟議は回避されてきた。だから、これらの点では、戦前の「憲政」や戦後長い間の「憲法政治」は、アッカーマンの言う「憲法政治」とは些か異なっている。

戦前の「憲政」への移行と戦後の「憲法政治」の双方とも、明文改憲なしに実質的には憲法改定に匹敵するような大規模な憲法解釈の変動が生じた。そこで、明文改憲が行われた場合に比して、アッカーマンが想定するような「憲法政治／通常政治」という区別は明瞭ではない。ベラミーが指摘するように、アッカーマンはこの二元論的対置を過度に強調していると考えられるから、(17)この点に固執しない方がよいかもしれない。とはいえ、恩顧主義的な利益誘導を中心にする「通常政治」との差は存在するから、明文改憲を伴わない「憲法政治」という観念に注意を促したい。

そして、これらの場合とは異なって、現在の憲法改定の動きにおいては、明文改憲が行われる可能性が高まっている。日本国憲法は国民主権の原理に立脚していて(少なくとも一定程度は)国民の意思による憲法改正を認めているから、この点においては、現在は正にアッカーマンの言う意味における「憲法政治」の時期に突入したと言えよう。アッカーマンは、人民による決定という観点から、憲法改正を否定的には必ずしも考えないから、この点で改憲に反対してきた日本の憲法学(の主流)とは姿勢が大きく異なっている。けれども、アッカーマンの観点から見ても、憲法改正には、国民の公共的関心の高まりと熟議とが必要である。だから、今日において、もし憲法改定の過程を進行させるならば、現在よりも遥かに国民の公共的関心が高まり熟議が徹底的になされることが必要であろう。

以上をまとめてみると、管見の限りでは、「憲政」と「憲法政治（constitutional politics)」の概念は、日本語においては「立憲政治」に由来し、もともとは共通の意味で用いられていた。ただ、その具体的内容は多義的であり、「立憲主義」の概念が変化ないし分岐しているように、それぞれの意味内容にも変化や多様性がある。調べてみると、少なくとも次の四つの意味で用いられている。

第一に、特に戦前における「憲政」は、憲法の精神を遵守する政治という意味で用いられ、「立憲政治」という言葉と同様に、そこには規範的意味が含まれている。

第二に、日本の戦後憲法学では、「憲法政治」は憲法に関係する政治という意味で用いられている。平和主義の維持などの規範的含意も潜在する場合が多いが、基本的には描写的用法である。

第三に、近年、アッカーマンらの言う「憲法政治」の概念が存在する。上の二つの意味においては、必ずしも明文の憲法改定は規範的に意図されてはいないのに対し、アッカーマンは憲法改定を民主的な人民の決定として規範的に肯定的に評価している。

第四に、「司法による憲法（解釈）の変化という意味で「憲法政治」が使われる例があり、これは基本的には描写的な意味である。(18)

以上の四つの意味のいずれにしても、「憲政」や「憲法政治」の概念が重要なのは、憲法と政治とを分離せずに、それらの連関に注目しているからである。戦後日本の憲法学では、解釈論が中心になっていて、政治との関連はあまり意識されていないことが多い。アッカーマンの言う「通常政治」の際にはともかく、「憲法政治」の時期には、憲法改定が政治的争点そのものとなるから、憲法の考察と政治的考察とが分断されていては現実に対して有意な議論ができない。この際には、双方を連関させる「憲政」や「憲法政治」の考察が不可欠となるのである。

## 本書の構成

そこで、本論集においては、憲法と政治という観点からの政治学的研究の必要性を意識して、日本政治史・政治思想・行政学といった領域の論稿が収録されている。特に、編者の一人・坂野潤治が『明治憲法体制の確立――富国強兵と民力休養』（東京大学出版会、一九七一年）などの諸著作において、明治憲法下の「憲政」について、憲法と政治の交錯を描き出す画期的な仕事を行ったことに鑑みて、「憲政の政治学」という書名とした。

坂野の作品は、明治憲法下において、明文改憲なしに実質的には憲法改定に相当するような政治的変動が存在したことに焦点をあてるものであり、その意味における「憲法政治」を扱ったと言えよう。これは、暗黙裡の「憲法改定」に相当するから、いわば「暗黙裡憲法政治 (tacit constitutional politics)」とでも呼べるのではなかろうか。いわば、アッカーマンがアメリカの文脈で明文改憲を中心に「明示的憲法政治」を論じたのに対し、坂野は明治憲法の文脈で「暗黙裡憲法政治」を論じたと言えよう。従って、坂野の論稿には「憲法政治」という観点についても、アッカーマンにはない独自の示唆が含まれていると考えられよう。そこで、収録論稿には「憲政」に関わるものだけではなく、「憲法政治」に関わるものも含まれている。

第1部は「憲政と憲法政治――起点と現在」と題して、「憲政」の起点と現在の問題状況における「憲法政治」を扱っている。ちょうどアッカーマンが憲法政治を周期的に訪れるものと捉えているように、坂野潤治は、近著『明治デモクラシー』（岩波新書、二〇〇五年）で、戦前の日本の民主主義思想と運動について、「明治デモクラシー」（一八七九―一九一二、自由民権運動、大同団結運動、初期大正デモクラシー）、「大正デモクラシー」（一九一四―一九二五）、「昭和デモクラシー」（一九二六―一九三七）というように整理している。また、坂野の歴史観においては、「保守／中道／革新」〔以下では、急進と呼ぶ〕という三極史観が存在しており、その観点から、坂野は、福沢諭吉や吉野作造らの「中道派」の二大政党制論や普通選挙論を高く評価する論稿をこれまで数多く著してきた(19)。

坂野の第1章「『明治デモクラシー』と『主権在民論』」では、自由民権運動の時期における急進派の主権論とその政治的動態との関連を扱っている。中道派は主権論を棚上げにすることが多かったのに対し、保守派の「主権在君論」に正面から対抗した急進派は「主権在民論」を展開した。坂野は、植木ら愛国社系の議論がルソーの『社会契約論』（の兆民訳にない部分）における人民定期集会に極めて近い点に注意を促す。彼によれば、第一・二回国会期成同盟大会における左派・愛国社系の主張は、各地各個の国会開設の請願や具申、統一請願や憲法草案の起草ではなく、ルソーが「定期人民集会」を主張したように、自分達で「私立国会」として政党を作ることであり、それは自由党の結成（一九八一年）へと至る。この「私立国会＝政党」は、現実の政府や憲法や代議制議会を超えて、人民の意思を体現する存在として考えられた。

複数政党制を自明視しがちな私達にとって、「私立国会＝政党」という発想は意外だが、これはアッカーマンの言う「憲法政治」の最も鋭い緊張状態に対して改めて新鮮な洞察をもたらす。そもそも、フランス革命も、身分制的な全国三部会に対して国民議会が開催されそれが憲法制定議会へと展開した。現在でも、国会や安保理のような制度的な会議が形骸化したり機能不全に陥ったりする場合に、人民会議や総会で代替するという発想が生じうる。ここには、急進派と中道派との間の「直接民主政／間接民主政」、「ルソー・モデル／イギリス・モデル」といった対立が究極的な形で現れるのである。

また、明治一四年の政変において、交詢社グループによる薩長政府の弾劾に愛国社グループが合流していれば、参議大隈重信と福沢系中堅官吏の罷免はできなかったかもしれないのに、板垣退助はその道を選ばなかった。この「中道派と急進派が連携すれば保守派に対抗できるのに、前二者が分かれることによって保守派を利する」という構図は、その後の日本政治史の永年にわたる問題を暗示している[20]。国会開設後も、第一議会において、自由党の右派(板垣ら旧愛国公党)が政府に妥協したという「土佐派の裏切り」によって、左派の中江兆民は憤激して辞職した。それ以来、自由党は、星亨らが主張した「積極政策」(政府との対決による減税よりも、政府との妥協による公共事業による集票を目指す)へと徐々に転換し、一九〇〇年には、伊藤博文を総裁とする立憲政友会へと移行する。この「官民協調路線」は、日露戦争後の桂園体制の成立によって確立した。「主権在民」を唱える急進派は第一議会で退場し、さらに二大政党制論を取る中道派(大隈の憲政本党など)も敗退して、かつての急進派が保守化して軍部・官僚閥と結合したのである。この恩顧主義的政治体制は、官僚と自民党との結合による戦後保守政治の源流に相当する。

つまり、急進派と中道派とは分裂して双方とも保守派に敗れ、急進派の一部は穏健保守派と連携して保守派の一角(穏健保守派)を構成するに至った。この後の「大正デモクラシー」(一九一四—一九二五年)では、吉野の民本主義に象徴されるように、もはや急進派の主権在民論は復活せずに、中道派の二大政党論に普通選挙制論が加わった。この時期の憲政擁護運動などによって中道派は回復し、「憲政会(一九一六年結成)」を経て「立憲民政党」(一九二七年結成)となって、二大政党制による政党内閣期(一九二四—一九三二年)を形成した。しかし、このデモクラシーにおいては二大政党の腐敗が問題となり、政党内閣は五・一五や二・二六などの軍ファシズムの攻撃により脆くも崩壊する。

坂野は、「昭和デモクラシー」(一九二六—一九三七年)として、政党内閣期から日中戦争勃発までについて、普通選挙制の成立によって普通選挙論が退場する代わりに、社会民主主義論が加わったことを重視する。現実の政治的勢力としては、保守・中道派が二大政党を構成したのに対し、急進派は、一九一二年の友愛会結成を起点として労働組合運動、社会主義・共産主義運動として再生したものの、大逆事件を始めとする弾圧のためもあって、二大政党を脅かすような大きな力を持ち得なかった。ただ、議会においては、日中戦争勃発前のこの最後の時期、即ち一九三六年と一九三七年の総選挙において、社会大衆党などの社会民主主義勢力が躍進したこと(四六六議席中でそれぞれ二四議席、三八議席)は注目に値する。(21)

こうして、戦前の「憲政」は崩壊した。大きく言えば、明治憲法体制下では、「憲政」が確立し崩壊するという点で、「憲法政治」の一循環が存在したわけである。いわば「戦前循環」と言えよう。そして、敗戦を経て、GHQの下で日本国憲法が制定され、「憲法政治」の新しい循環が始まる。いわば「戦後循環」である。

坂野が明治憲法制定前におけるルソー的急進派の問題を扱ったのに対し、第2章の関谷昇「戦後日本の主権論と一般意志の原理——憲法と政治をめぐる思想史的考察」は、戦後憲法についてルソー的社会契約論の観点から論じている。明治憲法とは逆に、日本国憲法においては、主権在民が定められているから主権在君という議論は成立し得ないが、主権在民の具体的内容が問題になる。関谷によれば、ルソー的な「一般意志」は「意志主体・意志内容・具体化」という側面を持つと考えられるのに対し、戦後憲法学においてはこの内の意志主体について、宮沢俊義以来の主権主体論や、さらには人民《プープル》主権論(杉原泰雄)などが展開された。逆に言えば、残りの意志内容や具体化の側面は等閑視されてきたわけである。近年の憲法学では、ロールズ以来のリベラリズムや功利主義的な観点や共和主義的な観点から意志内容について議論がなされ始めているが、さらに一般意志の具体化について考察することが必要である。

関谷の議論は、ある意味では吉野作造の言う意味における「憲政」論の必要性を改めて日本国憲法下で主張するものと言えよう。明治憲法の制約から吉野が主権論を回避したのに対し、戦後憲法学は正面から主権論を論じることができた。しかし、その反面、吉野が民本主義において論じた「政権運用」や「政策の決定」の議論は軽視されていたのである。吉野は、「政治の目的」ないし「政権運用の終極の目的」を「一般民衆の利福」、「政策の決定」ないし「政権運用の終極の決定」を「一般民衆の意嚮」によるとしたが、これらこそ、関谷の言う一般意志の意志内容やその具体化に相当しているであろう。また、この論文ではルソーの一般意志形成における人民集会が政府活動とは区別されているが、この点は正に坂野論文に言う「私立国会」の論理に対応している。

明治憲法の場合は、主権在君であり改憲は困難だったから、吉野や美濃部は解釈によって「憲政」を可能にした。他方、戦後憲法においては「憲政」のためには敢えて特別な解釈を施す必要はない。けれども、今日では、憲法改正を要求する議論が、国会では有力になっている。

日本国憲法の三大原理の内、国民主権を天皇主権に戻すというような議論はさすがに聞かれないが、基本的人権と平和主義については、根本的な修正が自民党によって企てられている。編者の一人・小林正弥の第3章「基本的人権をめぐるコミュニタリアニズム的活憲——義務導入論批判と『公共の福祉』の再解釈」は、この中の基本的人権について、自民党の新憲法草案を始めとする義務導入論を批判したものである。公共哲学の一つであるコミュニタリアニズムについて概説しつつ、「義務条項導入派が指摘する問題は、現行憲法における『公共の福祉』という概念によって十分に対処することができるから、この点についての改憲は不要である」と主張している。ただ、このためには、「公共の福祉」の概念について、主流派のリベラル解釈を変更して、コミュニタリアニズム的解釈を導入し、憲法の活性化(活憲)が必要である。これに対して、〝自民党新憲法草案は、この鍵概念を「公益と公の秩序」と変更することによって、国家主義的な「公哲学」を憲法化しようとするものである〟と警鐘を鳴らす。

吉野作造や美濃部達吉は、明治憲法を前提にし、憲法改定なしに「憲政」を実現しようとして憲法解釈の変更を主張した。これに対して、この議論は、平和主義についての小林自身の議論(九条解釈変更論)と同様に、憲法明文改定という可能性に対して、現行憲法における「憲政」を守るために憲法解釈の変更を提起するものと言えよう。

さて、現在のような「憲法政治」の状況が生まれてきたのは、戦後政治の急進派であった社・共両党が凋落し、民主党が台頭したからである。そこで、第2部「憲政における急進派――社会主義と社会民主主義」では、社会主義的な急進派の凋落の原因を考究するという問題意識に支えられて、社会民主主義に関する論文が収録されている。

戦後の段階においては、急進派は、より急進的な共産主義・社会主義(急進左派)と、穏健で中道派に近い社会民主主義(急進右派ないし急進的な中道派)という二つに大別することができよう。ちょうど第1章で、「民立国会―自由党」の路線を取る急進派が中道派と協調できずに保守派に敗北したように、戦後史においても、急進派の分裂とその中の急進左派の優位が、急進派の保守派に対する敗北を帰結した。

第4章の中北浩爾「冷戦期アメリカの対日労働政策――反共産主義と社会民主主義の相克」によると、総評は、アメリカの対日労働政策における「社会民主主義的アプローチ」に基づいて結成されたが、その後急速に左傾化したため、アメリカのそれは「反共産主義的アプローチ」へと傾き、アイゼンハワー政権では全労を支援して生産性運動を推進した。ケネディ政権下では「社会民主主義的アプローチ」が採用され、全労と総評とを同等に扱った。「反共産主義的アプローチ」は同盟(―民社党)を生み出したのに対し、「社会民主主義的アプローチ」はＩＭＦ-ＪＣを生み出して第一次労働戦線統一運動などにより西洋的な社会民主主義を確立する方向を目指したが、総評左派の反対で失敗した。一九八九年の「連合」結成によって労働戦線が統一された段階では既に労働組合に企業主義的色彩が強まってしまっており、「社会民主主義的アプローチ」は「反共産主義的アプローチ」に敗退した。

ここでは、社会主義的な総評(―社会党)が急進左派、社会民主主義的なＩＭＦ-ＪＣが急進右派、そして全労―同盟(—民社党)が(急進派ではなく)中道派と位置づけられよう。急進左派の勢力が強く、急進右派や中道派を斥けたために、結果的には保守派(—自民党)支配を崩すことはできなかったのである。

「総評に支えられた社会党が今日のように衰退したのは、党内左派の力が強く、社会民主主義へと脱皮する機会を失ったからである」としばしば指摘されている。そのような機会としてしばしば取り上げられるのが、江田三郎の構造改革路線である。第5章の空井護「野党指導者としての江田三郎」はこの点を扱いながら、構造改革論の敗北などに「失われた可能性」を探るのではなく、江田の「権力への意志」の重要性を強調する。

江田の構造改革論は院外の大衆闘争により「国民の各階層を『反独占・国民連合』に結集」することを強調していた。空井は、通説に反して、「大衆闘争先行型」の「政権獲得構想」という点において構造改革論の問題提起は「日本における社会主義への道」(一九六四年)に受け継がれた、とする。そこで、一九七〇年代の野党多党化における社会党の連合政権論においても、「大衆運動」によって形成される「反独占・反自民の国民戦線の結集」が「国民連合政府」の基盤であるとされ、「全野党共闘論」は政権構想の具体化を伴わなかった。これに対して、江田は、一九七一—七二年に「革新連合政権」の政権構想を提唱し、総選挙における基本政策の協定や候補者調整の話し合いに入ることを主張した。さらに一九七四年以来、社公民三党・無党派市民・非自民保守勢力からなる革新・中道政権構想を提示した。ここでは、「大衆闘争先行モデル」が放棄され、〈政治社会〉アクター間の連合形成こそが、政権基盤の結集を促進することが強調された。しかし、党内で協会派の比重が高まった社会党では江田の意見書は否決され、江田は政治生命を終える。社会党は、一九八六年に「新宣言」を採択して「道」を廃棄し、大衆闘争先行型の政権獲得構想を解消して、一九九〇年代には「現実政党」化を進めるが、社会党(—社民党)は大幅に縮小するに至った。

社会党における院外の「大衆闘争先行型」路線は、第1章で扱われた自由民権運動の愛国社路線を想起させる。愛国社が国会開設に向けた私擬憲法草案起草に消極的であって「私立国会=自由党結成」路線を歩んだように、社会党も具体的な政権構想の提示を避けて「大衆闘争」による国民の「結集」の方を追求した。しかし、自由民権運動の場合と同じように、この路線は成功せず、急進派は衰退して、(院外闘争よりも国会の多数派に立脚する政権構想を重視する)中道派へと比重は移ってゆく。自由民権運動の衰退後、転変を経て、「憲政会―民政党」の中道派が抬頭したように、現在では野党第一党は社会党に代わって民主党となり、二大政党制化が進んでいる。

このような状況に至る九〇年代の「政治改革」の過程に焦点を合わせて、政党再編における「左派勢力の失敗」の原因を論じたのが、第6章の山口二郎「九〇年代政治再編における左派の蹉跌――日欧社民勢力の落差から見た『失われた十年』」である。自ら九〇年代前半に社会党の党改革の議論に当事者として関わった山口は、左派が自己革新できずに「日本社会党が事実上雲散霧消した」ことについて、次のように説明する。

政治体制全体に関わる「憲法政治」においては、社会党は「護憲政治の惰性」に陥ってしまった。山口自身が提起した「創憲論」はこれを打破して、「伝統的な護憲を軌道修正し、保守穏健派のラインで護憲の戦列を組み直すことを目指す」ものであり、九三年に委員長となった山花貞夫はこれを提唱したが、特に地方組織の左派的活動家の反対に遭遇した。村山政権において社会党は基本政策転換を行ったが、その後は旧来の護憲の姿勢に戻った。また、資源配分をめぐる「通常の政治」においても、――支持基盤たる公共部門の労働組合の意向に左右され――市民化による行政改革を行って真の社会民主主義への改革を推進することができなかった。この結果、左派は「改革」というシンボルを放棄して、疑似社会民主主義の破壊は新保守主義的な小泉政権などによって担われることになった。

この論稿は、戦後日本の急進左派の失敗の最終的局面を総括している。第4章や第5章で扱われた問題と同じように、社会党が社会民主主義政党へと自己変革する最後の可能性もやはり党内左派の抵抗で失われたのである。

「憲法政治」は国際関係や外交とも密接に関わっており、これらは内政における政治行政にも大きな影響を与える。しかも、今日の「憲法政治」は、これらの点で戦前の憲政の危機や崩壊を連想させる点が少なくはない。そこで、第

3部「憲法政治における外交と内政――アジア主義と総動員体制化」においては、特にアジア主義と総動員体制という視角から外交ないし内政の問題を扱う論稿を収録した。

この内、初めの2章は特に「アジア主義」と関係する主題を扱っている。坂野潤治は『明治・思想の実像』(創文社、一九七七年)において、明治期以来の「アジア主義」ないし「アジア連帯論」と、「欧米協調論」ないし「脱亜入欧論」との関係は、それまでの通説のような単純な思想的対立関係ではなく、同一論者でも、対外関係や対外認識の変化によって、議論の変化がもたらされうることを明らかにした。例えば、福沢諭吉の「アジア改造論」から「脱亜論」への変化は、朝鮮の親日派支援による朝鮮改造論を断念することを意味するに過ぎないというのである(22)。

同様に、第7章の島津直子「人種差別撤廃案――パリ講和外交の一幕」は、一九一九年のパリ講和会議において日本が講和条件として提起した人種差別撤廃案は、アジア主義の思想に基づくものでもないし、欧米支配下の世界に対して人種平等を求める利他的なものでもなく、内外の現実的状況によって提起された利己主義的な案であることを主張している。それは、第一に、欧米協調主義の原内閣が国内の反英米的ないしアジア主義的な国際連盟懐疑派・反対派を懐柔するための方策であり、第二に、排日移民問題の解決を望む外務省の「面目外交」であり、第三に、日本が他の列強との関係で総合的な「完全なる平等」という国際的地位を確保するための対策であった、という。

また、第8章の松浦正孝「高橋財政下の帝国経済再編と体制間優位競争――汎アジア主義の日本帝国における政治経済基盤」は、日本を「大東亜戦争」に導いた「汎アジア主義」が、現実の経済的背景を持っていたことを指摘している。世界大恐慌からの脱出を行った高橋財政の下における、朝鮮・満州・台湾における経済政策を描き、植民地相互の分業化と結合強化が進められて経済発展が行われたことを示す。汎アジア主義には、英国を代表とする西洋帝国主義陣営との経済圏・通商圏及び海運の覇権抗争と体制間優位競争という経済的側面が存在したのである。

アジア主義に関連するこの二論稿は、戦前の政治を扱っているが、これらは今日の「憲法政治」についても示唆するところを含んでいる。例えば、人種差別法案との関連では、今日の改憲論において、文明論的観点から西洋中心主義が批判され、それに代わるものとして、日本独特ないしアジア的な文明の原理に基づく「憲法」への改定が高唱されることがある。あるいは、国連における旧敵国条項が批判され、日本の常任理事国入りの追求が推進されることがある。これらの議論の背景に、日本のみの利益を追求する利己主義や、外務省などの「面目外交」はないだろうか。

また、アジアにおける地域統合は近年様々な観点から主張されるようになっている。これは、いわば新しい「アジア主義」「アジア連帯論」と言うこともできよう。しかし、その中には、いわば「(東北)アジア平和コミュニティー構想」と言うことができるような理想主義的・平和主義的な地域安全保障構想が存在する一方で、財界主導の「アジア共同体構想」も存在する。このような両側面はEU統合の場合にも存在するが、後者の経済的利益追求が、新しい「アジア主義」を歪めて日本やアジアの人々の公共善に反するものとならないように注意する必要があろう。

今日の「憲法政治」の潮流は、憲法自体の明文改定以前にも、このような外交的側面と同様に、内政の側面でも戦後の政治・行政を既に変容させつつある。そして、アジア主義の場合と同様に、その方向は、戦前の体制を想起させるものや戦前からの系譜を辿ることができるものも多い。

例えば、第9章の牧原出「憲政の中の『内閣官僚』」によると、省庁ではなく内閣レヴェルで政策決定を行う「内閣官僚」は、一九三九年の企画院設置という戦争の総動員体制構築のために本格的に確立し、戦後は占領期に、経済安定本部において物資需給計画に従事する経済官僚として始まった。占領終結以降は内閣官房や総理大臣官房や総理府外局が基盤となり、一九七〇年代以降は内閣レヴェルの審議会(第二臨調など)や総理府外局の増加(環境庁、国土庁)、また総理府婦人問題担当室などによって、新しい「内閣官僚」が発展した。外交・治安などの安全保障、通商やマクロ経済の政策などにおいては「革新官僚」の遺産を継承した官僚集団が生み出されているし、総理府外局の宮内庁やひいては天皇など象徴天皇制と密接な関係を持つ官僚や、新しい政策領域における官僚(女性政策におけるフェモクラット、環境政策におけるエコクラットなど)が生み出されている。

これらの内閣官僚集団は相互に異質であるが、憲法政治という観点からすれば、二〇〇一年の省庁再編によって再編・拡充された内閣官房・内閣府において、特に戦前の「革新官僚」を想起させる内閣官僚や、象徴天皇制と関連を持つ内閣官僚が強化される可能性については注意を払う必要があろう。このような戦前回帰の危険性について正面から警鐘をならすのが、編者の一人・新藤宗幸による第10章の「憲法政治と国民保護法制──著しい政治空間の萎縮」である。

自民党と民主党との「大連立」によって、有事法制に続いて「国民保護法」などが二〇〇四年に成立したが、新藤によれば、これらは、自衛隊と米軍との「協調態勢」を高めた戦争準備法であり、国民保護法は、戦時体制における、後方支援法ないし国民動員法である。「国民保護協議会」とその戦時対応訓練は、戦前期の総動員体制に類似しており、その町内会─隣組の「復活」ですらある。これらは、虚構の「戦時」を前提にした「平時」の集権的な体制整備・強化である。これに代わる、もう一つのシナリオとして、「非有事」に向けた新たな地域運動として、「国民保護法」成立などと同時に批准したジュネーブ第四条約の追加第一議定書を活用して、自治体による「無防備地域」指定など、市民自治に立脚した市民保護の展開を図るべきである。

ここで指摘されているように、第2部で考究されている急進派の衰退は、政治空間の萎縮を招き、正に戦前の総動員体制を想起させるような国民動員法を成立させた。現在は、小選挙区制を中心とする「政治改革」によって、福沢や吉野が主張してきた二大政党制が成立するかどうかが注目されており、これは「保守派／中道派」の二大政党制に相当する。これに対する期待が存在する反面、ここには危険性も指摘できる。ちょうど第二次憲政擁護運動の結果、政党内閣の時代、二大政党の時代が到来したその翌年(一九二五年)に、普通選挙法と共に治安維持法が成立して戦時体制における弾圧の伏線となったように、今日でも、小選挙区制の導入による二大政党化が指摘されているその時に、様々な社会管理システムの強化が行われているのである。

これは、「憲法政治」における明文改定に先行する政治的・行政的変容であり、市民的自由の擁護を一目的とする「憲政」の危機でもある。現在の「憲法政治」が本当に明文改定にまで至るかどうか、現時点では知る由もない。けれども、その如何に拘らず、坂野潤治が様々な角度から描き出した日本の「憲政」が戦前のように滅びることなく、日本における明治・大正・昭和デモクラシーの伝統が、二一世紀において受け継がれつつ一層発展することを祈ってやまない。「憲政」を主題とする本論集が、そのための学問的省察の一助となれば幸いである。

（1）例えば、福沢諭吉は、「国憲」（『立憲政体略』『輿地誌略』）、「根本律法」「国制」「朝綱」（『泰西国法論』）「国律」「律例」（『西洋事情』）「制度」（『英政如何』）などの訳語を用いていたという。山田央子『明治政党論史』（創文社、一九九九年）、六二頁。

（2）穂積陳重『法窓夜話』（岩波文庫、一九九二年）、一七八頁。ただし、「国制」という用語は、法制史などにおいて現在でも用いられている。

（3）加藤弘之の『隣草』（一八六一、分久元年）では、「確乎たる大律」と「公会」を備えた「上下分権」と「万民同治」の二政体を「公明正大の天意に協ひ、輿情に合する」政体として紹介していたが、その後の『立憲政体略』でこの両政体を「立憲政体」と総称した、という。山田、前掲書、六二頁。

（4）国立国会図書館で調べると、「憲政」概念の著作題名における初出が加藤の『立憲政体略』であり、続いて、カル・ビーデルマン『各国立憲政体起立史』（加藤弘之訳、一八七五年）、笹島吉太郎『通俗立憲政体弁　上篇』（一八八一〔明治一四〕年）、関直彦『立憲王道論・立憲宰相論・立憲政治の人民』（日報社、一八八八〔明治二一〕年）である。これらにおいては、管見の限りでは、「憲政」も「憲法政治」も用いられておらず、「立憲政体」や「立憲政治」という概念が一貫して用いられている。なお、ビーデルマン（Karl Biedermann）の著作は、直訳すると『国民選挙による代議政体』（*Die Repräsentativ=Verfassungen mit Volkswahlen*, 1864）であり、加藤が「代議政体」を「立憲政体」と訳したことがわかる。

(5)　山田、前掲書、六四―七四頁。

(6)　この著作においては、「立憲政治の骨」が「憲政の骨」と言い換えられていく。序文「自ラ憲政ノ骨ニ誌ス」、三―四頁。

(7)　憲政党党報が、一八九八(明治三一)年八月から一〇月(一―六号)、そして一八九八年一二月から一九〇〇(明治三三)年九月(一巻一号―四巻四四号)まで刊行されている。憲政党の「宣言」には、「……憲政の完成を期せんとす」とあり、その一巻一号の「憲政党勃興の始末」には、自由党、進歩党のそれぞれが「……速かに一大政党を樹立して、憲政の基礎を立つべしとの事に一決したりしかば……」とある。一巻一号三四頁。

(8)　帝国青年憲政擁護会編『憲政擁護之絶叫』(東京)、甲斐順宜『憲政之真因：一名・老のくり言』(二版、愛媛県)、稲田周之助『日本憲政提要』(政治学叢書、第五編)、加藤房蔵『日本憲政本論：国体擁護』(良明堂)、小野塚喜平次『現代欧洲之憲政』(博文館)が一九一三〔大正二〕年出版である。また、新聞においても、『憲政新聞』(憲政新聞社)が大正二年七月から大正三年一一月まで刊行されている。

(9)　この点をはじめ、この文章には編者たる坂野氏のご教示に負うところが多い。

(10)　John Arthur Ransome Marriott, *English Political Institutions: An Introductory Study* (Clarendon, 1910), pp. viii, p. 347. この本の最新版は現在でも入手可能である。

(11)　これ以降の戦前の用例を挙げておくと、馬場鍈一『憲法政治の理論と実際』(清水書店、公民叢書第一編、一九二五〔大正一四〕年)、藤井新一『米国憲法政治の民主々義論』(有斐閣、一九二八年)、藤井新一『新独逸憲法政治』(有斐閣、一九二九年)、高橋清吾『憲法政治』(雄風館書房、現代公民講座、一九三〇年)、竹内友治郎『天皇機関説と我憲法政治』(東京、一九三六年)、下中弥三郎『皇国教学の大本：維新教学の由来と我国独自の憲法政治』(国策産業協会、一九三六年)、竹井十郎『日本の憲法政治とは』(南方情勢社、一九三七年)となる。

(12)　岡義武編『吉野作造評論集』(岩波文庫、一九七五年)所収、二〇頁。以下、吉野については、同書、二〇―一三一頁。

(13)　ただし、戦後政治についても「憲政」概念の用例がないわけではない。例えば、『憲政』(吉田義信編、自由民主同志会憲政刊行部、一九六三年)。

(14)　杉原泰雄『憲法問題の見方』(弘文堂、一九九五年)、二頁。

(15)　他の例として、和田英夫『憲法政治の動態』(日本評論社、一九六九年)。

(16)　Bruce Ackerman, *We The People*, 1, 2 (The Belknap Press of Harvard University Press, 1991, 1998). 参考文献として、谷澤正嗣「現代リベラリズムにおける立憲主義とデモクラシー――政治の可能性をめぐる一試論」(飯島昇藏・川岸令和編『憲法と政治思想の対話――デモクラシーの広がりと深まりのために』新評論、二〇〇二年、二九四―三五五頁)。

(17)　Richard Bellamy, "The Political Form of the Constituion: the Separation of Powers, Rights and Representative Democracy," in Richard Bellamy and Dario Castiglione (eds.), *Constitutionalism in Transformation: European and Theoretical Perspectives* (Blackwell Publishers, 1996), p. 42.

(18)　これについては、Alec Stone Sweet, *Governing with Judges: Constitutional Politics in Europe* (Oxford University Press, 2000). 特に、Ch. 1, 7 参照。

(19)　なお、坂野には「勝ち組/負け組」という二極史観も存在している。三極史観については、『近代日本の国家構想――一八七一―一九三六』(岩波書店、一九九六年)、二極史観については、坂野潤治『日本政治「失敗」の研究――中途半端好みの国民の行方』(光芒社、二〇〇一年)。この点に言及した論稿として、小林正弥「恩顧主義的政党と選挙制度改革――日本政治『成功』の要件」(『千葉大学法学論集』第一八巻第一号、二〇〇三年、一九五―二八五頁)。

(20)　以下の叙述について、詳しくは坂野潤治『明治デモクラシー』(岩波新書、二〇〇五年)、第四・五章。

(21)　坂野、前掲『日本政治「失敗」の研究』一五八―一五九頁など。

(22)　この点についての最近の論稿として、坂野潤治「福沢思想の現代的意義」(鷲見誠一編『転換期の政治思想――二〇世紀からの問い』創文社、二〇〇二年、三―二二頁)。

# 第1部　憲政と憲法政治——起点と現在

# 第1章 「明治デモクラシー」と「主権在民論」

坂野潤治

## 一 はじめに

一八八〇年代の自由民権運動には、様々な「民主主義論」が含まれていたが、その主流は愛国社=自由党左派の「主権在民論」であった。これに対し一九一〇年代の「大正デモクラシー」の主流は、同様の多様性の存在にもかかわらず、「主権在君」の「民本主義」であった。これまで発表してきた著作の中で明らかにしてきたように、筆者は、自由民権運動期の福沢諭吉や大正デモクラシー期の吉野作造らの「中道派」の二大政党制論や普通選挙論を評価する点では、人後に落ちないつもりである。彼らは「主権論」をめぐる左右の空中戦から距離を置き、いわば主権問題を「棚上げ」にして、現実の政治体制の方を民主化してしまおうとしたのである。

しかし、「中道派」の政治的影響力が「保守派」と「急進派」の正面衝突を前提にしていたように、「主権問題棚上げ論」の説得性も、「主権在君論」と「主権在民論」の対立の存在を前提にする。「主権在民」の声がきわめて小さく、相手が本気の「主権在君論」だけの時には、まあその問題は棚上げにしましょうという主張は、説得力を持たないのである。

「中道派」が相手とした「主権在君論」と「主権在民論」のうち、前者の研究は戦後歴史学がもっとも得意としてきたところである。「天皇制絶対主義論」などがそれである。しかしその裏面をなす「主権在民論」については、その歴史的実態の分析は、かなり軽視されてきたように思われる。戦後の日本近代史研究者の多くは「主権在民」論者であったにもかかわらず、いざ歴史分析に入ると、急進的な「主権在民」論者を批判して、足が地に着いた「主権棚上げ」論者の方に軍配を挙げてきたのである。一八八〇年に二度にわたった国会期成同盟大会の分析において、「主権在民」にこだわる「士族民権」が批判され、「豪農民権」の方が評価されてきたのである。筆者はかつてこのような傾向を批判して、「『愛国社路線』の再評価」と題する小論を発表した（『社会科学研究』三九巻四号、一九八七年一二月）。本稿は、そこで分析した「愛国社路線」を、彼らがお手本としたジャン＝ジャック・ルソーの『社会契約論』（原書は一七六二年刊。邦訳は岩波文庫、一九五四年）を参照しながら、「主権在民論」と定義しなおし、「愛国社グループ」の理論と実践の関係を再検討しようとするものである。

なお、大正デモクラシー期の「主権問題棚上げ論」の典型であった吉野作造の「民本主義」を、同時代の「主権在民論」との関係において再検討するという課題は、紙幅の関係で本稿では割愛せざるを得なかった。また、本稿は、日本近代史の専門家以外の読者も想定したものなので、短い引用を除いて、すべて引用文は現代表記に改めてある。

## 二　「豪農民権」と「士族民権」

自由民権運動の転換点は、一八八〇年三月の第一回国会期成同盟の大会にあった。第一に、それまでは大阪以西という地域的限定を越えられなかった民権運動が、関東、甲信越、東北、北陸地方の結社代表も集めて、全国的運動の実を備えた。新橋―横浜と神戸―大阪間しか鉄道が通っていなかった当時においては、これは画期的なことであった。第二に、それまで愛国社に結集していた結社がすべて士族結社であったのに、新たに加わった関東以北の結社の多くは農商人の結社であった。大会の約三ヵ月後の七月一三日に、右大臣岩倉具視に私的な会見を許された山梨県の古屋専蔵は、「山梨県の同志者僅々四百名足らずの人員なれど、重もに県会町村会議員又は諸会社の頭取取締等にて、書生者流が一時の流行を遂ひ騒ぎ立たる者と異なれば、殆んど山梨全県の公論とお見倣になりても然るべし」と述べている(『郵便報知新聞』一八八〇年七月一六日)。ここに言う「書生者流」とは、従来の土佐立志社中心の「士族民権」を指すものと見ることが出来る。しかし第三に、国会期成同盟内の対立は、このような「地方有力者」か「書生者流」かというような社会的基盤の対立にとどまらず、国会開設によりもたらされるべき「憲政」の内容の対立、いいかえれば民主主義論の内容の対立を含むものであった。本稿が重視するのはこの対立であり、なかでも「士族民権」とか「書生者流」とか言われた土佐の立志社を中心とする愛国社グループの憲政論である。板垣退助監修の『自由党史』上巻(岩波文庫、一九五七年)には八〇年三月の国会期成同盟第一回大会で、それまでの士族中心の愛国社は解散したと記されているが(二七四頁)、事実は同年一一月の第二回大会までは国会期成同盟とは別組織として存続していた。本稿が注目するのは、この愛国社が第一回国会期成同盟大会と時を同じくして刊行した機関誌『愛国志林』(八月より『愛国新誌』と改題)であり、特にその「主権在民」的主張である。

## 三　兆民訳の『社会契約論』を求めて

先きに記した、自由民権運動の画期となった八〇年三月の国会期成同盟大会の立役者は、福島の民権家河野広中であった。前年九月から一〇月にかけての河野の高知訪問によって、板垣退助らは愛国社の影響力を関東、東北地方に拡大し、運動参加層を農村地主や地方実業家へと拡大するきっかけをつかんだのである。

注目すべきは、その際に、河野の側から板垣に、「民約論」、すなわちルソーの『社会契約論』の和訳の所在について質問している点である。河野の「南遊日誌」の一〇月一六日の項には、次のような一文がある。

前第十一時、新田板垣君ヲ訪ヘ〔イ——坂野注、以下同〕面語ス。……談ヲ改メテ民約論ノ事ニ到リシニ、君曰ク、土州者ニテ仏学者中居徳助〔中江篤介〕ト云フ者アリ、此者ガ曩ニ民約論ヲ訳セシガ、何カ政府ヨリ談ジラレ、為ニ鼻ヲ拭テ捨タリシガ、其写トカヤヲ植木ガ所持セシト。之ハ今日ノ民約論ヨリハ可ナリト。植木ヘ御出ナレハ話シテ視ラレヨ。（庄司吉之助『日本政社政党発達史』御茶の水書房、一九五九年、一三〇頁）

『中江兆民全集』第一巻（岩波書店、一九八三年）に収録されている一八七四年刊の『民約論巻之二』と八二年刊の漢文の『民約訳解』と、ここで板垣が「植木ガ所持」していると言った「写」と、それとは別の「今日ノ民約論」の四者の関係は、これだけでは分らない。しかし重要なのは、福島の豪農結社を代表する河野がルソーの『社会契約論』の和訳を探していたという点である。「士族民権」と「豪農民権」という結社の階層性の相違と、ルソー派（「主権在民派」）か否かという理論面での民権結社の相違は、必ずしも重なってはいなかったのである。

板垣の忠告に従い、河野は翌々一八日に植木枝盛を訪ねた時に、「中居徳助氏ノ訳セシ蘆騒〔ルソー——坂野注〕民約論ノ写ヲ所持セラルルヤ否ヤ」と尋ねた。これに対し植木は「此ハ披閲ノミニテ遂ニ謄写セサリキ」と答えている。

植木が本当に民約論の写しを持っていなかったのか、あるいは河野に写しの借用を申し出られるのを嫌ったのかは分らないが、河野が四日後に帰県することを考えれば、後者の可能性も否定できない。しかしここで重要なのは、板垣が「今日ノ民約論ヨリハ可ナリ」と述べたものを、植木枝盛が「披閲」はしていたということである。次に紹介する愛国社機関誌の中での植木らの議論には、ルソーの『社会契約論』の影響が、相当に鮮明だからである。

## 四　「政府ハ天ニ非ズ」

それ政府は政府なり、政府は天に非ざるなり。政府は国家の事務を為すもののみ。かつまた分ちてこれを論ずれば、政府は国家中の一部分なり。しかして吾儕《ごせい》〔われら――坂野注〕人民もまた国家中の一部分なり。同じくこれ国家中一部分なり。基本全く同等にして、異なるところなきものなり。しからばすなわち人民は人民の人民にして、決して政府の人民たるがごときの理あることなく、人民の天はすなわち人民なり。人民の自由なり。故に国会を開設することのごときも、畢竟人民において自らこれを為すべく、自ら為すことを得べからざるものにはあらざるなり。（『愛国新誌』一八八〇年一〇月一三日。明治文化研究会編『明治文化全集・自由民権篇（続）』日本評論社、一九六八年、九四頁）

植木らはまた、別のところでは、「国家は元来人々の約束を以て相結ぶ所のもの也。彼の父子兄弟等の自然にして愛情なるもののあるが如きものと同じからざる也」（同前書、八一年二月、一七〇頁）とも記している。ルソーの『社会契約論』ときわめて類似した主張と言えよう。

しかし彼らは、個々の人民を部分的に集めただけでは「人民の天はすなわち人民なり」とは言えないこと、またそれ故に個々の人民を集めただけでは勝手に国会を開設するわけにはいかないことも理解していた。ルソーにあっては「主権者」となりうるのは「人民全体」であり、しかも個々の人民は自由意思によってこの「人民全体」と契約するのである（関谷昇『近代社会契約説の原理』東京大学出版会、二〇〇三年、二四六―二四七頁）。これを現実の国会開設運動に充てはめれば、二府二二県から七二の結社代表を集めただけの国会期成同盟は、「人民の天」とは言えず、それ故に勝手に国会開設を宣言するわけにはいかない。この点につき『愛国新誌』は次のように論じている。

しかりといえども、国会は全国の会なり。一部人民の会に非ざるなり。しかして、一部の人民は止に一部の人民なり。政府は国家の一部なりといえども、現にその国の政を為し、全国の事を統《す》ぶるものなり。故に国家一部の人民にして国会を設立せんと欲するや、その初めいまだ全国の多数を得ざれば、現に全国の政令を司るところの政府に具申し、政府より全国に令して国会開設の事を行わんことを請わざるべからず。……これ当然の事也。(同前書、九四頁)

国会開設要求が部分的な人民の要求である間は、単なる「執行権者」にすぎない政府に請願しなければならない。しかし、二府二二県七二結社の統一請願を「執行権者」が門前払いにした以上、国会開設運動側に残された方法は、国会開設を「人民全体」の意思に拡大して、ルソー流に言えば「主権者」の意思にすることだけであった。植木らは次のように述べている。

政府にして吾人の言を容れざれば、すなわち吾人は己れに由り自ら治めて国会を開設すべきなり。しかりといえども、国会は一人のものにあらずして、実に全国にかかわるものなる故に、一人一人の自由に開設するを得べきにあらざるのみ。全国人民の自由に開設すべき筈なり。故に全国人民の已に一致結合するに至れる時は論ずるなしといえども、そのいまだ然らざるにおいては、已に国会を開設せんとするものにして、他全国の人民に示談し、多数の同意を得て、以て国会を開設すべきなり。(同前書、九五頁)

ここで植木らが言っている「全国人民の已に一致結合」している状態と、「全国の人民に示談し、多数の同意を得」た状態とには、微妙な相違が感じられる。前者ならばすでに立派に「主権者としての人民全体」（ルソー）になっており、後者は実際の政治運動におけるその代替物であろう。彼らはその相違にも気がついていたように見える。

## 五　「執行権」をとらない「主権在民」

ルソーの『社会契約論』によれば、個々の人民は定期的に開かれる「人民集会」において主権者となり、政府の現形態と現構成とを維持するか否かを各々別々に投票で決める。この人民集会は王政を民主制に変えることも、首相以下の全閣僚を罷免することも、出来るのである。（関谷前掲書、二五二頁）。このことを裏返せば、主権者たる人民は直接行政権を握らないことになる。「執行権をまかされた人々は、決して人民の主人ではなく、その公僕」であり、「人民は好きなときに彼らを任命し、また解任しうる」が、「人民」自身が政府を握ることはないのである（ルソー著、桑原武夫他訳『社会契約論』岩波文庫、一九六八年、一三七―一四一頁）。

植木らの『愛国志林』、『愛国新誌』が民権運動最盛期の一八八〇年、八一年に展開した議論も、きわめてこれに近いものであった。たとえば、八〇年一一月の「人民ノ国家ニ対スル精神ヲ論ス」という植木の署名論説は、次のように論じている。

人民たる者は全然人民というの地位に居して、吾々人民は如何、吾々人民たる者は、如何といい、政府は政府たるの職分を為せ、人民は人民たるの権利を行わんのみと。要するに治者と被治者との分界を画別し、人民に治者交りの気取りを帯ぶることなく、吾々人民と云うの気象を保ち、精神の主部に已れ人民と云う者を置くに至る。

是れ人民の国家に対する第三段の精神なり。（前掲『明治文化全集・自由民権篇（続）』一一六頁）

言うまでもなく、ここで植木が「治者と被治者との分界を画別」せよというのは、政府が人民よりも偉いという意味ではない。すでに訳したように「人民の天は人民」である。あくまで「人民は国の主」であって「政府の奴隷」ではないのである。（同前書、一二一頁）

先きに見たように、ルソーの『社会契約論』においても、人民の定期集会と定期集会の間には、「公僕」の位置づけはあっても、「執行権者」の自由裁量の範囲はむしろ広い。ただその自由裁量の結果は、次の定期集会で裁かれ、場合によっては「執行権者」の総罷免が行われるのである。この論説で植木が、「政府たるの職分」と「人民たるの権利」とを分け、「治者と被治者との分界を画別」せよと唱えているのも、同様の文脈で理解していいであろう。

このような立場に立つ植木枝盛らは、当時イギリス型の議院内閣制を唱えていた福沢諭吉やその門下生よりなる交詢社を、「治者了簡」、「官民調和論」として批判した。彼は「例えば某の学者のごときは、民権論、国権論というの二書を著わし、これに書して曰く、民権を張るは国権を張らんが為めなりと。ああ何ぞその言の理を失するもまた太甚しきや」と福沢をほとんど名指し、「右の論者の徒輩においては、あるいは官民を調和することを為さんと」していると批判している（同前書、八〇年一一月、一一九―一二〇頁）。福沢諭吉と交詢社を指しての批判であることを明示しているのである。

植木らは福沢らの二大政党制を直接には批判の対象とはしていない。しかし、彼の次のような「治者了簡」批判からは、そもそも「議院内閣制」が出てくる余地はない。

政府と人民の二者は誠に利害を異にするものなり。政府と人民との二者にして互に利害を異にすることあるは、誠に国家の利なり。……もしそれ人民にしてその思想を錯雑し、全然己れと地位を異にするところの治者了簡を抱き、何は政府の害なり、これは政府の困惑するところなるべしと、自らもまた治者の心配を為すときは、治者は何時までも募り果てて、これも害なり、これも困惑なり、これは理論においてまさに然るべきところなりといえども、実際においては能わざるところなり。これは何の時節にも至れば行うことを得べしといえども、今日においてはいまだ実施すべからずと、……かつて際限あることなかるべし。……立法議員にして行政府の利害を計画するが如きものは、……その実専制を助けて且つこれを長ぜしむるものとせんのみ。笑うべきなり、愍れむべきなり。（八一年二月六日、同前書、一七一―一七二頁）

## 六　国会開設運動内での対立

一八八〇年三月に大阪の国会期成同盟大会に集った、二府二二県七二結社の代表のすべてがルソー主義者だったわけではない。

しかし、ルソー主義者が一部の極左主義者だけに限られていたわけでもない。一一月の第二回大会を機に自由党の結成に向ったものの多くは、先きに見た『愛国志林』、『愛国新誌』の主張に同調していたものと思われる。

期成同盟会の内部対立は様々な問題をめぐって生じていたが、最大の争点は、三月大会の決定にもとづいて提出しようとした天皇宛の上願書が、天皇に届かずに政府によって受理を拒まれたことによって浮び上ってきた。

すでに紹介したように、ルソー主義者の植木らの立場からすれば、一部人民の国会開設請願が「国家の一部」にすぎない政府により退けられた以上、「他全国の人民に示談し、多数の同意を得て、以て国会を開設」する以外にはなかった。期成同盟会が「全国の人民」を集めてはいなかったので「政府に具申」したので、「全国人民の已に一致結合」した状態が出来れば、「請願」も「具申」も必要なしに、「主権者人民」が国会を開設すればいいのである。植木らの言葉で語らせれば、「吾人今後の策は、各地各個の請願を止め、更に大に天下の公衆と協議し、全国人民の過半数を得て、進で私立国会を設るにあるべし。これ各地請願者が今後為すことあるべきの順序なり」(八〇年八月一四日、同前書、六一頁)ということになる。

「私立国会」には何の法的根拠もないから、議院内閣制に慣れ親しんだ今日のわれわれには、ピンとこないかも知れない。しかし、民権左派が師と仰いだルソーは、そもそも代議制民主主義そのものに否定的であった。すなわち、「主権は代表されえない。主権は本質上一般意志のなかに存する。……人民の代議士は、だから一般意志の代表者ではないし、代表者たりえない。彼らは人民の使用人でしかない。彼らは何ひとつとして決定的な取りきめをなしえない。人民がみずから承認したものでない法律は、すべて無効であり、断じて法律ではない。イギリスの人民は自由だと思っているが、それは大まちがいだ。彼らが自由なのは、議員を選挙する間だけのことで、議員が選ばれるやいなや、イギリス人民はドレイとなり、無に帰してしまう」(前掲『社会契約論』一三三頁)。

「私立国会」論を唱える民権左派が、刊行された中江兆民訳にはない『社会契約論』のこの部分まで読んでいたとする証拠は全く無い。しかし、法的根拠が全く無くても、人民が全国的に組織されればそれで「私立国会」は成立するという主張からは、ルソー同様の代議制民主主義の軽視の傾向が見てとれる。

八〇年一一月の第二回大会では、民権左派のこの傾向が一層はっきり出てくる。たとえば愛国社の杉田定一は次のように述べている。

我党の国会論を唱うるは、すなわち天地の公道に基くものにして、もとより政府に向て請願するの理由なきものなり。天地始め別れ人其間に生ず、もとより君もなく臣もなし。然れども我国は神武以来二千五百有余年の習慣にて政権は政府の主宰する所となりたれども、決して天地の公道に非ず、宇宙の正理に非ず。故に今非理非道を以て政府の為めに占有せられし権理を恢復するには、すべからく実力を養生するを以て急務とすべし。請願とはそもそも卑屈の見というべし。又曰く、我国国士は我国人民の国士なり。その国士に国会を開くに、豈《あ》に願うの理あらんや。（『明治文化全集・雑史篇』日本評論社、一九六七年、一八五頁）

植木枝盛のように兆民訳の『民約論』を読んでいなかったらしく、杉田の「主権在民論」は社会契約にもとづくものではなく、社会契約以前の自然状態を平等社会とするものであった。民権左派の「天賦人権論」には、この種の無理解にもとづくものが少なくなかった。もっともルソーにあっても、人民全体が一度だけ全員一致の投票で社会契約を結ぶのであるから（『社会契約論』二八頁）、契約以前の自然状態の人民も、平等で理性を持っていたことになる。ルソーの社会契約論に関する限りは、「天賦人権論」の誤解も、左程大きな間違いとは言えないであろう。

それはともかく、杉田によれば国会期成同盟はもはや政府に国会開設の請願をすべきでないという。それでは期成同盟は何をするのであろうか。この問題は大会第三号議案の中で論議されたものであるが、その結論を見れば杉田定一ら左派がめざしていたものは明瞭になる。すなわち、「各員討論数刻の後、決定すること左の如し。一、盟約は国会期成に止まる。二、自由党は別に立つ」（同前書、一八〇頁）。この二つの決定は、第一に、植木枝盛や杉田定一らルソー主義者の提案は大会で受け容れられなかったこと、第二に、彼らルソー主義者がめざしていた「私立国会」とは「自由党」の結成であったことを示している。いいかえれば民権左派がめざした「自由党」とは、近く設立される国会内での多数派形成をめざしたものではなく、それ自体が「私立国会」として、ルソーの言う「定期人民集会」の代替物になることをめざしたものだったのである。

さらに注目すべき点は、これら「私立国会」論者たちは、国会が早期に開かれることも、それに向けて自分たちの憲法草案を作成することも、望んでいなかったように思われることである。自由民権運動＝国会開設請願運動＝全国各地での私擬憲法草案の起草、という常識に、このグループは充てはまらないのである。それは大会の第五号議案をめぐる審議と採決に鮮明に表われている。従来の常識とあまりに違うので、長文を厭わず引用しておきたい。

第五号議案。本会において国憲見込書を審査議定すべし。前条見込書起草委員五名を公選すべし。別に審査委員十名を公選すべし。

議長〔河野広中――坂野注、以下同〕曰、今迄無駄に多くの日を費したれば、なるべく速に決了あらんことを望む。且つ此の五号案に就ては別に質議を要する程のこともあるまじ。由て第一、二、三次会を混同議決すべし。

四十九番〔杉田定一〕曰、本員は該案を廃棄せんことを欲す。すでに合議書中に来会には各組合憲法見込書持参云々の条あれば、今別に起草するに及ばざるなり。且つ今日の急務は地方の団結を鞏固にして実力を養成するを以て要点と為せば、十数人を公選して憲法草案に時日を費さしむるは、大に取らざる所なり。

三十九番〔山際七司、新潟〕もまた同様の説を述ぶ。

三十八番〔沢辺正則、京都〕曰、本員は五号案は誠に大切のものと思考す。いやしくも国会を請願するに於ては、勿論憲法の見込を立てざるべからず。何となれば万々一政府官令憲法を以て国会を開設するあらば、諸君は徐々憲法草案を起し、政府に向て憲法の改良を要請するか。

四十九番〔杉田定一〕曰、本員は巨大の印を捺し、明治政府の来年十月迄国会を開設せざるを保せん。

五十九番〔小島忠里、大阪、愛国新誌記者〕もまた、原案廃棄を望む。

四十五番〔黒岩保教、高知〕曰く、今日の急務は充分に実力を養い、国会開設の妨碍を為す所の牆壁を撃破するに在り。憲法草案は今日の急務にあらず。

五十一番〔林包明、高知〕ならびに六十番〔香月恕経、福岡〕原案維持の説を述ぶ。
議長曰、議論も已に尽きたり。可否を起立に取らん。原案廃棄に同意の者を起立せしむ。起立二十五名、多数を以て原案廃棄に決す〔出席者三五名〕。（同前書、一八一―一八二頁）

この中で杉田定一の言っている「合議書」の中での「各組合憲法見込持参云々」というのは、丸一年後の八一年一一月の次の大会に「持参」するというものである。しかし、もし杉田らがこの決定に熱心だったならば、その雛形ともなるべき憲法草案の起草委員をこの第二回大会で選出することに反対するとは思えない。それに、沢辺が言っているように、丸一年後の間に情勢はどう動くかは分らない。大会参加各組合員が各自で作った千差万別の憲法草案を一年後につき合わせるという方針には、政府に対して先手を打って私擬憲法を突きつけようとする姿勢が全く見られない。

これを要するに、八〇年一一月の第二回国会期成同盟大会は、完全に左右両派に分裂し、そのどちらの主張も完全には通らなかったのである。右派の側の、この大会の名による再度の統一請願と大会選出委員による憲法草案の起草とは、共に左派の反対で否決された。しかし他方で、「私立国会」論としての左派の政党結成論も、大会の容れるところとはならなかった。ここに言う「左派」が、二回にわたる国会期成同盟大会の最大の功労者であった愛国社を指すこと、およびこの「左派」こそが、約一年後の自由党結成の中核部隊であったことは、この大会と並行して一一月二六日に開かれた愛国社の幹部会の会合によって明らかである。

午後四時より愛国社関係の者のみ会合して愛国社の処置を議す〔出席者、河野広中、杉田定一ら一〇名〕。……杉田氏曰、初め愛国社を再興せし所以のものは、天下の睡眠を攪敗し、外は国権を張り内は民権を拡せんと欲するに在り。而るに愛国社の誘導に因て人心奮起し、国会開設は已に天下の輿論と為るに至る。愛国社の功績また大なり矣。……愛国社解体の気節已に至れり。故に予は愛国社を解き、別に自由主義一大政党を組織せんと欲す。諸氏の説大同小異、由て明日之を衆員に謀るに決す。(同前書、一八六頁)

## 七　イギリス型かルソー型か

以上に見てきたように、一八八〇年の二回の国会期成同盟大会を通じて、愛国社を中心とする民権左派は、一貫してルソーの言う「定期人民集会」の代替物としての「私立国会」＝政党の結成をめざしてきた。彼らがめざしたものは、全国の津々浦々に同一の主義にもとづく結社をつくり、それを一つの政党として統一し、「私立国会」を樹立することにあった。奇妙に響くかも知れないが、彼らは憲法の内容や政府の形式には、あまり関心を持ってはいなかった。政府が如何なるものであれ、憲法が如何なるものであれ、全国人民の意思を代表する「私立国会」さえあれば、最終の決定権は人民にあると考えていたのである。

ルソーの『社会契約論』中の中江の訳した部分には含まれていないが、以上の愛国社系の「私立国会論」は、『社会契約論』第三編一八章でルソーが主張した、「召集手続を必要としない」人民の定期集会とほとんど完全に一致する。ルソーは次のように述べている。

社会契約の維持というほかになんの目的ももたぬこの集会は、開会にあたってつねに次の二つの議案を提出せねばならない。これは決して略することはできない。そして二つは別々に投票に付すべきである。

第一議案――「主権者は、政府の現在の形態を保持したいと思うか」

第二議案――「人民は、現に行政をまかされている人々に、今後もそれをまかせたいと思うか」
わたしはここで、すでに証明したはずの事がら、つまり、国家には廃止できないような基本法はなにもなく、社会契約すらそうである、ということを仮定しているのだ。なぜなら、もし全市民があつまり満場一致でこの契約を破棄すれば、この破棄がきわめて合法的であることは、疑いの余地がないから。(前掲、岩波文庫版、一四二頁)

もちろん、どんなに「私立国会」を拡大してみても、それはルソーの言う「定期人民集会」にはなりえない。すでに四千万の人口を持っていた当時の日本で、「全市民があつまり満場一致」で前記の二議案につき投票することは、そもそも実現不可能である。第二回国会期成同盟会での原案に従って、全国の加入結社の資格を「千人以上の結合あるものに限」っても(前掲『明治文化全集・雑史篇』一七四頁)、それが代表できるのは、約五万人の意思にすぎない。数だけから言えば、一〇年後の超制限選挙の有権者総数の一〇分の一にすぎないのである。

しかし、第二回国会期成同盟会から約一年後に自由党が結成されたとき(八一年一〇月二九日)も、同党はこの「私立国会」路線をめざしていた。同党規則の第一〇章には「地方部においては毎年六月、十二月両度、その地方党衆の名簿を調整し、その加除増減を明にして中央本部に送達すべし」とあり、第一一章ではこの名簿に記載される「党衆」は、一人ひとり、住所氏名族籍身分を届け出ることになっている。そして第一三章で定められる毎年一〇月の定期大会に出席できるのは、このような党員名簿を完備した「小団結」からの代表「五名以下」と定められている。また、この定期大会を「議会」と呼び、「小団結」代表者を「議員」と記しているところにも、「私立国会論」の存続が感じられる(寺崎修『明治自由党の研究』上巻、慶応通信、一九八七年、五―六頁)。

因みに、結党後半年で開かれた臨時党大会に出席したのは、二六府県の代表約九〇名とも(寺崎前掲書、八九頁)、あるいは三二支部、一〇七名とも言われている(同前、一五七頁)。

これらのことから明らかになるのは、自由党は全国代表になり切ってはいないが、それをめざして前進中であり、人民集会ではなくその代表集会である点ではルソー方式の代替物でしかないが、その党員のすべてが名簿に記載され党中央と直結している点では、限定された意味での「満場一致」方式が貫ぬかれていたという点である。

## 八　二大政党制か一大政党制か

このように、愛国社＝自由党にとっては、政党は人民の意思を結集する「私立国会」であるから、複数あってはならない。このような「愛国社路線」に対抗して、同じ時期にイギリス・モデルの二大政党制を提唱したのが、民間にあっては福沢諭吉と交詢社であり、明治政府内部にあっては参議大隈重信と福沢門下の官僚であったことは、よく知られている(坂野潤治『近代日本の国家構想』岩波書店、一九九六年、参照)。

これまで幾つかの著書で私見を述べてきたこの両派の対立について、本稿の視点から繰り返しておきたいことは、次の二点である。

第一に、国会期成同盟の第二回大会が、一方では一年後の次の大会までに各結社毎に憲法草案を起草して持ち寄ることを決め、他方でこの大会で憲法草案起草を否決するという矛盾した決定を行った影響である。前者の決定に忠実であろうとした結社は、起草すべき憲法草案のモデルを、福沢系の交詢社が八一年四月に公表した「私擬憲法案」に求めざるを得なかったのである。この間の事情は、民権両派に対立する立場にあった保守派の理論家井上毅(太政官大書記官)の次の手紙によって推測することができる(伊藤博文宛、八一年七月一二日)。

昨年国会請願の徒今日音を入れ候は、決して静粛に帰し候に無之、即ち各地方の報告に拠るに皆憲法考究と一変いたし候に有之、その憲法考究は即ち福沢の私擬憲法を根にいたし候外無之、故に福沢の交詢社は即ち今日全国の多数を牢絡し、政党を約束する最大の器械に有之、その勢力は無形の間に行われ、冥々の中に人の脳漿を泡醸せしむ。その主唱者は十万の精兵を引て無人の野に行くに均し。(井上毅伝記編纂会編『井上毅伝・史料篇第四』國學院大学図書館、一九七一年、四七頁)

周知のように福沢諭吉は、早くも七九年には、保守党と自由党が交互に政権に就くイギリス型の二大政党制を提唱しており、その門下生が中心になって起草した八一年四月の「交詢社私擬憲法」は、この二大政党制に基礎を与える内容のものであった。愛国社系の民権左派が大会による憲法草案の起草を否定して「私立国会」結成のための地方基盤の強化をめざしている間に、国会期成同盟会内の右派は福沢系の交詢社の指導下に入っていった、と井上毅は見ていたのである。

この井上の見通しを裏付けるように、旧愛国社グループは八月末に板垣退助らが高知を出発して、九月一日に神戸に到着するまで、目立った動きを全く見せていなかった。井上毅の観測どおり、福沢ら交詢社グループを除けば、「昨年国会請願の徒」は「音を入れ」ていたのである。

第二に、それにもかかわらず、自由党結成をめざす旧愛国社グループを除いた場合、福沢グループだけでは「十万の精兵」を率いることはできなかった。九月一〇日に大阪で開かれた板垣退助らの政談演説会には、「五千有余の聴衆」が集ったという(前掲『自由党史』中巻、六四頁)。話半分としても大聴衆である。

当時、福沢グループは、有名な「開拓使官有物払下げ事件」を傘下の新聞で攻撃し、藩閥政府内の右派を倒して彼らが期待する参議大隈重信中心の内閣を樹立しようとしていた。しかし、この構想の成否は、前年一一月の第二回国会期成同盟の決定にしたがって、一〇月の第三回大会めざして上京してきていた各地の結社代表の動向如何にかかっていた。「十万の精兵」が開拓使問題に向うか、自由党結成に向うかによって、状況は大きく左右されようとしていたのである。

「明治一四年の政変」として有名な、八一年一〇月の参議大隈重信とそれを支える福沢系中堅官吏の罷免と国会開設の一〇年延期の決定は、上記の運動内部の路線対立と密接に関連していた。もし板垣退助ら旧愛国社グループが福沢諭吉ら交詢社グループと一緒になって、開拓使官有物払下げ事件に関して薩長政府弾劾に向っていれば、政府による大隈の罷免は困難だったと思われる。しかし、板垣は、政府打倒よりも「私立国会」としての自由党結成の方を選択した。重要な点なので繁を厭わず『自由党史』の記述を引用しよう。

〔九月〕十五日〔神戸より――坂野注〕海路横浜に向う。中島信行、竹内綱、沼間守一、その他神奈川県会議員および有志等これを埠頭に迎え、横浜町会所に招待して晩餐会を開き、板垣先づ団結の必要を説いて、政党の組織に力を尽さんことを勧告し、中島、沼間もまた起てこれを賛せり。十六日午前東京に入る。全国自由主義の同志は、既に十月の大会迫るに及んで、風を聞いて皆起ち、期に先《さきだ》って京に在り。是日群を成し来って板垣を新橋に迎る者、絡繹相接す。沼間守一、河津祐之等の統率せる桜鳴社、中江篤介〔兆民〕の仏学塾、馬場辰猪、大石正巳、末広重恭等の国友会、東京経済雑誌の田口卯吉、もしくは東京日々新聞に拠て政府を擁護し、国会尚早説を鼓吹せる福地源一郎等もまた、屐《げき》を倒《さかしま》にして来り、その他三田福沢派たる交詢社も、純大隈派も、または中立派も、概ね代表者を出して歓迎せざるなく、……将に異色各派を打して一丸に帰せしめんとす。都人或は以為らく、板垣にして来る、開拓使問題を一掃し、内閣を改造する、唯だ唾手して成るべしと。……同月二十三日、藤田茂吉、末広重恭、肥塚龍、田口卯吉、福地源一郎等、板垣を上野精養軒に招き、その説を聴かんことを請えり。来り会せる者四十余名、……官吏あり、会社員あり、政論家あり。……大隈の門下生にして統計局権少書記官の職を奉ぜし尾崎行雄は、……主として政党団結に反対し、開拓使官有物払下問題に全力を注ぎ、先づ内閣改造より着手せざるべからずと説き、その席に列せる官吏の人々は概ねこれに左祖《さたん》したり。けだし大隈門下の徒が敢てこの議を発せし所以のものは、実に板垣を中心とせる民間の諸勢力を利用して一斉に政府に肉薄し、以てこの間に乗じて大隈の功名を成さしめんとするに在りしが如し。……しかるに板垣は徐ろに大体を説いて曰く、……既往十数年間の事実に徴すれば、権位を利用し、猾賈寵商と通謀し、不正不義を営む者、……算するに暇あらざるを恐る。……苟くもこれらの非違を禁じ、汚吏の瀆職を防がんとせば、速に専制の組織を改革して立憲公議の政体を建つるに若かずと。……然れども尾崎等竟《つい》にこれに服せず。したがって政党組織の議未だ熟するに至らずして罷む。ここにおいて板垣は予定の如く将に東北漫遊の程に上らんとす。……九月二十六日、土佐より附随し来れる一行の外、さらに中島信行、竹内綱を加え、浩然衣を払うて東京を発す。（前掲『自由党史』中巻、六五―六七頁）

明治政府が参議大隈重信を罷免し、同時に丸九年後の一八九〇年を以て国会を開設するという勅諭を出したのは、板垣が東北に向けて出発してから約二週間後の一〇月一二日のことであり、「私立国会」をめざしてきた旧愛国社などが待望の自由党を結成したのは、それからまた約二週間後に始まる創立大会においてであった。

## 九　おわりに

八一年一〇月の自由党結成から、八九年二月の明治憲法発布、翌九〇年一一月の第一議会召集までの八、九年間の民権左派の活動については、寺崎修氏の前掲の研究（『明治自由党の研究』上・下）に付け加えるものはない。本稿の結びとして記すべきことは、この憲法発布・議会開設が自由党内の「主権在民」派に与えた影響であろう。

しかし、この点も、実は設問の中に答が含まれている同義反覆的な設問に過ぎない。第一に、明治憲法の第一条と第四条には「主権在君」が明記されているから、よほどの憲法論の構築なしには、「主権在民」を貫くことは出来ない。一九〇四、五年の日露戦争頃には、美濃部達吉と北一輝の努力により、「主権在君」論は克服できたが、それは「主権在国家」論によってであり、憲法発布以前のように「人民の天は人民なり」と直截的に「主権在民」論を唱えることは出来なかった。

第二に、議員が総選挙で選ばれてくる以上、議会なき時の「私立国会」論、すなわち自由党による議会の独占、あるいは同一主義者による人民の一致団結は、もはや不可能であった。しかも、直接国税一五円以上という納税資格で有権者となった約五〇万の選挙民は、一〇年前に愛国社のルソー主義者を「書生者流」として切り捨てた地方有力者でしかあり得なかった。彼らは地主として地租の軽減を求めるか実業家として鉄道の敷設を求めるかの違いはあっても、もはや「主権在民」か否かにはさほど関心を持ってはいなかった。「主権在民」論の元祖とも言うべき中江兆民が、第一議会で早くも議会そのものに見切りをつけて、議員を辞任してしまったことは、象徴的事件でもあり、また必然的な成行きでもあったのである。

もっとも、すでに第一の点として記したように、「主権在民」論は不滅であり、一九〇四、五年の日露戦争後に、「主権在国家」論に外装を変えて復活する。「大正デモクラシー」がそれである。

# 第2章　戦後日本の主権論と一般意志の原理
## ——憲法と政治をめぐる思想史的考察

関谷　昇

## 一　はじめに

グローバル化や分権化の流れが国民国家という枠組みに対する変容を迫り、公共の担い手であった国民国家体制の行き詰まりが露呈していることは、公共性概念に大きな揺らぎをもたらしている。環境、ジェンダー、多文化、宗教といった諸問題の噴出による公と私の境界線の流動化は、現実の政治社会における対応のみならず、その原理的な再考を促すまでに及んでいる。例えば、大衆民主主義の状況や議会制民主主義の制度的な硬直化をめぐる問題は、代表制の機能不全や形骸化、多数者支配による少数者の排除、ポピュリズムなどを告発するものであり、様々な立場からの議論が活発化している。市民参加と自治、相互承認、差異と闘争などを通して、複数性を規範的条件とする公的領域と言説空間を内在的に活性化していくことを志向するラディカル・デモクラシーや、民主主義過程から超越した規範原理ないしはメタ理論としての正義論を要請するリベラリズムの隆盛は、「公」に回収されない「私」の領域の確保と、新しい公共性概念の模索を物語っていると言えよう。

こうした問題状況の中で、国民国家や法的権利といった表象が現実の実態から乖離し、その表象によって逆に現実を歪めているといった指摘は、公と私との結びつきがつねに権力性を孕むということに自覚的でなければならないことを促す。いわゆる法的言説に内在する暴力（ベンヤミン）、つまり法を措定する暴力や法を維持する暴力を告発し続ける視点は、さらにデリダやフーコーを経てアガンベンに至るまで、徹底して規範に回収されない事実を訴え続けている。それは、様々に具象化される「法」規範とその下に形成・運用される諸制度に対して、「法」に抑圧されている実態を暴露し、その排他性の再生産メカニズムを告発し続けるものであると言えよう。（権利を有する）「主体」性から（国境という）「境界線」に至るまで、法的言説の表象性は、それ自体としては中立的でありえても、事実の観点から把《とら》えることによって、根源的暴力性が浮き彫りにされるわけである。[1]

例えば国民国家は、主権主体を想定しつつウチとソトとを境界線によって仕切られた主権国家であり、（福祉国家に至るまで）仕切られた領域内における生の管轄が安全を保障するとされてきた。しかし、二〇世紀の歴史が克明に物語っているように、こうした恣意的な囲い込みは、主権国家から排除された人々の悲劇、領域内部における同質化の捏造と生の規律化を生み出してきたのであり、さらには平和と安全の名の下に、過剰な安全保障と日常生活の隅々にまで張りめぐらされた監視網を生み出しつつある。[2] その意味で主権概念は、様々な角度から国民国家の枠組みを相対化する論脈において、主体・機能のいずれの面においても大きな転換を求められているわけである。[3] 特に、国境を越えた問題群の噴出は、国際法や国際関係において前提とされてきた対外的国家主権に痛烈な打撃を与えているのであり、その限りでは、国内における主権的効力の妥当性への疑念と相俟って、主権概念を無用にする議論が出てきても不思議ではない。実際、人権論をはじめ、シティズンシップ論、ジェンダー論、正義論、構成的権力論といった様々な知の意匠は、主権国家ないし国民国家という枠組みを相対化するという共通の課題を前提にし、主権の固定性とそれに内在する暴力性に制約されない秩序の構想を模索するものであることは改めて指摘するまでもないであろう。

しかも主権は、そうした囲い込みの帰結としての排他性のみならず、囲い込みをするという権力作用自体としても問題視される。アガンベンによれば、例外状態について決断をするという主権的行為の構造(C・シュミット)は、主権者が作り出す法が主体性の論理によって導かれているということもさることながら、それが自らの効力を保つために例外を必要とするという側面もある。例外とは「自らが所属している全体に包含されることのできないもの、自らがすでに包含されてある当の集合に所属できないもの」であり、共通権力(法)の不在という根源的な危機が主権に決断という形を採らせる。この決断が関わるのは、法権利と事実との間なのである(4)。この例外は、秩序に先行する混沌ということよりも、秩序から排除されつつも秩序の外部において把えられていることを示している。この例外において作り出される状況は、外部と内部、排除と包含、法権利と事実、ノモスとピュシスの間に不分明の境界線を設置することを意味しているのであり、法はこの例外を前提としてのみ効力を持っているのである。「法の『主権的』な構造、法に特有のその独自の『効力』は、事実と法権利とが区別されない(にもかかわらず両者は決定されていなければならない)という例外状態の形式を帯びている。法権利の圏域にこうして縛りつけられ内包された生は、要するに包含されるという仕方で排除されるという前提によってのみ、したがって例外化においてのみ、法権利の圏域に内包されうる。ここにあるのは生の限界形象であり、生が法的秩序の内部と外部に同時にある、その境界線である。この境界線が主権の場なのである(5)」。法権利とは例外化の排他的包含によって持続しているのであり、主権者は法的秩序のウチとソトに同時にあると考えられるわけである。

こうした点を踏まえてみると、主権的権力の作用、つまり境界線を引くという行為は、たとえ主権国家ないし国民国家の枠組みを相対化することによって囲い込みによる排除性が解消されようとも、また新たに修正されて新しい境界線が引かれていくことは避けられないようにも思われる。排除された存在によって主権的権力が強化されるという構造は、異質なものの共生を図るために特定の存在が排除され続けるということを意味しているのである。

こうした主権が一つの人為的所産であって、その理論的帰結は時代的な制約性を帯びるものであることは思想史的に明らかなことである。しかし、上述したような事実次元からの主権批判は、規範論や制度論との新たな結合を十分な形で見出しえていないと思われるのであり、我が国の主権論の歴史との内在的な連関も問われてはいない。少なくとも、日本国憲法の改正が改めて政治的争点となりつつあるにもかかわらず、憲法政治をめぐる議論状況において、主権論の意義と限界を位置づける作業が十分な形で展開されているとは言い難いのである。

戦後の政治学や憲法学は、民主主義の構築という共通認識と共通課題を前提としていた側面があったことは改めて指摘するまでもないが、両者の学問的立脚点と方法論の相違が生産的な対話を阻んできたことは否めない。しかし、戦後憲法学における主権論の展開には、主権理論の確立期から社会契約説における隆盛期までの(西欧)政治思想史に見出される特定の視角が通底している。それは端的に、主権を国家の構成要素として把えるという点に外ならない。そこに政治社会の構成原理――政治社会を成り立たせている諸々の要素(事実と規範)とその作用を統合的に認識し具体化する原理――を見出すことは、確かに戦後日本の社会状況において時代に即した見方であったと言えよう。問題は、こうした主権論が上述した問題状況から照らし出されるとき、いかなる視点から事実と規範との緊張関係を再考していくかということである。

また、憲法が統合的な国家意志形成と権力の抑制という拮抗する目的を内在せしめるものであるならば、政治と法との関係は不断に問われなければならないはずである。そこで本稿では、まず主権論と一般意志の原理を論じた上で、そこから導き出される政治思想史の立場から、戦後日本の主権論を批判的に考察することによって、憲法政治への一視角を提起することを試みることにする。

## 二　主権の原理構造

### 例外・決断・主体

憲法制定権力をめぐって憲法学でもしばしば援用されるシュミットは、例外状態について決断を下すものとして主権を規定し、主権的な統一性及び全体性 (die souveräne Einheit und Ganzheit) という意味において国家を把えようとした(6)。この主権国家があってはじめて秩序が可能となり、正常な状態が可能となるわけである。ここで注意すべきは、例外状態が政治の可能性を生み出しているということである。ホッブスにおいては克服されるべきものであった自然状態は、ここでは政治に存在の可能性を与えるものとして理解されているわけである。例外状態は規範的に無の状態であり、現行の憲法の規範性が一切妥当しない状態のことを言う。規範性が妥当しないところで、いわばむき出しの力と力が敵と味方として衝突するのが「政治的なるもの」の本質とされ、そこに国家の存在理由が見出されているのである。

シュミットの説明によれば、いわゆるノモスは、土地の先占、独立国家と植民地の建設、征服と同盟などといった取得行為において具体化された(7)。そして何ら制限を有しないで決断しうる人格的統一体は、国境の確定による主権国家の形態を可能にし、さらに国家間の権利的平等と力学的変動の関係によって、国家主権として定式化されるに至ったのである。この主権概念の国内的・国際的政治空間への適用は、裁判権や立法権を独占するという意味で司法性を基底とする政治権力が、法の上位にあって他のいかなる権力にも従属しないものであることを抽象的に基礎づけるとともに、国境を軸に内と外との関係を確定して暴力を馴致する装置として具体的に作用することを示したのであった。統一と秩序の本質を国家の政治的実存に求めるシュミットにおいて、この政治的な決定ということと決定を行う人格的な主体性が、主権概念において統一的に示されたのである。

このように例外状態、政治的な決断、人格的主体性が、法の上位において結びつけられたところに、シュミットが定式化する主権が成立する。それは、他のいかなる権力にも従属しない権力であり、そこから憲法が導き出される。憲法は、政治的統一体としての国家や支配形式、あるいは憲法制定権力が定立する(諸規範を統一する)基本法である。「いかなる一般的規範も、生活関係の正常な形成を要求するのであって、一般的規範は、事実上それに適用されるべきであり、かつそれを規範的規制に従わせるのである。規範は、同質的媒体を必要とする。……混乱状態に適用しうるような規範などは存在しない。法秩序が意味を持ちうるためには、秩序が作りだされていなければならないのである。正常な状態が作りだされなければならないし、また、この正常な状態が実際に存在するかいなかを明確に決定する者こそが、主権者なのである(8)」。こうして、究極的決定を独占する者が主権者であるというところに国家主権の本質があるとされるのである。しかも、ホッブスがそうであったように、「決定が独立の意味をもつばあい、決定の主体が、その内容とならんで、独立の意味をもつのである。法生活の現実にとって肝要なのは、だれが決定するか、である。内容の正しさを問うのとは別に、決定権の所在を問う必要がある。決定の主体と内容との対置という点、およびその主体の固有の意味という点にこそ、法律学的形式の問題がある(9)」のである。諸々の法規範は、憲法制定権力が政治的統一体の全体的・政治的実存形式についてなした決断に由来しなければならない。しかもそこに、領土の限定ないしは国境の確定という条件が加わることによって、友敵関係としての例外状態は法秩序へと移し替えられるという形で理解されるようになったのである。

シュミットはボダンの主権論について、例外状態での決断の契機を殊更強調している側面があるが、『国家論』のボダンは、あくまでも国家を完成するものとして主権を考えている。主権とは「国家の絶対的で永続的な権力」を指し、「最高にして、あらゆる法から独立した権力」として、立法権・外交権・官吏任命権・裁判権・貨幣発行権・課税権などを有するものである。[10] 各要素は他の要素を前提として考えられているのであり、その意味において主権の不可分性を特徴づけている。こうした不可分の権力が、各党派や宗派が真の宗教を目指して闘争に明け暮れた宗教戦争によって秩序が動揺する中で、アナーキーな状況を回避するために必要とされたのである。絶対的・永続的でしかも不可分な権力であって、しかも裁判権のみならず立法権が含まれたところに、主権の観念が権力の分散・均衡を重視する中世立憲主義を打ち破るダイナミズムが見出されたのである。

こうしたボダンにおける主権概念が様々な思想的潮流の混在の上に成り立っていることはしばしば指摘されるところであるが、そこに見出される永続性と絶対性が、主権者を神の似姿であると理解する世界観に立脚していることは、主権論に固有の特徴をもたらしている。[11] けだし、ここにシュミットを媒介する主権論の系譜が踏襲する主権主体論の原型があるからである。神の意志は自然的秩序を超越し、現世の秩序に対する神の自由意志の貫徹は絶対的なものであって何ものにも制約されない。その下に、階層的な秩序があると想定され、国家もその中に包摂されるのであり、地上における主権者は、この全能の神の似姿として把えられるわけである。ボダンによれば、国家とは「複数の家族とそれらに共通なものに対する主権的権力を伴った正しい統治」であるが、そこで家を基盤に諸々の共同体や団体が階層的に秩序づけられ、その一切が主権によって正統性を付与されるのである。「国家の絶対的で永続的な権力」たる主権は、いかなる世俗勢力にも拘束されることはない。それは、国王と身分制議会、中央政府と地方政府という制度的構図の中で、代表・同意・抵抗権・団体主義などを通した自己利益の主張を思想的中核とする中世立憲主義の構図に根本的な変更を迫ったのであった。中世立憲主義の伝統は、社会的・宗教的生活を背景にしながら諸身分や諸団体が特権と同意を保持することによって不確定で無法則的に形成された一つの帰結であり、多元的な政治的主体と政治政体の混合的な均衡によって支えられてきた。[12] この慣習的伝統が、主権の絶対性の定式化によって挑戦を受けることになったのである。その核心は、主権者が立法権を独占するに至った点に外ならない。

この意味で、現世における共同体の外部たる主権者の意志に着目する議論は、自然的秩序の外部たる神の意志に対応する形で、絶対的権力を以て秩序を形成する「作為」の論理の原理的枠組みを定式化することになったのである。それは、もはや慣習的な法の発見と抵抗権に基づく(身分的・団体的)利益の実現の政治ではなく、政治の神学からの自律の下、主権による公共性の独占に外ならない。

### 主権と社会契約説

こうした主権論は、やがて社会契約説と結合していくことになるが、そこでしばしば強調されることは、「脱団体化」という条件が前提とされているという点である。その条件によって、主権者と臣民との間に、何も媒介としない直接的な権力関係が成り立つと考えられるのである。バリバールが言うように、主権者の本質的な特徴は、「臣民＝主体たちに呼び掛けて、彼らを個人に変えること」にある[13]。主権者は、個人一人一人に自らを承認させる必要があり、そのために諸々の媒介(中間団体)は動員されるのである。

社会階層や職能団体を排除して国家と個人が向き合うという視角は、主権概念の法学的性質から、思想史的には主権を担う主体の問題として強調されていった。それが、君主主権から人民主権までを一貫して把える視角を生み出しているわけである。この主体の問題ということで言えば、ボダンの議論はホッブスの議論に接続される。ボダンに内在していた階層的秩序と身分制社会の融合的側面は、平和秩序を実現させるという実践的目的の下に、様々な中間団体による抵抗を一切排して政治権力を一つに集中させるという絶対権力の確実な弁証へと発展していった。ホッブスにおいては、それが「個人」から主権者を導出する社会契約説を通して果たされることになる。そこで重視されたのが、主権主体は、統治者と被治者との間に交わされる垂直的な統治契約ではなく、自由で平等な個々人による水平的な社会契約に一本化された形で説明されなければならない、という点である。けだし、統治契約が残っている限り、一部の被治者が同意していないということを口実に、主権者は不断に抵抗を受けることになってしまうからである。ここに、統治者と被治者との契約関係を切断して中間団体を排した「国家と個人」の視角が定式化されることになる。こうした「個人と国家」の視角の下に、主権の絶対性・独立性・排他性が個々人の自発的な意志と結びつけられ、社会契約と結びつくことによって、所与性から解放された個々人の意志に基づく政治社会の構成原理として統一的に把えられるようになったのである。

しかし、この視角と系譜にのみ囚われていたのでは、たとえ主権論が社会契約説に接合されたとしても、それが中央集権的な国民国家の弁証に偏向せられてしまうことは免れないであろう。思想史的に見るかぎり、この接合はボダンからホッブスへという単一的な系譜に集約されるものでないことは着目されてしかるべきである。例えば、人民主権論の源流に位置するアルトジウスは、宿敵ボダンに対抗して、主権は最高でも、絶対的でも、永続的でもないとし、家族・機能団体・都市(地域)・州・国家という多層的な共同体の連合体からなる、分権的・連邦制的な主権論を提起している。アルトジウスの契約思想は、統治を委任するものではなく、契約当事者の意志が終始貫徹されるのであり、より広域の共同体はより狭域の共同体の同意なしに介入することは許されないという権力抑制論を表わしているのである(14)。

アルトジウスの詳細については別稿に譲るとして、ここで考えてみたいのは、次の二点である。第一に、主権をめぐっては、二つの原理の間の緊張関係が不断に問われているという点である。この二つの原理とは、主権者が政治社会を「作為」していく構成原理と主権主体が他者に侵害されないために「抵抗」する批判原理である。この両者は、「個人と国家」という視角をも相対化するものとして、個人と個人を超える諸々の位相との関係を考える場合に不断に問われるものであり、ボダンからホッブスへの系譜とアルトジウスからルソーへの系譜の双方で、全く異なる形で考えられたのであった。とりわけ主権論と社会契約説との接合を考える場合に重要なのは、「個人」概念が、政治社会の抽象的な構成主体たる原子主義(atomism)としてではなく、現実の政治社会を問うにあたっての批判的準拠点であり続けるという意味での批判的原子論(critical atomistic theory)として組み込まれるようになったということである。この「個人」の不断の働きかけによって、構成原理と批判原理との緊張関係の上に主権が成立していると把えられるのである[15]。

第二に、こうした緊張関係を一つの理念において把えようとしたものが、「一般意志」論であるという点である。後述するように、一般意志とは政治権力を規定する批判原理であり、すべての人間の意志を内包し、排除の論理を生み出す特殊意志を全体の観点から否定するものである。また同時に、すべての人間の意志が統治を規定する法を作り出すという意味で、法の支配と主権とを接合する構成原理でもあると考えられる。

以下では、以上の二点に焦点を合わせ、憲法政治についての考察を試みることにしたい。

## 一般意志の三つの側面——主体・内容・具体化

ルソーの一般意志は、公共性の担い手が一部の恣意的な主体に独占されてしまう可能性を告発したものであり、個々の恣意性を脱却した「全体」の視点から定式化される。ここで重要なのは、この「全体」が、(ボダンやホッブスのような)特定の権力主体に担われるものではなく、いかなる特定主権にも権力を恣意的に独占させないということを究極的に照らし出す原理であるという点である。それに基づいて、特殊社会よりもそれを包摂する社会を、貴族よりも公民の義務を、公民よりも人間の義務を優先すると考えるのである。この一般意志は「つねに正しく、つねに公共の利益を目指す」(*Du Contrat social*, Livre 2-Chapitre 3)[16]ものであり、現実において隠蔽されることはあっても決して破壊されないものとして「つねに存在し、不変で、純粋である」(CS, 4-1)。あくまでも「共同の自我」によって行使される意志であり、決して譲渡されえない(CS, 2-1)。主権とは、この一般意志に立脚するものでしかありえないとされる。この全体性かつ一般性によって導かれる平等性が保たれる限りにおいて、一般意志は「法」を制定することができ、主権者はその適切な働きによってのみ行動できるのである（CS, 3-12）。この点は、社会契約の当事者の同意によって主権者権力が導かれると同時に抑制されると考えたアルトジウスと共通しており、もう一つの主権論として理解しうるのである。

しかし、一般意志によって表される構成原理と批判原理との関係をめぐっては、全体主義の思想的温床という古典的批判から、冒頭で言及したデリダらの諸批判の論脈に至るまで、ボダン - ホッブスの系譜の延長で理解され、その排他的な画一性と暴力の内在性を指摘されることが少なくない(17)。確かに、法としての「再現前化」=「表象」の形式をとり、その規範性によって現実の実態が組み換えられていくという側面のみが強調されてしまう限り、一般意志は、その理念的抽象性が一人歩きをしてしまうことによって、主権者が一般意志を体現しているという建前の下に、既存の国家権力の単なる弁証に転化してしまうかのように見なされてしまう。その場合、いくら一般意志から導かれる規範的公理系——典型的には公共性——を示そうとも、国家権力の暴力独占と暴力の組織化は主権者に則す形で正当に展開し続けることになる。したがって、国家権力の民主化ということも、その帰結として、人々が国家という政治共同体の「担い手」として組み込まれることを意味し、国家の社会的諸政策が「国民のために」という形で道徳的に正当化される反面、一般意志を僭称する政治権力が行使され、そこに見出される政治共同体の規範の外部に存在するものは、徹底して排除され続けてしまうというわけである。

しかし、こうした批判の多くは、一般意志と主権の関係を平面化して、政治的同質性と全体主義的排除を批判するものであり、一般意志に対する誤解を多分に含んでいるように思われる。社会契約説との接合を重視してきた主権論ではあっても、批判原理と構成原理においていかなる役割を果たしているのかという点については考察が不十分であったと言わねばならない。一般意志を理解するためには、自然権を有した権利主体が自らの権利の保障を求めて、契約によって政治権力に服従することを自発的に了承するという法的＝制度的な意志決定の側面と、秩序なき状況を回避するために個々人が政治的な判断をなし、政治権力を通して公共の福利を具体化させていく政治的＝実践的な合意形成の側面とを区別しなければならない。両者の緊張関係の中で、排他的な画一性と暴力の内在性は不断に自覚化されなければならないことではあっても、一般意志はその問題に収斂するものではないことに注意しなければならないのである。

この点を考えるためには、一般意志の原理という観点に関して、さしあたり次の三つの観点を確認しておくことが必要であろう。まず、誰が一般意志を担うかという意志主体の側面である。社会契約とは「各々のすべての権利とともに、各構成員を共同体全体に対して全面的に譲渡する」(CS, 1-6) ことであり、個人の直接性を公共への全面的譲渡によって止揚することである。つまり、個々人が自らの意志によって人民全体と契約をするということであり、それは政治共同体におけるすべての人々による意志の結合と他に依存しない個人の究極的な自律との双方が両立することを意味しているのである。「各人は自己をすべての人に与えて、しかも誰にも自己を与えない」(同) という表現は、相互性と平等の上に政治的意志決定の主体が定式化されることを表しているのである。したがって、この一般意志から導かれる主権者は、「単なる一人の個人の観念」と結合することはありえず (CS, Première, 1-4)、共同体全体を体現する主体、つまり構成員のすべてが担うことが考えられているわけである[18]。

二つ目は、いかなる意志が一般意志を担うかという意志内容の側面である。これは、一般意志が、既成権力の単なる弁証、つまり全員意志に基づく「集合体」ではなく (CS, 1-5)、公共善という目的価値を志向する意志であることを示している。全員意志が「私的な利益」を追求する個別意志の総和であるのに対し、一般意志は「共通の利益」のみを追求するものである (CS, 2-3)。ここでは全体を配慮するということが貫徹されているのであり、個別意志は普遍的理念によって不断に相対化されていくのである。その意味において一人の人間よりも人民全体による公共性の導きが求められているわけであり、それが政治権力を制限する機能を果たすことになるのである。しかもここで志向される公共善は、超越的な価値理念として発見されるものであり、人々の合意によって示される価値相対主義的な総意ではないことに注意しなければならない。むしろ一般意志とは、現実において生み出される総意を、より一般的な次元から照らし出していく価値規範として理解しうるものなのである。

三つ目は、一般意志の一般性と政府の個別性とを峻別し、両者のダイナミズムによって一般意志を発見し形成していくという具体化の側面である。一般意志は、本質と対象の双方においてあくまでも一般的でなければならず、主権者はこの一般意志の適切な働きである法によってのみ行動しうる。したがって、共同体の構成員すべてから生み出された一般意志は、すべての構成員に適用されなければならないのである (CS, 2-4)。これに対して、この一般性を個別性の次元に具体化していくものが政府の役割である。つまり、主権論と統治形態を論じる政体論の混同は超越的な批判的契機を喪失し、一般意志は特殊意志に回収されてしまうがゆえに、主権論と政体論とを峻別するのである。「政府の設立は決して契約ではない」(CS, 3-16) ということはそういう意味に外ならない。全体と個との弁証法的な綜合のダイナミズムによって一般意志を発見していくことこそ、特殊意志の恣意性を排除した公共善の具体化を導いていくことに外ならないわけである。しかも重要なのは、この一般意志を貫徹していくということは、(しばしば誤解されるような)個々人が一般意志に同化するということではなく、逆に個々人において一般意志が自覚されるということであり、公共善の具体化の帰結が個々人であるということが問われなければならないということである[19]。

以上、一般意志の①主体、②内容、③具体化の三つの観点を確認したが、ルソーにおいては、これらが構成原理と批判原理との緊張関係の上に把えられることによって、主権が形成され機能すると考えられているわけである。もっとも、これらの側面をいかに理解し、いかに結びつけるかということによって、主権の理解は大きく異なってくると言わなければならない。主権概念の思想史的展開が物語っているように、主権はそれ自体に政治原理としての価値があるというよりは、その時代時代における状況に応じて様々な解釈と修正を加えられ、現実の問題解決に寄与してきた作為規範(価値規範・組織規範)に外ならないのである。以下では、この三つの観点に関連させながら、わが国の戦後憲法学を概観することによって、憲法政治をめぐる問題について確認することにしたい。[20]

## 三　戦後憲法学の主権論

### 主権の担い手

憲法制定後の時期に活発になされた主権論争は、戦前の総括と戦後民主主義の憲法学的構成を志向するものであった。とりわけ和辻－佐々木論争以来、天皇主権と国民主権との関係をめぐる議論は、極めて重要な意味を持っていた。その中で、法哲学者尾高朝雄と宮沢俊義との間に繰り広げられた主権論争は、その後の議論枠組みの形成に大きな意味を持った。尾高が、公共の福祉の観点から政治のあり方を模索すべく、いわゆる国家法人説（Allgemeine Staatslehre）を援用しながら、いわゆるノモス主権論を展開したことは周知の通りであるが、そこでは政治のあり方を最終的に決めるものが主権である以上、主権はノモスに存するのであり、その意味では天皇も国民もノモスに支配されているとされた。つまり、天皇主権から国民主権へと変革したとしても国家組織の根本性格が変わったわけではないというわけである。

これに対して宮沢俊義は、ノモス主権論は主権の所在に応えていないばかりか、天皇の統治との融合を図るものであると批判した。[21] 国民主権を伝統的な主権論の特徴である「国家意思の最終決定権」と理解するのでは、国家法人説が阻止する民主主義を徹底化させていくことができない以上、主権の所在をめぐる視座がどうしても必要になる。そこに見出されたのが国家権力の究極の淵源を「国民」とする見方であった。ここに、政治のあり方を最終的に決めるのは「具体的内容を持つ意思」であり「国民」こそが主権の担い手であり、法とは主権者の命令である、という主権主体論が確立されることになったのである。これ以降の主権論は、もっぱらこの「国民」の具体的な範囲とその「意思」の具体的な行使のあり方に焦点が当てられることになった。以下では、芦部信喜の整理にしたがって、全国民主体説と有権者主体説の二つについて言及しておくことにする[22]。

主権の担い手を「国民」であるとした宮沢は、その範囲を「全国民」と把え、老若男女の区別や選挙権の有無に関わりなく「一切の自然人たる国民の総体」として理解した。主権者たるに何らかの資格は必要ないということである。しかも全国民が主権主体であるということは、すべての国民が国政の最終的な決定に携わるということを意味すると考えられる。無論、それは現実の制度においては実現不可能である以上、全国民が主権者であるとは、国家権力が国民から発しているという「建前」を表しているにすぎない。宮沢において国民主権とは、天皇を除く国民全体が国家権力の正当性を基礎づける根拠であることを意味していると考えられたのである。重要なことは、主権主体が全国民であるということと、主権者が政治権力を具体的に解釈するという主権の権力的契機の問題とは切り離されているということであり、全国民の総体とはあくまでも理念に外ならない。

これに対して、主権主体と主権の権力的契機を結びつけ、その実質的な機能を問題にしたのが、美濃部達吉以来有力視されてきた有権者主体説である。要するに、主権主体を「有権者の総体」に限定し、あくまでも選挙人団として理解しようとする考え方である。これは、そもそも明治憲法における国家法人説の一つの特徴であった。例えば、国家法人説を論じたイェリネックは、「国家意思の属性」としての最高独立性を意味する主権を、法人格を有した権利主体である「国家の意思」たる「国権」や、「国家意思の内容」をなす立法・行政・司法といった「統治権」と区別し、「国家意思を構成する原動力たる機関意思」と説明した。この場合の主権主体は、国家機関を構成する有権者を意味しており、統治を行う「最高の権能」を有しているという意味で権力的契機を内在させているのである。

こうした学説状況からは、主権主体論における全国民主体説と有権者主体説との分岐が、国家権力が国民から発しているという建前を重視しているか、実質的な構成員による権力行使の現実性を把えているか、という点に存していることが伺われる。こうした枠組みは、主体範囲と権力作用をめぐる形でさらに展開していくことになる。

**主権の効力範囲**

主権主体をめぐる議論に対して、主権者としての国民が国政問題について最終的な決定をなしえないというイデオロギー批判の視角から、主体範囲と権力作用を議論したのが、宮沢説に対する次世代の対応だった。[23] 一九六〇年代から深刻な状況を呈してきた議会制民主主義の危機の問題やその背後にある社会の構造変動の問題への対応は、七〇年代に入って主権論の最盛期をもたらすことになったのである。特に国民《ナシオン》主権と人民《プープル》主権の対置というフランス憲法解釈に由来する主権論は、従来の国民主権論を人民《プープル》主権論の観点から把え直そうとするものとして着目されたのであった。それは、主権原理が市民革命以降いかなる情勢と抗争の下で解釈されてきたのかということを歴史的に把握し、それを過渡期としての現代における問題提起と教訓として受けとめようとするものである。杉原泰雄が強調するように、国民《ナシオン》主権とはブルジョア的主権原理に外ならず、観念的で抽象的な国籍保有者が主権主体として想定されている。しかも、主権の行使はあくまでも国民代表に基づくとされている以上、必ずしも人民によってなされる必要はないということになる。これに対して人民《プープル》主権は、ルソーの一般意志論を人民主権と解釈する主権原理であり、社会契約参加者の総体を主体とする。その意味では、主権の行使は人民自身によるという直接民主制を重視することになり、国民代表も当然「人民の意思」に拘束されると考えられる。[24]

したがって、こうした主権原理を市民革命の展開から基礎づける見方によれば、日本国憲法では代表制が前提とされつつも、男女普通選挙制の採用、憲法改正についての国民投票、最高裁判所裁判官の国民審査、地方自治特別法における住民投票など、国民が部分的に直接決定を下す条文・機構制度が存する以上、日本国憲法における国民主権は「人民《プープル》主権」を意味していると解されるわけである[25]。それは、主権主体をめぐる議論から主権原理と統治機構を一体として論じようとするものであり、民主主義の具体化という課題と密接であったと言うことができる。杉原は、国民が「国家意思」を最終的に決定できることを保障する手続・制度を説明しようとして、社会契約参加者の総体を意味する有権者主体説に立脚しながら、人民《プープル》主権論を積極的に提唱した。ここでルソーの主権原理は「国家権力の国内における法的帰属を指示する憲法原理」であるとされ、人民《プープル》主権は、「国家意思」を決定し執行する法的能力が「人民」に帰属すべきことを示すものであり、一般意志を人民投票あるいは命令的委任の制度などによって貫徹するものと理解されるようになる。要するに、権力自体が民主化されていない限り権力の濫用は抑制されえないし、人権の確保もままならないと考えるわけである[26]。前節で言及した二つの主体説の分岐点にあった権力的契機に関して、杉原はそれを主権に内在するものとして把えているのである。

これに対して樋口陽一は、同じ有権者主体説に立脚しつつも、権力的契機の理解については対極的な見解を提示している。議会制民主主義の危機的状況において、杉原が権力の民主化による再構成を志向したとすれば、樋口は中間団体から解放された人権主体という反結社型個人主義を支持し、「国家と個人」という構図をストレートに採用する「ルソー・ジャコバン型」国家観と理性的自己決定をなしうる個人を強調した[27]。その意味では、主権概念自体にそれほどの積極性はなくなることになる。つまり、主権たる憲法制定権力は、制定された憲法においては国民主権原理と(法的拘束力に服した)憲法改正権(制度化された制憲権)に転化したのであり、主権は実定憲法に組み込まれた段階で「永久に凍結」されたと説明されるのである。国民が憲法制定権者であるということは「実定憲法の正当性の所在」を示すものであり、「国民の意思」に基づいて統治がなされるということを建前として示すものにすぎない。したがって、国民主権は権力的契機を内在した実体の問題ではなく、あくまでも政府権力の正当性の問題に留まり、その実践的な具体化は、権力の民主化ではなく権力に対抗する人権の観念によってなされるべきであると考えるのである[28]。要するにここには、憲法制定権力が実定憲法定立後も超実定的に作用する危険を回避する意図があり、民主主義の具体化は国家と対置された個人を基軸に考えられていくのである。

しかし、杉原－樋口論争に見られるフランス憲法学に依拠した主権論に対して、ドイツ憲法学に依拠した主権論は、正当性的契機と権力的契機の問題を統合的に把握する傾向があった。芦部信喜は、主権が憲法制定後は永久に凍結されるとする理解に反論し、制憲権は極めて例外的な非常の場合に限っては実定憲法上でも作用しうるとした。制憲権の本質的要素である権力的契機は、制憲権と主権とが重なり合う概念であることを通して、国民主権にも内在しているというわけである[29]。つまり、「主権の保持者が『全国民』である限りにおいて、主権は権力の正当性の究極の根拠を示す原理であるが、同時にその原理には、国民自身――具体的には『有権者の総体』――が主権の最終的な行使者だという権力的契機が不可分の形で結合している」と説明されるのである[30]。

## 四　主権主体論批判

### 意志主体論の陥穽

こうして概観してみると、戦後憲法学における主権論が、宮沢以来もっぱら主権主体論という枠組みに立脚し、主権主体が誰であるのかという(個人主義を背景とした)法学的主体論を基軸にして、その法学的主体がいかなる形で主権行使をなしうるのかを問うという点に傾斜するものであったことがわかるであろう。国家意志の最終決定権という側面が強調されてきた国家法人説に代えて、主権の所在が国民ないしは人民にあるという視角は、それによって統治機構の組織と作用を規律することを目的とするものである。人民主権論に至っては、主権者が統治権の所有者であるということを媒介として、はじめて国民代表制のあり方・議会制の運用の仕方・地方自治の強化も民主主義の実質化に適う形で考えることができるとされる。日本国憲法に記されている「国民主権」は「人民による、人民のための政治」を追求することを意味しており、それが国制の信託者たる「国民」の内実と理解されるわけである。杉原泰雄の「主権者学」はその一つの到達点であると言えよう(31)。

しかし、こうした戦後憲法学には、その半面において、政治権力がいかなる規準によって制限されるのか、また主権原理がいかに具体的に作用して憲法政治が営まれていくのか、さらに憲法がいかに政治を「作為」していくのか、という問いに十分な回答を示してこなかった側面も伺われる。それは憲法に固有の問題というより、戦後民主主義が取り組んだ歴史的課題とその成果を原理の観点から総括することにおいて問われなければならない問題である。少なくとも原理として考えるということは、戦後民主主義の歴史的課題と成果を否定することではなく、まして安易な憲法解釈を導くことでもなく、そこで自明の前提とされてきた民主主義に立脚する憲法政治それ自体の生成条件を改めて問い直すということである。戦後憲法学における主権論の展開も、そうした問題意識において改めて再考する必要があるように思われるのである。

こうした問題意識から戦後憲法学における主権主体論を考えてみると、社会契約説との接合を重視してきた主権論ではあっても、構成原理と批判原理においていかなる役割を果たしているのかという点についての考察が不十分であったことが伺われる。ここで焦点を当てたいのは、すでに指摘した一般意志の三つの側面のうち、戦後憲法学における主権論が意志主体の側面に傾斜し、もっぱら主権の所在とそこから派生する主権的権力作用のあり方が問われてきたという点である(32)。主権主体を問う①が想定するのは「国民」ないし「人民」と日本国憲法にある「国民主権」という文言を前提に、権力行使主体としての「個人」を強調するという点に外ならないが、民主主義の憲法政治それ自体の生成条件を問う観点からすると、そこには主権の所在をめぐる議論が意志内容を問う②の観点や、意志の具体化を問う③の観点と内在的に結合してこなかったという疑問が生じてくるように思われる。換言すれば、主体的作為の原理が、意志の内容や具体化という課題と十分に結びつけられることがないまま、主体論のみが一人歩きをしてしまってきたように思われるのである。

ここには、すでに指摘したような、一般意志につきまとう排他的な画一性と暴力の内在性の問題がまさに浮上してこざるをえない。この主権主体論が民主主義の原理と融合するとき、批判原理と構成原理との緊張関係は構成原理へと偏向し、国民主権や人民主権といった抽象的な作為規範として、もっぱら現実の政治社会を裁断するものとして定式化されるに至るのである。作為規範が法的主体による「作為」の論理のみで把えられるに至ったとき、その実践的な帰結がパラドクスをもたらしてしまうということを避けて通ることはできない。要するに、いくら意志主体の規範的意義を自覚しようとも、一般意志の内容および具体化の側面との積極的な関連を持たないならば、一般意志は既存の国家権力の弁証に転化してしまうのであり、いくら民主主義原理との結合を強調しようとも、政治規範と現実の実態との乖離はつねに生じ、意図せざる帰結を導いてしまうという根本的な問題を免れないのである。

こうした問題は、依然として国家法人説から脱却しえていない戦後憲法理論に対する松下圭一の批判によっても明らかにされている(33)。いくら主権の所在が国民や人民にあると声高に叫ぼうとも、個々人による下からの自己統治に支えられていなければ、結局は「国家正統論」に陥ってしまう。それこそ松下が、一般意志に基づく統合的な政治ではなく、制度機構まで貫徹した分節政治を提唱した所以である(34)。主権主体論への偏向は、主権を支えている構成原理と批判原理との緊張関係の忘却に起因しているのであり、それがさらに、主権不要論や戦後民主主義に対する的を外した数多くの批判を生む要因にもなっていると言えるのである。

このように考えると、一般意志における意志主体の側面ではなく、内容や具体化の側面を問う議論が出てきても不思議ではない。この点、主権主体論の陥穽に対して、憲法学内部からそれを克服しようとする考え方、特に主権論において意志主体から意志内容への転回の傾向が見出されることは注目される。そこに共通している視点は、端的に言えば、現実の政治社会と政治制度を所与の前提としつつ、そこで作用する権力の機能を判断していくという考え方である[35]。この主体性論を脱却した制度＝機能論とでも言うべきものには、二つの考え方が有力である。一つは、多数者の専制に抗しうる人権に立脚した制約原理を展開するリベラル立憲主義であり、もう一つは代議制の形式を突破する民主的討論を通じた市民の政治参加の憲法理論である。以下では、その代表的な議論を少しく検討してみたい。

### 意志主体から意志内容への転回

制約原理としての規範形成は、社会契約説を現代において再構成しようとしたロールズやその視角を批判的に継承する井上達夫の議論に典型的に示されるリベラリズム的正義論が先駆的である[36]。ロールズ以降のリベラリズムの一つの特徴は、政治過程に先行する「正義」という規範への拘《こだわ》りにある。それは、主権国家を前提としつつも、善をめぐる公私論を善と正義の区別の問題に組み換え、政治過程における決定＝合意の契機から独立した形で、普遍的な制約原理としての正義に再構成する。つまり正義とは、政治過程の結果ではなく民主的討論の内容を規範的に制約する規制理念であり、政治過程における多数者の専制を防止する先行的な公共的価値原理として理解されるのである[37]。

こうした側面を憲法理論に応用していく試みが、リベラル立憲主義の考え方である。無論、この考え方には様々な立場があるが、例えば長谷部恭男は、多様な価値観が共存しうる枠組みを立憲主義として定式化する説明において、社会契約説の原理を功利主義的観点から再構成しようとしている。その核心は、根底的なところでは異なる価値観を抱く人々が政治社会において平和裡に共存し、社会生活の便益とコストを公平に分かち合うことができる憲法秩序の実現にある。そのためには、杉原のように人民《プープル》主権を国民《ナシオン》主権の（経済的基盤に立脚した）史的発展の最終段階として位置づけるのではなく、直接民主制モデルの機能と正当性に着目する必要があると言う[38]。長谷部は、国家権力が個々人の自発的な同意とその政治的実践によって導かれていると把える発生論的正当化ではなく、人々がその権力に服従することによって得られる結果を重視する帰結主義的正当化という視角への転換を強調するのである[39]。いくら主権主体として自発的に同意して政治権力の創造とそれへの服従が正当化されても、そこから直ちに結果についても個々人が同意したということは導かれないと考えるわけである。そこで強調されるのが、主権の根拠は人民が主権者に服従することによってわれわれの目指す目的がより良く達成されるか否か、という観点なのである。

この帰結主義的正当化論からすれば、人々が主権者に服従するのは、政治権力の淵源が国民にあるからではなく、それが自分たちの共通の利益(以下、「公共の福祉」と同義に使う)に適うからであると説明される。長谷部によれば、一般意志とは社会共通の利益として客観的に存在し、多数決がそれを発見し認識する手段となるが、そこで重要なのは人民が参加しているか否かではなく、その多数決が正しい選択を行いうる確率を増大させる点にある[40]。主権は、この共通の利益が志向され、人々が政府と法律に服従するようになるところに生じるのであり、その意味では服従の慣習によって制約されると考えられる。しかも、事項の内容によって中央政府と地方政府へ服従が分かれることもあり、さらには国民国家を超えた超国家組織への服従という側面も事実として存在する。逆に言えば、主権者への服従よりも人民にとってより望ましい帰結が得られるのであれば、主権者への服従は解消されるということになるわけである[41]。その意味で主権の問題は、人権・公共の福祉・権力分立などによって個別的な問題に還元される。比較不能な価値観が公正な形で共存しうる社会生活の枠組みに立脚するならば、共通の利益を目的とした政治権力行使の正当性は、個々人に固有な人生の生き方を保障する「切り札としての人権」(R・ドゥオーキン)によって共通の利益から独立した形で問われるのであり、人権と主権との関係は、人権を制約する理由の問題に置き換えられるのである。

これに対して、国家権力の正当化という観点とは別に、一般意志の内容(②)をもっぱら制度の運用によって政治的に把えていこうとするのが、国家意志形成の中心を議会内での討論に限定しないで、市民相互の政治的討論に拡大していく考え方である。例えば高橋和之は、宮沢以来共有されてきたイデオロギー批判という理論枠組みに対して、理念が制度化されていないことを暴露することや制度が理念通りに機能していないことを指摘することだけでは不十分であると批判し、むしろ必要とされているのは、いかなる制度がいかなる条件の下で理念通りに機能するのかしないのか、という点の分析であると主張している(42)。

この観点から考えると、国民主権を考えるには、「誰の意思が」(①)よりも「いかなる意思が」(②)の方が強調される(43)。高橋によれば、尾高が主張したノモス主権論は、自然法的観念に立脚して主権者の意志を拘束する主体超越的な規範原理を含意していたのであり、一般意志の内容を問う側面を有していたという意味で評価すべきものとされる。むしろ国民《ナシオン》主権は、命令委任を禁止する全国民代表制と結びついて、全国民の利益を志向する意志を示す抽象的な観念であり、全体の共通利益という意志内容を照らし出すものとして把えられる。一般意志の主体(①)を重視する議論では共同体のすべての構成員が参加することが要請されるが、それが全員意志ではなく一般意志であるためには、共通の利益が志向されていなくてはならない以上、国民《ナシオン》主権が重視している一般意志の内容(②)を問う側面は不可避とされるのである。しかも、共通の利益を志向する立法に接合していくためには、討論参加者の対等性を保障し、私的圧力による侵害の抑制と私的選好の修正によって政治過程を再構成する憲法理論が必要となる。その意味で主権の問題は、こうした共和主義の議論と整合しつつ、討論・対話を通じて共通の利益をいかに実現するかという制度論に向けられることになるのである(44)。それはまた、代表制民主主義論から権力分立論にシフトしている最近の政治哲学の傾向とも通底しており、民主的討議の手続化と実質化を志向する憲法政治として考えることもできるものである(45)。

こうした視角は、国民主権を憲法の組織原理と把える点においても、市民の参加と抵抗を重視する共和政治という点においても、松下の憲法学批判と共通するようにも思われるが、ただ両者は民意の反映という点において決定的に異なる。松下が自治の観点から議会への民意の反映を志向するのに対し、高橋は(議会との緊張関係の中で)内閣(首長)中心に政治を考えているのである。[46] 高橋によれば、市民自治の考え方は、統治の問題を解消して「権力への自由」に還元してしまうとして、「権力からの自由」を法の支配の優越の観点から把え、その下に政治を実現することが重要とされるわけである。

ここで、法の支配と権力分立との関係を問うことが課題となってくる。高橋が言うように、法の支配には「正しい法を制定すること」と「その法に従って統治がなされること」の二つの側面があるとすれば、立法・行政・司法の分離は(後者の意味での)法に従った統治の実現に必要とされる。もっとも注意しなければならない点は、この権力分立は相互の抑制・均衡という観念とは別個のものであるということである。[47] けだし、立法・行政・司法はそれぞれが本来の役割を果たす限りで分離していることが重視されるのであって、相互の抑制・均衡の観念とは直接関係はしないからである。これに対し、抑制・均衡論が機能する側面は、むしろ(前者の)正しい法の制定に関わっていると考えることができる。そうすると、先に指摘した「いかなる意思が」に着目した公共善の志向は、もっぱらこの抑制・均衡という制約原理から導かれるということになる。こうした高橋の発想は、人権保障と法の支配の下に、政治活動それ自体を制度的な機能によって活性化させるものであり、さらに内閣が国民の多数派の支持を受けて形成される国民内閣制の主張につながっているのである。[48] 国民内閣制の発想からすれば、行政権には、国会に対して受動的な位置づけが与えられるというより、国内外の様々な問題を発見・予測して国会に積極的に働きかけ、法律制定を要請していくことが求められる。逆に国会は、法的には法律を制定するものの、政治的には行政権の抑制を行うということが、現代国家の国政の実情に即した役割を果たしうるというわけである。

## 五　主権論における一般意志原理の可能性

### 誰のための公共善か？

こうした主権主体論批判は、意志主体に偏向した主権論に対抗しつつ、意志内容のあり方を模索しようとするものである。社会契約の帰結から国家権力の正当化を図ることも、執行権力の強化と議会による抑制機能を重視した抑制・均衡を通して正しい法の制定を図ることも、いずれも主権の所在をめぐる議論に代わって、公共性の内容を具体的に吟味していくことができる規範的・制度的枠組みを示そうとするものである。こうした批判は、権利主体といった規範的表象と実態との乖離という現実を踏まえながら、そのズレによる民主主義制度の機能不全を告発するという点で共通している。しかしそれ以上に興味深いのは、一般意志の普遍性を否定する利益政治の多元主義やポストモダニズムとは異なり、こうした制度＝機能論にも一般意志の一般性が想定されていることである。主権論が主体論に偏向した反面、この一般性による特殊性――権力集中による排除性――の批判という点が不十分であったことを踏まえ、長谷部には多元主義に回収されないリベラリズムの正義規準に、高橋には権力の集中と分散の組み合わせによる真の政治的討論に、この一般性がそれぞれ再構成されているのである。

しかし、こうした主権主体論を批判しようとする議論は、一般意志原理の三つの観点に照らしてみれば、主権主体から主権内容への展開を示したに留まり、必ずしも一般意志の原理にトータルに即したものにはなっていないと考えることができる。要するに、長谷部や高橋の議論は、主権を制度＝機能の問題に還元して公共善の実現の戦略を重視している半面、意志主体(1)を重視することによって担保されていた主体性の機能的役割が希薄化していると解されるのである。つまり、ここで想定されているのは、(権力の集中・独占を徹底して批判する)統治権力の分割ということではなく、中央に集中された政治権力による自由、あるいはそこからの自由ということである。しかしそれでは、政治権力の帰結主義的正当化と法の支配による人権擁護がそれぞれに強調されるに留まり、政治と法の支配を結びつけているはずの共通の利益の具体化という問題が依然として残されてしまうことになる。

一般意志の担い手を問うということは、その主体が(同時に)共通の利益を享受する主体であるということが想定されていたと考えられる。この点、主権主体論は一般意志の内容を問う側面が不十分であったことから、共通の利益論が重視されるようになったわけである。これに対して、主体論を批判する制度=機能論は、民主主義を通して共通の利益が図られているか否かを問う視角は有しているものの、共通の利益が個々人に帰属するものとして考えられなければならない点については議論が不十分であるように思われる。その意味では、構成原理と批判原理との緊張関係において、構成原理に働きかける批判原理という側面が、共通の利益の名の下に希薄化しているように思われるのである。

このように考えると、主体(①)よりも内容(②)を重視するということは、誰が一般意志を担うのかということが直接的な課題ではなくなることをも意味しかねないのであり、そうであれば具体的な人民による自己支配ではなく一部のエリートによる支配と結びついてしまう可能性は残されてしまう。しかしそれでは、主権の問題が、多数者の専制や代表制の硬直化を回避できても、一人一人が公共善を自分の問題として把えるという直接性からはますます乖離することになってしまうと考えられる。そこには依然として集中された権力による公共性の判断と実現という幻想が残存しているのであり、個々人は決定された公共性を享受する受動的存在であることに変わりはない。そうである限り、共通の利益の内容や帰属は現実の要請から分断されてしまう可能性は残ってしまうのであり、それでは冒頭で言及したように規範的公理系をいくら提唱しようとも、主権者権力が現存している中で、事実の観点から告発され続ける排他的な画一性と暴力の内在性の問題は依然として克服されえないであろう。換言すれば、一般意志から導かれる公共善は、それを作り出す主体とそれが帰結する主体が具体的な内実において合致しない限り、政治過程において（暴君から国民に至るまで）特定の勢力に独占されてしまうことは避けられないのである。

そもそも社会契約説の原理からすれば、主体性論（①）の核心は「個人」が所与性から切断されることによって、個々人が政治社会を営む作為の主体として自律しうるという点にあった。その「個人」性が政治社会の構成原理へと接合される批判原理の基軸だったわけである。しかしそこで、「個人」という抽象的主体を主権と抵抗権の担い手として想定し、批判原理と構成原理との緊張関係が、共通の利益の名の下にそれらを融合させていくという発想に収斂されてしまうのであれば、問題の実態が法手続論の正当性に還元されてしまうか、法的言説に伴う排他的な画一性と暴力の内在性に無自覚になってしまいかねないのである。

統治者と被治者との同一性が、現実的には一致しないで、様々なほころびを必然的に持たざるをえず、そのほころび自体もまた同一性を担う権力主体によって解消されてしまうということは、民主主義の必然である。問題は、そのほころびを全体の観点から告発し続けるのが一般意志の原理であり、それは全体と個とが交錯するところに見出されるほころびをいかに把えていくことができるかということにかかっていると言える。それこそ、批判原理と構成原理の緊張関係が正面から問われる局面に外ならない。重要なのは、この局面において問われる公共善が誰のために実現されるものであるのかという視角である。公共善がすべての個々人に帰属することを求めていくためには、一般意志の主体（①）か内容か（②）という二者択一ではなく、両者がさらに具体化（③）へと展開されることを通してトータルに考えられる必要があるであろう。けだし、一般意志は個々人によって認識される政治規範であり、共通の利益をめぐる創出主体と帰属主体がともに「自己」であることを自覚するところに把えられるものだからである。

## 「個人」から「当事者」へ

ここでわれわれは、改めてルソー自身の説明に立ち返る必要があるように思われる。ルソーにおける主権論は、単なる直接民主制に還元されるものではない。一般意志の実現にあたっては、一般性の次元に限定される一般意志を個別性の次元に媒介する政府を必要とするが、その政府の形態を示す政体論は主権原理とは明確に峻別されているからである。執行権者でしかない政府は、いかなる形態であっても主権者の公僕でしかない。その意味では、主権原理は政体論としての民主制をも覆しうるのである。広範な執行権限を有する政府は、生まれながらにして死を孕む存在であり（CS, 3-11）、いくら公共性を標榜しようとも、いくら有能な人材が担おうとも、結局は私的利益に絡め取られてしまうことは免れない。ルソーが徹底して主権論と政体論を峻別する理由はここにあるのであり、この峻別こそが一般意志に基づく政治を排他的な画一性と暴力の内在性から免れさせている。

ここで注意を促したいのは、人民全体が政治に携わるということは政府活動に直接参加することではないという点である。むしろ人民に具体的に期待されているのは、主権者として人民集会で政府を評価することなのである。「人民は集会のときだけ主権者として行動できる」（CS, 3-12）のであり、そこでは政府の裁判権は停止され、執行権も中断される。ここに一般意志の一般性が貫徹されているわけである。つまり一般意志の原理は、個別意志の恣意性を不断に排除し続けることにおいて一貫しているのであり、それが個々人と公共体全体との契約によって示されるということは、主権が、公共体の生命の根拠として全体の属性であることを意味しているのである。

しかも重要なのは、その一般意志はつねに正しいとしても、それを導く判断があらかじめ教化されているわけではないので（CS, 2-6）、人民の意志がそのまま一般意志になるわけではないということである。人民集会は一般意志の適切な働きである法に立脚するものであり、そして何より、一般意志は決して代表されえないものである以上（CS, 3-15）、ここで問われるのは、個々人が政治権力を握ってその発動主体になるということより、具体的な政治活動の中で、いかにして一般意志を発見できるかということになる(49)。人民が主権者として政治を営んでいくということの真意は、一般意志の発見を通して、その下に具体的な実現を求めていくという意味で考えられているのである。この一般意志の発見は、民主制において究極的な形態を呈す権力の集中とは別に、政治社会の諸力を管理するということである。ルソーが殊更強調する一般意志と全員意志との原理的な区別は、全員意志が具体的な権力の集中の所産であるのに対して、一般意志がその上位の規範概念として一般性を持続していかなければならないということを意味しているわけである。一般意志は、個別意志や私的利益に回収されない究極的規準でなければならず、それを担う主体は究極的に自律した個人でなければならない。

個人が全体に吸収されるという形で一般意志を考えてしまうと全体性を僭称する特定主体の恣意性の介入が免れないのに対し、ルソーは個人において全体が実現されるという形で一般意志を考えていると解される。一般意志が究極的規準であるとするならば、個人において全体を自覚することを強要する主体は原理的に存在しない以上、その実現は個々人が一般性を自己において解釈し続けることによってしか果たしえない、ということを意味していると理解せざるをえないのである。そこから、具体的な政治状況における権力の集中は、社会契約を結ぶ「当事者」の問題意識の共有と規範意識の獲得によって規定されるということになり、その「当事者」は、様々な利益と関係性から導かれる権力行動とは区別された一般性の解釈を求められることになるのである。

主権とは一般意志の行使である以上、一般意志を発見していく過程に即して把えられる。上述した意味で一般意志を理解するならば、自然状態から社会状態への移行という社会契約の論理は、決して一回限りの単層的・静態的な理論構成に収斂するものでないと考えられるのである。個々人を解放していく側面(批判原理)と統合していく側面(構成原理)との緊張関係は、自己解釈を通じた所与性の把え直しを不断に要請する。その場合の批判的準拠点は「個人」に外ならず、しかもそれは、国民や人民はもとより、市民という表象にも留まるものでもなく、「当事者」性を有する主体として、自己解釈を通しながら深化せられねばならない。けだし、当事者以外はこの批判的準拠点たりえないからであり、権力の集中は表象を通じて代替可能であっても、この当事者性は代替不可能だからである。

こうして把えられる一般意志のダイナミズムは、主権を相対化しつつ、その作為性の自覚を促す。一般意志は特殊意志に対してつねに上位規範となるものであり、その意味では(ルソーは議論の途上に留まったものの)国家主権の相対化は国際秩序の一般意志の可能性に開かれている。要するに主権概念は、一般意志の把え方に応じて、そのほころびと歴史的制約性を突破していく中で修正を迫られる。そこに、法権利と暴力の一体性に伴う恣意性と排他性を「当事者」の立場から告発し、主権に基づく様々な決断・決定がいかなる者の犠牲の上に成り立っているのかということを自覚しうる事実的契機が見出されるのであり、主権的行為のあり方を不断に見直していく規範的可能性が見出されるのである。その意味において、構成原理としての主権は批判原理の不断の作用によって把え直されていくものであると理解することができるのである(50)。

最近の主権論が、国民国家の相対化の論脈を踏まえながら、国民主権や人民主権を市民主権や地域主権に転換させる形で展開しているのも、こうした批判原理が構成原理に作用するところに、それぞれの目的——権力者に対する「人民」、国民に対する「市民」、国家に対する「地域」の主張——に応じて作り出されていると理解することができる。しかもその論理で考えていくならば、主権の形容詞は「市民」や「地域」などに限定される必然性はなく、さらに徹底して突き詰めていけば「当事者」に重なるはずである。この「当事者」が主権者であるということが、主権が見直されるか否かの結節点なのであり、それが全体として実現されるということこそ一般意志の実現に外ならないのである。憲法政治とは、そうした解釈的主体を駆動力とする一般意志から導かれる主権において、構成原理と批判原理の緊張関係をいかに把えていくかにかかっていると言えるのである。

(1) この点を強調するものとして、杉田敦『権力』(岩波書店、二〇〇〇年)。同『境界線の政治学』(岩波書店、二〇〇五年)。
(2) 齋藤純一「社会の分断とセキュリティの再編」『思想』九二五号(二〇〇一年)、二七―四八頁。
(3) 主権に焦点を当てたものとして、例えばE・バリバール「主権論序説――国境、国家、人民」(上:『環』Vol. 5, 藤原書店、二〇〇一年、所収、一六八―一九〇頁/下:同、Vol. 6, 二七四―二八二頁)。
(4) G・アガンベン『ホモ・サケル――主権権力と剝き出しの生』(高桑和巳訳、以文社、二〇〇三年)、第一部。
(5) 同上、四二頁。
(6) ここでは以下を参照。C・シュミット『政治神学』(田中浩・原田武雄訳、未來社、一九七一年)。同『独裁――近代主権論の起源からプロレタリア階級闘争まで』(田中浩・原田武雄訳、未來社、一九九一年)。
(7) C・シュミット『大地のノモス――ヨーロッパ公法という国際法における(上・下)』(新田邦夫訳、福村出版、一九七六年)。
(8) シュミット、前掲『政治神学』二〇―二一頁。
(9) 同上、四八頁。
(10) Jean Bodin, *On Sovereignty, Four Chapters from the Six Books of the Commonwealth*, edited and translated by Julian H. Franklin (Cambridge University Press, 1992), Book I-Chapter 8.
(11) 詳しくは、川出良枝「ボダン――主権者と神」(藤原保信・飯島昇藏編『西洋政治思想史I』新評論、一九九五年所収、一五八―一七五頁)。
(12) B・ティアニー『立憲思想――始源と展開 1150-1650』(鷲見誠一訳、慶應通信、一九八六年)。
(13) バリバール、前掲「主権論序説」(上)、一八一―一八二頁。
(14) また、アルトジウスの契約思想の「補完性の原理(principle of subsidiarity)」に力点を置きつつ、一方ではEUという超国家システムの、他方では国内の分権システムの弁証に援用しているものとして、以下のものを参照されたい。Thomas O. Hüglin, *Early Modern Concepts for a Late Modern World: Althusius on Community and Federalism* (Wilfrid Laurier

University Press, 1999); Ken Endo, "The Principle of Subsidiarity: From Johannes Althusius to Jacques Delors," in *The Hokkaido Law Review* XLIV: 6 (1994); pp. 553–652.

(15)　関谷昇『近代社会契約説の原理――ホッブス、ロック、ルソー像の統一的再構成』(東京大学出版会、二〇〇三年)、三四―六六頁。

(16)　Jean-Jacques Rousseau, *Du Contrat social: ou, principes du droit politique, Œuvres complètes*, 1964, tome III.(『社会契約論』桑原武夫・前川貞次郎訳、岩波文庫、一九五四年)。以下、CSと略記し編-章を示す。

(17)　J・デリダ『法の力』(堅田研一訳、法政大学出版局、一九九九年)は典型であるが、その他、わが国の憲法解釈の論脈でこの問題を検討しているものとして、仲正昌樹『法の共同体――ポスト・カント主義的「自由」をめぐって』(御茶の水書房、二〇〇二年)、第一章も参照。

(18)　この点に関して、ルソーとアルトジウスの類似性を指摘するものとして、O・F・V・ギールケ『共生と人民主権――ヨハネス・アルトジウス：自然法的国家論の展開並びに法体系学説史研究』(笹川紀勝監訳 、本間信長・松原幸恵訳、国際基督教大学社会科学研究所、二〇〇三年)。

(19)　関谷、前掲『近代社会契約説の原理』二四四―二四九頁。

(20)　戦後憲法学における主権論の展開については、以下のものに多くを負った。小林直樹「戦後日本の主権論――一つの総合的検討の試み」(上：『国家学会雑誌』第一〇四巻第九・一〇号、一九九一年、所収、一―七九頁／下：同、第一一・一二号、一九九一年、所収、一―一〇一頁)。山内敏弘「国家主権と国民主権」(樋口陽一編『講座　憲法学2』日本評論社、一九九四年、所収)、一一―四一頁。辻村みよ子『市民主権の可能性――二一世紀の憲法・デモクラシー・ジェンダー』(有信堂、二〇〇二年)。

(21)　宮沢俊義『国民主権と天皇制』(勁草書房、一九五七年)。

(22)　芦部信喜『憲法学――憲法総論』(有斐閣、一九九二年)、二三〇―二四九頁。

(23)　高見勝利『宮沢俊義の憲法学史的研究』(有斐閣、二〇〇〇年)。

(24) 杉原泰雄『国民主権の研究――フランス革命における国民主権の成立と構造』(岩波書店、一九七一年)。
(25) 杉原泰雄「国民主権と憲法制定権力――国民主権論の整理のための覚書1～4」『法律時報』五七巻六―九号(一九八五年)。
(26) 杉原泰雄『国民主権と国民代表制』(有斐閣、一九八三年)、五九―七一頁。
(27) 樋口陽一『近代国民国家の憲法構造』(東京大学出版会、一九九四年)、四七―七〇頁。
(28) 樋口陽一『近代立憲主義と現代国家』(勁草書房、一九七三年)、二八七―三〇四頁。
(29) この権力的契機に着目する限り、主権は国家法人説と切り離して考えることもできる。主権を憲法制定権と把える考え方がそれである。芦部は、主権は国民を以てすべての国家権力の究極の淵源とする原理であることを前提としながら、権力の民主的正当性の究極の根拠を示す原理たる憲法制定権力と、有権者総体たる国民が主権の最終的行使者であると考える憲法改正権(制憲権)とを統合的に理解している。芦部信喜『憲法制定権力』(東京大学出版会、一九八三年)、三八―四五頁。また佐藤幸治は、憲法を人格的自律権の観点から理解し、憲法制定権力者たる国民が「善き社会」の形成発展を長期的視野から自己拘束するものとして把えている。これは国民主権に正当性の側面のみならず、実定憲法上における統治機構の民主的運営を見出そうとする点で、芦部と通底する側面がある。佐藤幸治『憲法(第三版)』(青林書院、一九九五年)、九八―一〇一頁。
(30) 芦部、前掲『憲法学』二四三頁。
(31) 杉原泰雄『憲法の「現在」――いまなぜ日本国憲法か』(有信堂、二〇〇三年)。
(32) この点については、憲法学者の高橋和之の整理を参考にしている。高橋和之「『国民主権』の諸形態」『法律時報』六八巻六号(一九九六年)。
(33) 松下圭一『市民自治の憲法理論』(岩波書店、一九七五年)。他にも、「法学的な一元的主権概念」を国家の統一性を指標する目的概念とする一方、「政治学的な多元的主権概念」を国家の最終的な意志決定を説明する実体概念として把え、両者の統合を模索した原田鋼や堀豊彦らの議論の意義を再考しなければならないであろう。原田鋼『欧米に於ける主権概念の歴史及再構成』(有斐閣、一九三四年)。同『主権論――その展開とイデオロギー性』(再建社、一九四七年)。堀豊彦「国家主権の絶対性」

(蠟山政道他『近代國家論　第一部　権力』弘文堂、一九五〇年、所収)。

(34) 松下圭一は一般意志論を評価していないが、憲法学批判の核心について、本稿は見解を共有するものである。関谷昇「社会契約説の応用と実践――その再構成と現代的意義」(日本公共政策学会編『公共政策研究』第四号、二〇〇四年、所収)、四四―五八頁。

(35) 高見勝利「主権論――その魔力からの解放について」『法学教室』六九号(一九八六年)。

(36) John Rawls, *A Theory of Justice* (Harvard University Press, 1971). 井上達夫『共生の作法』(創文社、一九八六年)。同『他者への自由――公共性の哲学としてのリベラリズム』(創文社、一九九九年)。

(37) 関谷昇「日本における近代社会契約説研究の展開とその意義」(『千葉大学法学論集』第二〇巻第二号、二〇〇五年、所収)、一四九―二〇〇頁。

(38) 長谷部恭男『権力への懐疑――憲法学のメタ理論』(日本評論社、一九九一年)、八一―九九頁。

(39) 長谷部恭男『比較不能な価値の迷路――リベラル・デモクラシーの憲法理論』(東京大学出版会、二〇〇〇年)、一―二三頁。また同様の観点からの社会契約理解として、同「『国内の平和』と『国際の平和』――ホッブズを読むルソー」『法学教室』No. 244 (二〇〇一年)。

(40) 長谷部、前掲『比較不能な価値の迷路』八九―九七頁。

(41) 長谷部恭男『憲法のフロンティア』(岩波書店、一九九九年)、八一―一〇〇頁。

(42) 高橋和之「主権」(『岩波講座　基本法学6』岩波書店、一九八三年、所収)、七五―七六頁。

(43) 高橋、前掲「『国民主権』の諸形態」。

(44) 主権の機能論と共和主義との整合性については、例えば松井茂記「国民主権原理と憲法学」(山之内靖他編『社会変動の中の法』岩波書店、一九九五年、所収)、一―四七頁。松井は、ルソーの主権論を政治的権利の問題として理解し、市民の政治参加と統合のプロセスを制度化したものとして憲法を把えることによって、憲法学のパラダイム転換を主張している。

(45) 例えば次のものを参照。R. Bellamy, "The Political Form of the Constitution: The Separation of Powers, Rights and

Representative Democracy," in *Political Studies*, No. 44 (1996), pp. 436-456; R. Bellamy, *Liberalism and Pluralism*, (Routledge, 1999).

(46) 高橋和之「法秩序形成における国会と裁判所の役割――松下理論の理解を中心に」(『北大法学論集』第五二巻第三号、二〇〇一年、所収)、一二七―一四三頁。

(47) 高橋和之「現代デモクラシーの課題」(『岩波講座 現代の法3』岩波書店、一九九七年、所収)、三―三二頁。同「立法・行政・司法の観念の再検討」『ジュリスト』No. 1133 (一九九八年)。

(48) 高橋和之『国民内閣制の理念と運用』(有斐閣、一九九四年)。

(49) ルソーのいう一般意志が具体化される条件として、『社会契約論』では、政治社会にある程度の平等への配慮があること (CS, 1-9)、人民が十分な識見を有し相互に自らの意志を伝達し合わないこと (CS, 2-3)、人間の感情に訴えかける優れた立法者が存在すること (CS, 2-7) が挙げられている。関谷、前掲『近代社会契約説の原理』二四九―二五八頁。

(50) これは、社会学における「当事者主権」論と重なる側面もある。中西正司・上野千鶴子『当事者主権』(岩波書店、二〇〇三年)。しかし、一般意志の当事者性は、単なる自己決定論ではなく、共同の自我を究極的な理念とする規範概念である。

[付記] 本稿は、二〇〇三年度日本学術振興会科学研究費補助金若手研究(B)「アルトジウスの政治思想と近代社会契約説の源流に関する研究」の助成を受けている。ここに記して感謝する。

# 第3章　基本的人権をめぐるコミュニタリアニズム的活憲
## ――義務導入論批判と「公共の福祉」の再解釈

小林正弥

### 一　憲法政治と公共哲学・政治哲学

自民党は二〇〇五年一〇月二八日に「党新憲法草案」を決定し、民主党もその三日後の一〇月三一日に「憲法提言」を憲法調査会総会で了承した[1]。いわゆる二大政党制化の進行により、自民党と民主党とが合意すれば、改憲の発議は可能になる。いわば有事法制型の合意によって改憲の発議がなされうる。また、二〇〇五年九月一一日の総選挙によって、与党が大勝し三分の二以上を確保したので、衆議院では与党による憲法改正の発議が可能になった。参議院でもこのような状況が現出すれば、与党の合意によって両院の発議が可能になるわけである。

そこで、日本政治は、ブルース・アッカーマンの用語を用いれば、憲法が安定している「通常政治 (normal politics)」ではなく、憲法の変革が起こりうる「憲法政治 (constitutional politics)」の時期に入っていると言うことができる。リベラル共和主義者のアッカーマンは、アメリカについて、国民全体による公共的熟議によって憲法の制定や修正を行う「憲法政治」と、既存の憲法の下で利益集団などの私的利益追求を中心に行われる「通常政治」とを区別し、「二元的民主政 (dualist democracy)」のモデルを提起した[2]。日本では、しばしば憲法学の議論と政治学の議論は切り離されて独立して論じられているが、このような視点は憲法問題を政治との関連で考察することを容易にする。そして、憲法と政治とを統合的に論じる姿勢は、コミュニタリアン的共和主義の代表者マイケル・サンデルの『民主政の不満——公共哲学を求めるアメリカ[3]』でも、顕著に見ることができる。

実際に、日本では戦前の政党政治における「憲政の常道」という用語や戦後政治における九条問題を考えれば明らかなように、憲法論と政治とは極めて深く関連して進行することが多い。だから、このような視点は政治学において極めて重要である。しかも、坂野潤治が名著『明治憲法体制の確立——富国強兵と民力休養[4]』で鮮やかに描き出したように、憲法の明文改定を伴わなくとも、憲法との関係で政治的大変動が起きることがある。そこで、アッカーマンのリベラル共和主義の当否とは別に、本稿では、「憲法政治」という概念によって、明文改定の有無に拘らず、憲法の制定・修正やその解釈が広く公共的に議論される政治的過程を指すことにし、憲法と政治との関連に注目して議論を進めることにする。

近代憲法の改定においては人民主権ないし国民主権が行使されるのであり、それだけに憲法政治の時期には国民的な規模で真剣な公共的熟議がなされることが望まれる。そして、憲法はその根底において、その国や文明における公共哲学と密接な関係を持つから、憲法政治の時期においては憲法を公共哲学の観点から熟考することが必要だろう。

勿論、法学的観点から憲法改定問題を論じることが不可欠であることは言うまでもない。けれども、特に憲法改定問題についてはそれだけでは十分ではない。憲法政治は、憲法という基本法が政治的な力学によって変更される可能性を意味するから、この時期には特に「憲法と政治」、さらには「法と政治」とが交錯する。だから、憲法改定問題については、その意図や力学について政治学的な観点から考察することが必要なのである。

そこで、本稿では、公共哲学、特に政治哲学の観点から、憲法改定問題の中心の一つである基本的人権の条項の改定論や義務導入論について論じてみたい(5)。

現行憲法には納税、勤労、教育という国民の三大義務が存在しているが、自民党では「家族ないし家庭の保護、奉仕活動、国防、憲法擁護などを国民の義務として明記すべきだ」という意見が強く存在している。二〇〇四年六月の自民党憲法調査会憲法改正プロジェクトチームの論点整理や一一月の自民党憲法調査会の憲法改正草案大綱(たたき台)では、国防や憲法尊重の「義務」(論点整理)ないし「責務」(草案大綱)の導入が表明された。「新憲法草案」では、国防や家庭保護などの「新しい国民の責務」を導入することは見送られたものの、第一二条が「……国民は、これを濫用してはならないのであって、自由及び権利には責任及び義務が伴うことを自覚しつつ、常に公益及び公の秩序に反しないように自由を享受し、権利を行使する責務を負う」(傍線は現行憲法が改定される部分)となっている。

勿論、憲法改定の最重要な論点は、第九条を中心とする平和主義にあるが、この点については他の論稿でしばしば論じており(6)、本稿では立ち入らない。一言だけしておけば、以下で展開する憲法解釈の転換という議論は、平和主義における第九条解釈にも適用できるものである(7)。

平和主義の擁護という問題関心から見れば、環境権導入をはじめとする人権規定改定論は、本丸たる第九条改定を可能にするための策略であり、まして義務規定導入論は改憲派の反動的体質を表す保守的議論ということになるだろう。憲法政治という観点からは、政治的背景について筆者も基本的には同様の印象を持つ。

けれども、人権や義務・責任は、今日の公共哲学や政治哲学において重要な主題をなしており、衆議院憲法調査会の小委員会でも主題として掲げられた「国家・共同体・家族・個人の関係の再構築(8)」は、コミュニタリアニズム的公共哲学の最大の関心事の一つでもある。だから、思想的観点からすれば、改定論の政治的目的を指摘するだけでは必ずしも十分ではない。それを単純に批判するだけでは、人権条項の改定論が現れてきている社会的・公共的背景を見失い、思想的論争においてかえって改定論を有利にしかねない。そこで、本稿では、公共哲学・政治哲学の観点から、これらの議論が登場してきている理由を省察した後に、憲法政治の観点から、対応策としてコミュニタリアニズム的な憲法解釈への転換を提起することにしたい。

## 二　コミュニタリアニズム的公共哲学

### 公共哲学とコミュニタリアニズム

公共哲学という概念の出発点は、アメリカの有名なジャーナリストであったウォルター・リップマンが『公共哲学』(一九五五年)という著作を公刊したところにある。ただ、近年、この概念が海外で使われるようになったのは、コミュニタリアニズムの理論家がこの概念に注目したからである。

この影響を受けつつも独立して、日本では公共哲学プロジェクトがここ数年間集中的に遂行されており、その成果が東京大学出版会より『公共哲学』第一期・第二期(全一五巻)[9]、さらには公共哲学叢書として刊行中である。

この内、第一期・第二期シリーズの方では、戦前のような「滅私奉公」や、逆に戦後現れた「滅公奉私」(日高六郎)が問題視され、これに代わる観念として、プロジェクトを主導している金泰昌は、「私」を生かし活性化しつつ「公共性」を開く「活私開公」という考え方を提唱している。さらに、従来の「公／私」という二元論を乗り越え、「公(国家的・官)／公共／私」という三元論が提起され、「公／私」を媒介するものとして「公共」の概念を考え、「民の公共」(山脇直司)が強調されている。

通常は「公」と「公共」とが同一視されることが多く、この結果、「公共」は、「公共事業」というように、お上である国家や政府が決めてそれに人々が従うことを意味することが少なくない。これでは「滅私奉公」の発想が続いてしまうので、「公」は「国家・政府」を意味するのに対し、「公共」は人々(公衆 the public)が水平的に形成するものというように概念を使い分けるのである。この「公／公共」の概念的区別が重要であり、これによって、二元論から三元論へと飛躍するわけである。[10]

「公／私」二元論とは、リベラルの思想家達が重視してきた考え方で、「国家／個人」の二項対立の発想に立脚している。これに対して、公共哲学では、この双方を媒介する「公共」の概念を導入することによって、二項対立の発想を超えることを主張する。個人と国家の間に存在する中間集団に着目して、家族、コミュニティー、NGO・NPOなどが今後の公共世界において重要な役割を果たす、と考えているのである。さらに、このグループでは、公共性の観念を国民国家の内部に限定せず、「国境を越えた公共性」(トランスナショナルないしグローカルな公共性)をも重視している。

この研究グループは一枚岩というわけではなく、大きな方向性を共有しつつも、内部では多様な考え方が存在する。その中で、筆者は、政治哲学を中心にして、「コミュニタリアニズム」に言及しつつ、「コミュニタリアニズム的なリパブリカニズム」あるいは「新公共主義」という考え方を主張している。[11] 議論を簡潔にするため、この内、本稿では、特にコミュニタリアニズムに焦点を絞って、この観点から議論を展開したい。[12]

コミュニタリアニズムを日本語に直訳すると、「共同体主義」となる。英語の「コミュニティー」と、日本語の「共同体」の語感は若干異なるので、この翻訳には問題も存在するけれども、ともかく英語で言うコミュニティーないしコミュナリティー(共同性)に力点がある思想である。

後述のように、日本の憲法学の主流も含めて、法の世界や政治思想の世界では、自由主義ないしリベラリズムが強力であり、リベラリズムは「個人／国家」「私／公」の二元論を軸にして、個人の人権の国家からの擁護、私的領域の公的権力からの擁護を強調する。これに対して、今日の現実の政治や社会においては、人権だけではなく、責任・義務や何らかの意味における公共性の回復が強調される場合が多い。このような思想的問題が、現在の憲法や教育基本法の改定論の背景にあり、しばしば新国家主義の観点から議論がなされている。

このような現実的問題を考えるためには、今日の公共哲学・政治哲学では、リベラリズムに対する対抗思想として現れたコミュニタリアニズムが重要になる。

## 北米のリベラル－コミュニタリアニズム論争

今日の政治哲学の起点をなしているのは、ハーバード大学の哲学者だった故ジョン・ロールズの『正義論』(一九七一年)である。(13)この中で、彼は契約論を再生させて、「正＝権利（rights）」を中核とする正義の二原理を提出し、リベラリズムを隆盛に導いた。日本語で「正」と「権利」は、英語の right, rights に相当するように、憲法をはじめ法学で中心になる権利の概念が、正義として、必ず守られなければならない最重要のものとされたのである。法哲学において、リベラリズムが重視されたのは、この点から見ると必然的だったと思われる。

これに対して果敢な批判を行ったのが、同じくハーバード大学の政治哲学者であるマイケル・サンデルらであり、彼のロールズ批判を契機にして、それに近い一群の思想がやがてコミュニタリアニズムと呼ばれるようになった。サンデルは、ロールズの理論における自己の概念を、抽象的で「遊離した自己（unencumbered self）」であると批判した。実際には、自己は、特定のコミュニティーやその文化的伝統の中で存在し、その中で自らのアイデンティティーや人格を形成する存在である。そこで、サンデルは、自己が位置している状況としてコミュニティーを重視し、そこにおける「善（good）」の観念やそれに基づく「人格形成」に目を向ける必要性を主張した。

公私との関連においては、リベラルの論者は、「公／私」の区別を強調して、〝私的領域で人々が「善」などの価値を追求するのは自由だが、人々が信じる価値は多様であり強制的に決められるべきではないから、公的領域の決定においては、「善」などの価値は考慮されるべきではなく、「正＝権利」による判断に限定されなければならない〟と主張する。つまり、近年のリベラルな政治哲学では、個々人が追求する多様な価値を「善 (good)」と呼び、多様な価値観にも拘らず人々が合意して公的に従わなければならない共通の規範を「正 (right)」ないし「正義 (justice)」と呼ぶ。この二つを峻別して公的領域では「善」ではなく「正」が必要であるとし、「正」の中核を「権利 (rights)」とするのである。古典的な観点や日常言語からはこの用語法は奇妙なので、筆者はこの用語法には賛成しないが、以下ではとりあえずこれに従って説明を続けよう。

サンデルはリベラルのこの考え方を「正=権利の善に対する優先性」と表現し、この考え方に反対する。実際には、政治においては、環境・生命倫理などの領域に典型的に現れているように、「善」に関わる価値判断を公的決定においても回避できない。それを回避できるように議論するのは、政治的言語、政治的議論を貧困にする。サンデルも、「正=権利」の重要性を否定しているのではないが、〝公的領域においても、「善」に関わる価値の問題が議論され、決定されるべき場合が存在する〟と主張するのである。

以上のような批判を起点として、「リベラル―コミュニタリアニズム」論争という重要な議論が北米を中心に展開された。その双方の主張の中心を簡単にまとめると、次のようになる。リベラリズムは、「消極的自由(ないし選択)、個人主義、法的権利、中立性、正義」などの概念を重視するのに対して、コミュニタリアニズムは「積極的自由、善、コミュニティー、伝統、美徳一般、責務(すなわち責任・義務)」の必要性を主張する。そして、コミュニタリアニズムは、利己主義的な個人主義や、私益追求による政治腐敗を批判し、人々の「共通善 (common good)」ないし「公共善 (public good)」の実現を主張する。

ただ、コミュニタリアニズムは、過度の権利論が政治的言語を貧困化させることを批判し、利己主義的な個人主義を批判するが、権利の概念や個人主義を全面的に否定するのではないし、倫理的・共和主義的な個人主義は肯定する場合が殆どである。倫理的な人格形成に際して、コミュニティーの文化が重要な役割を果たすので、コミュニティーを重視し、過度な個人主義に対してはコミュニティーの再生を主張するのである。

ここに言うコミュニティーは多様で、家族、地域的コミュニティーやエスニック集団に力点があるが、多くの場合国家を含み、場合によっては世界的コミュニティー（コミュニティーのコミュニティー）も含む。特に、家族や地域コミュニティーの再生を強く訴える場合が多く、少数派のエスニック集団について配慮する必要性から「多文化主義」を主張する場合も存在する。さらに、コミュニタリアニズムは、リパブリカニズムとも連携する場合が多い。リパブリカニズムは、コミュニティーたる地域ないし国家の「自治（**self-government**）」の意義を強調することによって、政治参加による「共通善」の実現を主張するからである。

### 思想的・政治的意義とその位置

この思想の意義について整理しておこう。共産主義・社会主義の崩壊後に、リバタリアニズムやネオ・リベラリズムと言われる市場原理主義や利己主義的な個人主義が隆盛となった。しかし、この結果、貧富の格差、バブル経済、環境問題など市場経済の問題点や、モラルの衰退・犯罪の上昇、少子高齢化・人間関係の希薄化などの社会的問題も、深刻なものとして浮上してきた。

そこで、このような問題点に対して、「①倫理性やモラルの必要性、②共同性の必要性」を主張して、人々の間のつながりを再生させようとしたのが、コミュニタリアニズムである。勿論、これは財産の共有や国有化を主張するコミュニズムとは全く別の思想であるが、人々の間の共通性・共同性を復活させる必要があると考え、その母体をコミュニティーに求めたわけである。このため、リベラルからは「伝統的共同体」を復興しようとする保守主義と批判されるが、その主張するコミュニティーには多様性があり、必ずしも伝統的な古い共同体に戻ることを主張しているわけではない。中心的理論家は、今日の社会に適した新しいコミュニティーの姿を模索していると言ってよいであろう。

この思想は既に政治的にも影響を与えており、古い社会民主主義ないし福祉国家論に代わるもの、あるいはその刷新として注目された(14)。福祉国家は財政的に維持が困難になったので、国家よりもまずはコミュニティーの再建により福祉の実現を図ることが必要になったからでもある。特に、クリントン政権、ブレア政権には、その影響が顕著であり、例えばブレア首相がコミュニティーや教育を重視したのは、その現れである。クリントン政権には、コミュニタリアニズムを唱道する社会学者アミタイ・エツィオーニが影響を与えたし(15)、ブレア政権に影響を与えた世界的な社会学者アンソニー・ギデンズの「第三の道」も、コミュニタリアニズムと共通する部分がある、と言われている。

当初、コミュニタリアンは主流のリベラルに対する批判から始めたが、その後に理論的位置関係を明確にするために、例えばエツィオーニは、社会的保守主義 (social conservative) をも批判し、コミュニタリアニズムと社会的保守主義(さらには権威主義・全体主義)との差を明確にした。つまり、コミュニタリアニズムは、リベラルと社会的保守主義との中間であり、共和主義(リパブリカニズム)とも近い。筆者自身は、それをさらに明確にし、新公共主義という名称の下に、リベラリズムとコミュニタリアニズムを哲学的に統合することを主張している(16)。

先に翻訳の問題に触れたように、日本語では共同体主義という用語は、古い共同体を連想させ、むしろ社会的保守主義に近い響きを持ってしまうことがあるので、この点には注意が必要である。アメリカでは、リベラリズムや個人主義が徹底している(九・一一以前)ので、コミュニタリアニズムはそれを一定程度修正すること(例えば、過剰な権利の行使を抑制)を主張しているが、(権利の尊重などの)自由主義的前提は共有しているので、その廃止などを唱えているわけではない。

エツィオーニは、「新黄金律」として、「自律」と「秩序」の均衡《バランス》の必要性を唱えている。そして、アメリカでは自律に偏向しているから秩序が必要であるのに対し、中国(や場合によっては日本)の場合は秩序に偏しているから自律を強化することが必要である(17)、とする。この観点からすると、日本にはまだ自由や自律の強化が必要であるということになる。だから、過去に戻ることを志向する社会的保守主義との相違は明確である。

従って、コミュニタリアニズムは、北米で一九七〇年代以来流行しているリベラリズムとは対立する思想だが、近代以前に復古しようという反動的思想ではない。一八―一九世紀以来成立した自由民主主義の基本は前提として共有している。この古典的な政治的自由主義と一九七〇年代以来の北米のリベラリズムとは概念として区別する必要があるので、筆者はこの二つについて「自由主義／リベラリズム」というように訳し分けている。リベラリズムは、確かに自由主義の思想を淵源としているが、それを極端なところにまで急進化させてしまったと思われる。コミュニタリアニズムは、自由主義の伝統を踏まえつつも、この極端な急進化に反対して、共同性・倫理性を復興して思想的均衡を回復しようとするのである。

## 三　憲法と権利・責任――コミュニタリアニズムの観点から

### 近代憲法の前提

以上を踏まえて、憲法との関連について考えよう。近代の民主国家は、もともと専制国家に対して、憲法、特に権利宣言を勝ち取ってきた、という歴史が存在する。「英(権利の章典など)↓米(アメリカ合衆国憲法、修正条項など)↓仏(人権宣言など)」という流れで、近代憲法の骨格が成立した。ここには、社会契約論などにおける自然権の観念が基礎にあるから、権利が基本となり義務の条項は少ないと言うことができる。これは、アメリカ合衆国憲法も含めて近代憲法一般の特質であり、日本国憲法だけの特質ではない。

例外としては、フランスの一七九五年(共和三年八月二二日)憲法に付された「人及び市民の権利及び義務の宣言」では、「権利規定二二条」の次に「義務規定九条」が存在する。[18] その義務規定の中心をなしている第二条は、「人及び市民の全ての義務は、本質上全ての心の中に彫りつけられている次の二つの原理から派生する。——他人が自己になすことを欲しないことを他人になし給うな。自己が他人から受けたいと思う善をたえず他人になし給え」となっており、他の条文では、社会の防衛、法の遵守、納税・兵役の義務などが義務として規定されている。同様に、ドイツのワイマール憲法(一九一九年)でも、義務規定が存在する。

フランス共和国一七九五年憲法は、実際には四年間施行されただけだが、この憲法第二条の内容は、黄金律に相当する「道徳的義務」に他ならない。しかし、道徳的義務を憲法で定めるという考え方は、少なくとも今日の憲法学主流の発想とは著しく乖離している。リベラルな憲法学においては、国家権力の制限が憲法の骨格であり、憲法は道徳的文書ではなく、その意味での制限的規範であると考えられているからである。

### アメリカ合衆国憲法解釈

コミュニタリアンも、前述のように自由主義を前提にしているから、近代憲法も重視している。従って、基本的にアメリカ合衆国憲法の権利章典を前提としており、その解釈を議論することはあるが、管見の限りではその修正を求めてはいない。

例えば、先ほど述べたサンデルの第二作『民主政の不満——公共哲学を求めるアメリカ』(一九九六年)では、アメリカの公共哲学として、リベラリズムに対して、自治や共通善を重視する共和主義の伝統を対置し、その復権を唱えている。その第一部が「手続き的共和国の憲法」で、ここでサンデルは、アメリカ合衆国憲法解釈・憲法史に立ち入った議論を展開する。憲法解釈に即して、「①権利の善に対する優先性、②遊離した自己(何でも選択できる自己という自己観)、③中立的国家(国家は価値の問題に対して中立であるべきで、公的領域の決定には価値は関与すべきではない)」というリベラルの考え方に反対するのである。

例えば、フェデラリストが主導したアメリカ合衆国憲法(一七八七年)においては当初は権利章典は存在せず、州権を重視するアンチ・フェデラリストの主張によって修正一〇条までが追加された(一七九一年確定)。ここからは、現在のリベラリズムの主張とは異なって、個人の「権利」がトランプの切り札のような絶対的な存在ではなかったことがわかる。また、宗教の自由・言論の自由、プライバシー権や家族法などの解釈を判例に則して具体的に論じ、以前はこれらを自治や実質的な価値(善・道徳的根拠)に基づいて説明していたのに対し、近年は選択の自由や国家の中立性に基づいて説明するようになっていることを明らかにする。

この議論の目的は、先ほど述べた三点に集約できるリベラリズムの公共哲学に反対し、コミュニタリアニズム的なリパブリカニズムの公共哲学を復興しようとするところにある。彼は、「手続き的共和国」と呼ぶ法律優位の公共哲学に対して、政治的な自治の復権を主張していると言うことができるであろう。

このサンデルの議論が起点の一つになって、アメリカでは、リベラリズムとリパブリカニズムをめぐって、いわばアメリカの国体論争が展開している。これは、重要な論争だが、サンデルにしてもアメリカ合衆国憲法の改正を主張しているわけではない。あくまでも、リベラルな憲法解釈とその法的思考の相対化を提唱して、憲法の条文ではなくリベラルな公共哲学の修正を目指しているわけである。

## 権利と責任

また、コミュニタリアンは、権利論の過剰に反対し、責任や義務の観念の必要性を主張しているが、これも憲法修正論ではなく、主として道徳的ないし政治的議論である(もっとも、取り締まりなどの立法の主張は含む)。

例えば、社会学的コミュニタリアンの代表者エツィオーニは、一九九一年に「応答的コミュニタリアン綱領――権利と責任」を公表し、社会運動としてコミュニタリアン・ネットワークを開始した。そこでは、過度の権利に対して、権利に対応する責任の重要性が説かれている。時に法的な問題にも言及されているが、主として道徳的問題が重視され、問題は基本的には法的事柄ではない、とされている。[19] これが収録されている『コミュニティーの精神——アメリカ社会の再創作』(一九九三年)でも、「権利と責任についての四点の課題」として、「①新しい権利のモラトリアム、②権利は責任を伴う、③権利のない責任の存在、④一部の権利の調整」が主張されている。責任に対応するものとして、アメリカ合衆国憲法では、前文で「より完全な連邦(a more perfect Union)」を形成するために「一般的福祉を増進する(promote the general welfare)」ことが謳われている、という。[20] そして、権利を強化するには責任意識が必要とされ、責任が自覚されることによって、権威主義や右傾化を招く無秩序状態を回避できる、とされている。[21]

さらに、『新しい黄金律』(一九九六年)では、この点を明確にし、法よりも「道徳の声」による規制が必要だとして、法の守備範囲は大部分が道徳の声に支持される範囲内であるべき、とする。[22] これを彼は、「法に対する価値優位の法則」[23]と呼んでいる。社会的保守主義は価値の法制化を図ろうとするが、逆効果や歪んだ効果を招く、と批判する。[24] 彼は、「法と道徳の連動」を主張し、まず道徳的再生が基本で、それを前提にして初めて一定程度、法とすることができる、と主張する。つまり、法への依存が少なければ少ないほど、価値への依存が高ければ高いほど、コミュニタリアン的であり、コミュニタリアン的社会は、道徳的価値に支えられた法に依拠すべきであり、道徳に支えられない法に依拠すべきではない、というのである。

また、「統一の中の多様性」として、アメリカの価値観の多様化にも拘らず、それらをまとめる一定の統一性を必要と主張しているが、その際に共有されるべき中心的要素の一つとして、「憲法と権利章典」を挙げている。[25]

### 義務の法制化について

以上から、結論として、アメリカのコミュニタリアニズムは、アメリカ合衆国憲法を前提としており、その解釈をめぐって議論を展開しているが、義務条項の付加などの憲法修正を主張してはいない。国民の道徳一般に根づいていない義務や責任を法制化しようとする議論は、むしろエツィオーニが反対する社会的保守主義に正に相当するだろう。これは、コミュニタリアニズムからすると、実際には責任や義務を果たすことにはつながらず、むしろそれらを歪めるし、権威主義や強権化の危険をもたらす。コミュニタリアニズムは、道徳に支えられない法制化に反対し、むしろ社会的領域において、道徳や責任の観念を広めることを主張するのである。

ある意味では、コミュニタリアニズムの以上のような姿勢は、東洋哲学では儒教の姿勢に近いかもしれない。即ち、儒教は徳を説く一方で、法の導入と執行を強行する法家に反対した。「法」よりも「道徳」を主張する点で、コミュニタリアニズムは儒教に近く、儒教同様に、道徳の過度な法制化には反対することになるのである。

## 四　日本国憲法の基本的人権と「公共の福祉」――コミュニタリアニズム的観点からの一試論

### 新しい公共哲学と憲法政治

コミュニタリアニズム的公共哲学は、確かに個人／国家の二項対立図式の限界を指摘し、家族・コミュニティーなどの重要性・再生の必要性を主張する。これは何よりも道徳的問題であるが、その限りで政治(ないし政策)との接点を持ち、政治の場で公共的に議論することは有意義であろう。

しかし、憲法との関係を考えるためには、少なくとも、「道徳／政治／法」という三つの領域の関係、その相違点と共通点を考えなければならない。政治や法、さらに最高法規たる憲法においては、私的な道徳とは異なって、公権力の行使という強制力を伴うからである。

コミュニタリアニズム的公共哲学は、道徳の領域を基礎としつつ政治的浄化などを唱える点で、道徳―政治の双方に関係し、これらの領域において責任の観念の必要性を主張する。しかし、これはそのまま法の領域、特に憲法における責任や義務の法制化を帰結しない。憲法解釈においては議論を行っているが、管見の限りではアメリカでは義務・責任条項の挿入という憲法修正論はまだ提起されておらず、その限りでは自由主義的憲法の発想を共有している。

思想的・理論的には、現在の北米のコミュニタリアニズムに留まらず、このような公共哲学をさらに発展させて、最も理想的な憲法典を構想する立憲論は可能であろう。しかし、そのためには現在のコミュニタリアニズムそのものではなく、それを発展させて新しい公共哲学から全憲法構造に関する全面的改革論を展開することが必要になり、現時点ではそれは学問的には行われていない。いわば、本格的な新公共主義的立憲論というようなものは、政治哲学としても法哲学としても未成立なのである。

コミュニタリアニズム的な責任の観念は、法的なものというよりも道徳的・政治的なものだから、もし憲法典に条項として直接入れようとすれば、前述したようなフランス一七九五年憲法第二条のような道徳的条項を入れることになる。いわば、一七九五年フランス憲法が黄金律を義務として定めたように、例えばエツィオーニの言うような新黄金律(自律と秩序、権利と責任との均衡)を道徳的義務や政策的指針として定めることになるだろう。

しかしながら、今日近代国家が有する憲法は、(聖徳太子の一七条憲法のような)古代憲法とは違って、道徳律や訓辞を述べたものではなく、主として国家権力を拘束する強制的法規範である。だから、法的義務ではない道徳義務を憲法に新しく挿入することは、(強制的法規範としての)法体系・法制度というリベラルな主流派の見解と背反するから、これは憲法典の性格を根本的に変更するような試みとなる。あるいは、近代国家が有する憲法典とは別の憲章、いわば一切の法的強制力を持たない道徳的・政策的文書としてこれらを規定することになるかもしれない。いずれにしても、憲法典が強制的法規範としての性格を持つ以上、これが抑圧の危険を孕まないようにしなければならない(26)。

もっとも、今日の憲法においても、権利がその反面として一定の義務を随伴することは認められている。契約論のような自由主義的構成を取っても、個々人の人権を守るためには、成立した国家の法などを遵守する義務は必然的に存在するからである。このような義務を憲法典に入れることは、前述のように歴史的例があるし、理論的にも可能である。しかし、これを敢えて条項とするかどうかは、別問題である。

また、具体的・特定的な義務規定に関しては、現行憲法に既に、その保護する子女に普通教育を受けさせる義務(憲法第二六条第二項)、勤労の義務(憲法第二七条第一項)及び納税の義務(憲法第三〇条)が存在しているから、現在の所はこれで十分と考えられる。

さらに、アメリカのリベラルが意識しているアメリカ憲法自体にも、エツィオーニが指摘しているように、「一般的福祉」という文言が存在している。後述のように、日本国憲法の「公共の福祉」と同様に、これはコミュニタリアニズム的な観点から解釈することが可能である。

もっとも、アメリカにおける憲法やその下のリベラリズムの発想を離れて、目を世界的に広げるならば、ヨーロッパの中でドイツやスイスでは、大胆に新しい思想を盛り込んだ憲法を創造する試みが始まっている。ドイツ連邦共和国基本法(一九九八年)では、前文で「神と人間に対する責任」の自覚が謳われ、第二〇条aでは、「自然的な生活基盤」として、「将来世代に対する責任から……(中略)自然的な生活基盤を保護する」とされ、スイス新連邦憲法(一九九九年四月一八日のスイス誓約者同盟の連邦憲法)でも、前文で「統一の中の多様性」や「将来世代に対する共同の成果と責任との自覚」が、また本文でも「公共の福祉、持続的発展、内的結合及び文化的多様性」(第二条、目的)、「公共の利益」(第五条)、自己責任と社会的責任(「何人も、自己に責任を負い、また、国家や社会における課題の成就のために、その力に応じて寄与しなければならない」)(第六条)、「公益または第三者の基本権の保護」(第三六条、基本権の制限)、自己責任や個人の主導を補完するものとしての社会目的(第三章、第四一条)などが定められているからである。(27)

これらにおける将来世代、エコロジー、持続的発展、公共の利益、社会目的などは、正しく新しい公共哲学の基本的概念であり、これらの憲法は新しい公共哲学の理念を憲法典にいちはやく導入した先駆的な試みと言うことができるだろう。アメリカのコミュニタリアニズムは必ずしもエコロジー的な方向にまでは展開しておらず、人間のコミュニティーを論じるに留まっているが、「自然的コミュニティー」や「将来世代も含めた超世代的コミュニティー」へと思想的展開を図ると、いわば「自然的・超世代的コミュニタリアニズム」というような新しい公共哲学を発展させることが可能になるのである。(28)

私自身としては、純思想的に考えた場合は、新しい公共哲学はこのような新しい憲法典へと具体化されてゆくべき思想的価値を持っていると考えている。つまり、政治的状況によっては、新しい公共哲学に基づいた理想的な憲法構想を提示することが可能である。公共哲学という観点だけから見れば、このような理想的「創憲」が最も望ましいだろう。例えばコミュニタリアニズムの立場からすれば、コミュニタリアニズムに即した憲法を制定するのが最善であることは確かだろう。これは、いわば「コミュニタリアニズム的創憲論」となる。

しかし、後述のような解釈論としてはともかく、このような憲法改正を現在主張する研究者は日本では殆どいないだろう。これは、単に一部の条項の付加(加憲)や修正というだけではなく、近代国家の原理を根本的に再定式化するような壮大な事業になるからである。これは、憲法調査会で議論されているような「二一世紀における日本のあるべき姿」だけではなく、「二一世紀における文明のあるべき姿」を創造するような遠大な試みだから、あくまでそれだけの思想的・学問的・政治的準備なしには行えないだろう。それなしに具体的な改憲を企てるのは現時点では少なくとも時期尚早であり、すぐに政治的課題とするのは性急に過ぎる、と言わざるを得ないであろう。

なぜなら、こと憲法政治という観点からすれば、「新しい公共哲学に基づく憲法構想の具体的提示という行為自体が、理想的憲法の制定ではなく、逆にタカ派の主導する改憲を促進してしまう」という危険性が考えられるからである。憲法政治においては、現実の政治的動向との関わりにおいて憲法を考える必要があるから、今日の政治的状況において、理想的改憲案の提示による現実的結果に予め注意を払うことが肝要なのである。もし理想的改憲が可能な政治状況なら、公共哲学に基づく改憲案を大胆に提示すべきかもしれない。けれども、逆にそれが不可能なら、望ましくない改憲案に反対しつつ、憲法改正案にまでは立ち入らず、思想として公共哲学を論じるべきだろう。

筆者は、タカ派主導の改憲への試みが進行している現時点の政治的状況においては、公共哲学に基づく創憲よりも、憲法の「改悪」を阻止することに力点を置くべきだろう、と判断している。もっとも、新しい政治を実現するためには、その理想を積極的に提示することが重要だから、創憲論自体を否定する必要はなく、場合によってはそれを行うことも必要だろう。けれども、例えばコミュニタリアニズム的創憲論は当面はあくまで思想的な議論として展開すべきであり、具体的な改憲案まで提起するのは好ましくないだろう。現実的な憲法政治においては、第九条の平和主義を墨守する必要性を重視して、幅広い「平和への結集」を実現すべきだ、と思うのである[29]。

ただ、このような政治的判断は、従来の「護憲」派の多くのように、現行憲法やその現在の通説的解釈をそのまま肯定するということを意味するわけではない。現在の憲法改定案の浮上の背景には、創憲論が取り上げるような思想的論点が存在することは否めないと思うからである。もしこのような論点を直視することを回避するならば、逆に問題点を強調する改憲派を政治的に利することになろう。そこで、憲法政治という観点からして、この種の論点に新しい形で対応することが必要である。本稿では、それに対して、既存の憲法解釈をコミュニタリアニズム的解釈に転換することを提案したい。

## 日本国憲法のコミュニタリアニズム的解釈

日本国憲法も、近代憲法と共通する特質を備えているから、その第三章「国民の権利と義務」に関する限り、個人／国家の二項対立を批判して家族・コミュニティーを重視するコミュニタリアニズム的公共哲学の観点から見ても、その改正の必要性は必ずしも導出されない。

ただ、アメリカ憲法の場合と同様に、憲法解釈論としては、コミュニタリアニズム的観点からの議論が可能だろう。通説は自由主義的であり、さらに近年ではアメリカの議論の影響で、リベラリズムの観点からの憲法解釈論が日本でも強力になっているが、基本的人権に関しては、実は日本国憲法は文面上はコミュニタリアニズム的解釈の方が適合していると思われる。そして、この解釈論においては、「責任に関する条項は、既に現行憲法に存在する」という議論が論理的には可能である。

第一二条(自由・権利)・第一三条(個人の尊重・幸福追求権)・第二二条(移住・移転及び職業選択の自由)・第二九条(財産権)第一項で「公共の福祉」「公共のために」という文言が用いられているが、これはエツィオーニがアメリカ憲法について挙げていた「一般的福祉 (general welfare)」に対応する。憲法制定過程から見ても、マッカーサー草案にあっては、「共通善 (common good)」(草案第一一条)、「一般の福祉 (general welfare)」(同第一二条、第二一条)、「公共善 (public good)」(同第二九条) など、様々な用語が用いられていた。[30] そして、草案が日本政府に提案されてから、これらはすべて「公共の福祉 (public welfare)」に統一された、とされている。[31] 草案にあった「共通善」「公共善」の観念は、今日コミュニタリアニズムが強調している概念そのものである。

だから、責任の観念に対応するものとしてエツィオーニがアメリカ憲法の中で注目した「一般的福祉」が、日本国憲法の中では「公共の福祉」という表現になっている。つまり、日本国憲法では、「公共の福祉」という概念として、アメリカ憲法よりもさらに明確に共通善・公共善の観念が定式化されている、と言ってもよいだろう。

勿論、明治憲法の「臣民権利」が「法律ノ範囲内ニ於テ」保障されていた(「法律の留保」)に過ぎないのとは異なって、これらの人権は立法権も制約する真の基本的人権、いわゆる天賦人権である。しかし、ここには必然的に制約が存在し、帝国議会における憲法改正の審議では、政府答弁において「公共の福祉」は「国家の正しい目で見たところの公益」、「国民全体の立場」における「全体の集団としての利益、その外に集団としてではないが、世間全体の利益の両用の意味」と説明されていた[32]。

憲法学においても、戦後初期においては、ルソーの一般意志における共通利益や全体の立場からの配分的正義、特定の個人には不利益でも彼も容認せざるを得ない全体の利益などが「公共の福祉」の内容とされた(柳瀬良幹、尾吹善人)[33]。勿論、「公共の福祉」は、大日本帝国憲法のように個々人の人権を恣意的に抑圧するものであってはならない。後に通説によって批判されたように、この危険への対策がないという点で、これらの議論には弱点が存在した。けれども、個々人の人権の尊重を前提とする限りで、政府答弁やこれらの説には、「公共の福祉」を、コミュニタリアニズム的な「公共善」の観念に近い概念と解している側面も存在する、と言って良いであろう。後述する自民党新憲法草案のように「公共の福祉」を「国家」の「公益」と解する社会的保守主義の側面が存在する一方で、「公共の福祉」を「国民全体」の利益という意味に解釈するコミュニタリアニズム的側面も存在していた。

しかし、その後、通説においては、これらの説(一元的外在的制約説)は否定され、権利の具体的な法的解釈として「公共の福祉」による権利制限を単純に適用すると、人権制限が容易に肯定されてしまう危険があるとされた。そこで、これに対して、まず公共の福祉によって制限される人権を経済的自由(第二二条・第二九条)に限定し、その他の権利・自由には内在的制約が存するに留まるという説(内在・外在二元的制約説)が現れた。そして、通説はさらに内在的制約という考えを進めて、「公共の福祉」を、各人の基本的人権相互の矛盾や衝突の調整を図るための、いわば「交通整理の原理」「実質的公平の原理」(宮沢俊義)と解釈している(一元的内在的制約説)[34]。つまり、「公共の福祉」は特に実質的な内容を持つものではなく、憲法の理念から論理必然的に生じる当然の原理を宣言したものに留まる、というのである。これは、自由主義の立場を貫徹した、自由主義的解釈と言うことができるだろう。

権利制限の過度の拡大を避けるために、この解釈は重要な役割を果たした。しかし、自由主義的解釈は文言上無理をしているように見えるので、サンデルがアメリカ合衆国憲法について憲法論を展開しているように、日本国憲法にもコミュニタリアニズム的観点から新解釈を提起することができるように思える。そもそも文言にコミュニタリアニズム的要素が存在するし、先述のように、マッカーサー草案や憲法審議における政府答弁、そして初期の解釈は、いずれも、自由主義的解釈よりも、「公共の福祉」を「公共善」と把握するコミュニタリアニズム的解釈と通底する要素を持っているからである。勿論、過度な権利制限の危険を回避することは必要であるが、具体的な条文に即しても、そのような危険の少ないコミュニタリアニズム的解釈が可能であるように思えるのである。

そもそも、個々人の人権の衝突だけで権利の制限を説明するのは実は無理なのである。例えば、〝美観維持のための表現の自由の制約、性道徳の維持のための猥褻な表現の禁止、公正な選挙のための選挙活動の規制、生命倫理の観点からの学術研究の制約、動物愛護のための動物虐待禁止、希少動植物保護のための輸入禁止、未成年者などに対するパターナリズムに基づく制約、福祉国家実現のための経済的自由の制約[35]〟などは、他人の権利との衝突では説明できない。

だから、最近は、やはり「公共の福祉」の概念の意義を認める学説が有力になりつつある。既に述べたように、コミュニタリアニズムは、個々人の総和を超えた存在としてコミュニティーを考えるから、このような学説の動向は、リベラルな人権論の限界を自覚してコミュニタリアニズム的解釈[36]の可能性を開くものと言えるのである。

### コミュニタリアニズム的権利／責任規定の具体的解釈

勿論、日本国憲法は基本的には近代憲法一般と同様に個人主義的な発想に立ち、人権規定を第三章「国民の権利と義務」に持ち、個々人の権利が最大限尊重される。従って、「公共の福祉」の名目の下に人権を国家の観点から制約して自由を抑圧することがあってはならない。これは、まず大前提である。けれども、その下で「公共の福祉」の概念が存在するから、それを「公共善」ないし「共通善」と解することにより、自由主義を前提にしたコミュニタリアニズム的解釈が成立しうる。[37] この「公共の福祉＝公共善」は個々人の権利の衝突を調整するためだけではなく、コミュニティー全体の観点から人権制限を考えるものだから、この点では自由主義的な通説(一元的内在制約説)とは異なっている。ただし、この場合の「公益の福祉」は「国家＝公」の利益や都合を意味するわけではなく、あくまでも「国民＝人々＝公共の利益」を意味する、と解すべきである。

　具体的には、まず、第一二条では、自由及び権利について、「又、国民は、これを濫用してはならないのであつて、常に公共の福祉のためにこれを利用する責任を負ふ」とある。この条文に関しては、確かに、憲法学のリベラルな通説が指摘するような危険が存在するので、憲法が一定の立法(例えば「公共の福祉」を名目にして権利の濫用を制限する立法)を肯定しているというように、単純に法的に解釈すべきではないだろう。しかし、この部分を法的ではなく道徳的・政治的責任の規定と解すると、この部分はコミュニタリアニズムの主張と一致する。特に、「国民は……責任を負ふ」だから、これは文面通り解すると、国民の(権利行使にあたっての)法的ではなく道徳的・倫理的な責任規定ということになるであろう。これは、自由及び権利行使についての一般論として解釈できる。

　また、第一三条では「生命、自由及び幸福追求に対する国民の権利については、公共の福祉に反しない限り、立法その他の国政の上で、最大の尊重を必要とする」とあり、ここでは、ロック(生命、自由)やアメリカ合衆国憲法(幸福追求)に由来する権利追求を最大限に尊重しつつ、それと「公共善―公共の福祉」との調和が図られている。これも、自律と秩序の均衡を主張するエツィオーニの新黄金律と一致する。これは「立法その他の国政の上で、最大の尊重を必要とする」という規定だから、文言上、政治的指針と捉えるべきであろう。だから、この条項における「公共の福祉」は――道徳的というよりも――主として政治的意味であり、その系として法的意味を持つと解釈するべきであろう。

これらの二つの条文が主として訓示規定であることは確かであるとしても、自由主義的な通説が訓示規定として軽視する傾向があるのに対し、コミュニタリアニズムの観点からはその存在が重視される。そして、特に第一三条は、法的な意味も持つので、一般的に「公共の福祉」は公共善の観点から人権を制約する可能性を持つことになる。この点では、この二つを訓示的・倫理的規定と解して、公共の福祉による制約が人権一般に存在することを否定する説（内在・外在二元的制約説）とは異なり、初期の学説（二元的外在制約説）と共通している。

けれども、だからと言って、初期学説のように、第二二条や第二九条に特に「公共の福祉」が言及されている理由を「すべての権利・自由に通じる原則を念のために再現したにとどまり、特別の意味を有しない[38]」とは考えない。その後の学説（内在・外在二元説、一元的内在制約説）で論じられているように、「自由国家的公共の福祉（必要最小限の規制のみを認める）／社会国家的公共の福祉（必要な限度の規制を認める）」（宮沢俊義）、さらには比較衡量における「精神的自由の優越的地位」や「二重の基準」論というような相違を考えることは重要だからである。

具体的には、「自由国家的公共の福祉」は思想・良心の自由（第一九条）、信教の自由（第二〇条）、集会・結社・表現の自由（第二一条）、学問の自由（第二三条）などに相当する。これらには、条文上も「公共の福祉に反しない限り」という留保はないので、絶対（内面的精神的自由の場合）ないし基本的に（外面的精神的自由の場合）制限できない、と解すべきであろう。

これに対して、第二二条の居住・移転・職業選択の自由の場合には、第一三条の一般的規定に準じて「何人も、公共の福祉に反しない限り、居住、移転及び職業選択の自由を有する」となっている。だから、第二二条は、第一三条の一般的な政治的規定が、居住・移転・職業選択の自由という特定の権利に適用されて示されていることになる。もっとも、ここにだけ特に「公共の福祉に反しない限り」という留保が存在することに注目すれば、これらは言論の自由等の精神的自由よりも、制約の可能性が高いことを示唆していると見るべきかもしれない。

これに対して、第二九条の財産権の場合は、第二項「財産権の内容は、公共の福祉に適合するやうに、法律でこれを定める」、第三項「私有財産は、正当な補償の下に、これを公共のために用ひることができる」となっている。これも文言上、道徳的規定ではなく、政治的指針と見做すことができるが、さらにその内容に方向性が示されている。つまり、政治によって立法される法律の内容について、公共性による財産権制限の可能性を明示的かつ積極的に示しているのである。

このように、第二九条では、「公共の福祉に適合するように」「公共のために」という表現になっているから、財産権の場合には、積極的形式で、一般の権利の場合よりも、公共性により権利を制限できる度合いが高いことを示唆している。つまり、第一三条で一般論として、「公共の福祉」による権利制限という政治的可能性を示し、ここに「公共善」等のコミュニタリアニズム的論理が存在するのだが、こと財産権に関しては、特に公共善が重視される必要性を憲法典において明示していると解釈できるのである。この場合は、「公共」の概念は、政治的規定というだけではなく、法的正当化の役割を果たしうると考えられるであろう[39]。

このように、コミュニタリアニズム的解釈は、「公共の福祉」の把え方については初期の「一元的外在制約説」と部分的に共通性が存在するが、人権の性質的相違によって「公共の福祉」による人権制約の態様や程度が異なるという点では、その後の学説(内在・外在二元的制約説や一元的内在制約説)に似ている。

このような解釈は必ずしも既存の憲法学と完全に矛盾するわけではない。例えば最高裁判事にもなった伊藤正巳は第一二条を「人権の主体としての国民に対して倫理的な指針」を示す「法的性格の希薄なマニフェスト的な性質」の規定とし[40]、第一三条を、人権を最大限に尊重する「国家の側の責務を一般原則として宣明した」「多分にマニフェスト的意味をもつ国政の指導原理の表明」と解している[41]。

このように、伊藤説によると、第一二条・第一三条は「国民の倫理的責任、国の政治的責任を明らかにしたものであり、人権に関する一般原則を示したものとして重要[42]」である。しかし、「公共の福祉」という概念だけでは人権制限の精密な基準が形成されず、戦前の場合のような過度な制限を招く危険があるので、「人権の制約を正当化する法的な意味を持たせることは適当ではない[43]」とされている。そこで、「内在的制約」のみに人権制約を限定する通説とは若干異なって、伊藤説では「公共の福祉の理論と内在的制約の理論とを調和させつつ、……人権の類型別と関連させながら、いっそう具体的な判断基準が形成されるような考え方」を取る。

その最大の点は、通説に言う「自由国家的公共の福祉／社会国家的公共の福祉」(宮沢俊義)の差違についてで、前者は「最小限に必要」なものに限定し、後者は「国家の政策に基づく制約」とされる。こうして、伊藤は、「①生存権的基本権――社会国家的公共の福祉の要求で、公共の福祉による人権制約と考えるべきではない、②経済的自由権――社会国家的公共の福祉による制限があり、内在的制約に加えて政策的制約を含む、③精神的自由権――内面性のそれは絶対的で、外面性のそれも、内在的制約のみが制約し、政策的見地からの社会国家的公共の福祉による制限は加わらない[44]」とする。

さらに、近年では、一元的内在的制約説の無理を指摘する説が増えているようである。「トランプとしての人権」というリベラルな見解を主張する長谷部恭男も、(表現の自由を規制する根拠となる)街の美観や静穏、性道徳の維持、電波の混信の防止などは「個々人の権利には還元しえない社会全体の利益としての公共の福祉」である、とする[45]。また、松井茂記も同様に指摘して、「やはり人権も公共の福祉の制約に服するという前提にたって、『公共の福祉』を『人権と公共の利益との調整原理』と理解し、そのうえで内在的制約か外在的制約かといった区別を行うことなく、個々の基本的人権に即して、どのような場合にどこまで制約が認められるかを検討していく方が望ましい[46]」としている。

以上のように一元的内在的制約説の限界を認めて、個々人の人権の衝突に還元できない「公共の福祉」の存在を認めれば、個々人を超えた全体(としてのコミュニティー)の存在を認めることになるから、上述のコミュニタリアニズム的な解釈と殆ど変わらなくなる。憲法通説において、「公共の福祉」は実質的な意味はないとされながらも、実質的には「自由国家的公共の福祉／社会国家的公共の福祉」(宮沢俊義)や「内在的制約原理／外在的制約(政策的制約)原理」(佐藤幸治)として、また違憲審査基準論においても、「精神的自由／経済的自由」の「二重の基準」論(芦部信喜)として、同様の類型化が展開されている。しかし、これらは、基本的には自由主義的論理のみで「公共の福祉」を把握しようとするため、人権制約の限界という法技術的な議論に「公共の福祉」の観念を矮小化してしまっていると考えられる。

それよりも、コミュニタリアニズム的な観点から、文言通りに、「権利／責任」「自律／秩序」の緊張関係が憲法典の中に定式化されていると解釈すべきではないだろうか。だからと言って、過度な権利制限が帰結することには必ずしもならない。以上のような類型化を試みれば、精神的自由については過剰な権利制限が帰結するわけではないからである。そして、特に経済的自由に関しては、「公共善」に即した政策ないし立法が求められるわけであり、これも、公共善に即した福祉を考えようとするコミュニタリアニズムの方針と一致するのである。

以上のように解釈論を展開することによって過度の権利制限という弊害を避けることができれば、コミュニタリアニズム的解釈は、次のような点を明らかにする利点を持つだろう。まず、日本国憲法においては、「過度な権利」の主張の危険に対して、個々人の道徳論として責任の観念が明記されている。また、政治的・政策的指針として、「公共善」に相当する「公共の福祉」の観念が原理として明記されているから、このような公共的政策の積極的な推進が可能になる。これは——個々人の財産権などの権利に一定の制限を加えることが必要になる——環境・福祉・生命倫理などの政策に寄与するだろう。

自由主義的な通説やリベラリズムの解釈では、仮に自由権同士の衝突や経済的な社会権までは考えることができるにしても、環境や生命倫理などの新しい課題に対応することは困難であるように思える。これに対して、コミュニタリアニズム的解釈は、「公共善＝公共の福祉」という包括的概念を重視するので、古典的な経済的問題だけではなく、このような新しい問題にも対処することができるだろう。

近年では、環境権・プライバシー権・知る権利などの新しい権利の必要性が主張され、これを根拠にして改憲の必要性が主張されている。しかし、以上のコミュニタリアニズム的解釈によると、必ずしもその必要性は導出されない。まず、第一三条のいわゆる「幸福追求権」は、政治的・法的規定と解されるから、これに基づいて、これらの要請に応える法律を制定することが可能である。また、必ずしもこれらに対して「権利」の概念で解決するのではなく、「公共の福祉」などによる責任・義務の観念で解決することもできるだろう。

以上のような解釈を試みれば、むしろ日本国憲法はアメリカ合衆国憲法以上にコミュニタリアニズムの原理と一致する規定を含んでいることがわかる。アメリカ合衆国憲法の場合、「一般的福祉」というコミュニタリアニズム的な規定は前文と第一条第八節だけに存在し[47]、しかもいずれの場合も共同防衛（common defense）と並べて用いられている。そこで、リベラリストがこの概念によって中央政府の社会保障を正当化することができるとするのに対し、リバタリアンのような市場原理主義者は、これに反対している。後者はこの「一般的福祉」を限定的に解し、社会保障などは「特定的福祉（specific welfare）」であるとして、「一般的福祉」には相当しない、と論じるのである[48]。

アメリカ合衆国憲法では「一般的福祉」は余り多く使われていない。上記の二ヵ所では、「共同防衛」とは並んでいるものの、社会保障は例として明示的に挙げられてはいないから、このような論争が活発に行われる。これに対して、日本国憲法では、第三章の権利の個別的条文において、第一三条で一般的に「公共の福祉」に言及されているだけではなく、第二九条（財産権）でも明示的に規定されているから、第二五条（生存権、国の社会的使命）における「社会福祉、社会保障及び公衆衛生」なども「公共の福祉」に入れて考えることができる。だから、アメリカ憲法の場合とは異なって、日本国憲法においては「公共の福祉」(のための財産権規定）が社会保障なども含みうることは明らかであり、この点についてはさほど論争の余地がない。

だから、コミュニタリアニズムの観点からすると、日本国憲法は、世界に冠たる理想的憲法ということになるかもしれない。従って、個々人における道徳的・倫理的責任や、政治的指針という点においても、憲法改正の必要性は必ずしも導出できない。アメリカのコミュニタリアンが日本国憲法を知って、アメリカ合衆国憲法を日本国憲法のように修正しようという議論が現れても、筆者は驚かないだろう！

さらに、解釈論においては、「公共の福祉」を「国家における福祉」だけではなく、各種コミュニティーにおける「公共の福祉」へと適用すべきかもしれない。この場合、日本国憲法は、個人／国家の二項対立を超えて、家族・地域等の観点を、各種コミュニティーにおける「公共の福祉＝公共善」として——法的というよりも——道徳的・政治的に規定していることになる。例えば、地域的コミュニティーにおける環境問題・景観問題などは、財産権が公共善の観点から制約されて然るべき例であろう。このような可能性を開拓することによって、個人／国家の二元論を超えたコミュニティーの再活性化という、現下の課題に対応する憲法解釈を展開することが可能になるのではないだろうか。

## 五　結論——公共哲学の憲法論への含意

### 思想的立場の整理

最後に、北米のコミュニタリアニズムに限定されず、私達の展開している新しい公共哲学の憲法論への含意をまとめておこう。

前述のように、私達はエコロジーや将来世代、幸福、責任などの観念を中軸にした新しい公共哲学を協力して開拓しているところなので、純思想的にはそれを機軸とした新憲法草案を提案する可能性も原理的には考えられる。ただ、憲法政治という観点からは、そのような創憲をすぐに目指すのは時期尚早であろう。しかし、これらを憲法の中に読み込んで立法などを行うことは現行憲法の下でも可能である。リベラリズムは、筆者が強調した責任や公共の福祉の理念をいわば憲法の不純物とみなし、これらを最小限に解釈して事実上無視ないし軽視しようとする。しかし、これらは現行憲法に確かに存在するのだから、解釈を変更して字義通りに文面解釈を行えば、このような新しい社会的要請に対応することが可能だろうと思われる。

憲法調査会では、――憲法すなわち constitution から読み取れる――「国の形」について発言がしばしばなされており、「二一世紀における日本のあるべき姿」について議論が行われているので、この点について、他の思想的立場と対比させつつ、新しい公共哲学の示す姿を述べてみよう。

リベラリズムとの相違点は、①権利だけではなく自発的責任・義務を重視すること、②個人／国家の二項対立を超えて、家族や中間集団などコミュニティーを重視すること、③倫理性・精神性や共同性・連帯性を重視すること、④憲法では「公共の福祉」という概念で示されている公共善・公共的利益を重視すること、⑤人々の手によってそれを実現する公共的な民(公共民)としての美徳を重視すること、などである。

これらと対比して述べると、社会的保守主義との相違点は、①多様性や他者性を重視し、非強制的で、排他的でないような共同性を追求すること、②多層的・多元的なコミュニティーを考え、国家をその中の一つとして相対化すること、地球的で地域的(グローカル)なアイデンティティーを追求すること、③閉鎖的で抑圧的な旧い共同体ではなく、開放的で自由なコミュニティーを理想とすること、④国益だけではなく、国境を越えた公共的利益や地域的な公共的利益を追求すること、⑤国家から指示される公ではなく、下から・民衆からの公共性の形成を重視すること、などであろう。

この新しい公共哲学は、社会的保守主義に比して新しい時代の要請に応えるものであるし、またリベラリズムとは異なって必要不可欠なコミュナルな理念が存在するので、社会的混乱を避けることが可能になる。このような角度から日本国憲法を読み直してみると、これまでリベラルな通説が軽視していた点に気づき、この憲法がこれまで思われているよりも良くできているのに驚くのではないだろうか。第一二条については倫理的責任の観念が盛り込まれているし、私達の公共哲学プロジェクトで最近重視している幸福については、憲法学でも注目されているように、第一三条の「幸福追求権」が存在している。だから、いわば解釈改憲とは逆に、新しい時代の要請に対応するために、「憲法の文言そのものに戻れ」というパラドクシカルな結論に到達する。そして、このような解釈を加えることにより、むしろ日本国憲法の発展上に、新しい時代の理念を考えることができると思うのである。

**自民党改憲案批判：「公哲学」の憲法化の危険性**

これに対し、憲法調査会や自民党憲法改正プロジェクト・チームにおける自民党議員の議論には、「行き過ぎた利己主義的風潮を戒める」という観点からの復古調の義務導入論が多かった[49]。これは正にエツィオーニの言う社会的保守主義の議論に相当する。

まず、自民党プロジェクト・チームの「論点整理」(二〇〇四年六月一〇日)[50]では、「議論の根底にある考え方」が「近代憲法が立脚する『個人主義』が戦後のわが国においては正確に理解されず、『利己主義』に変質させられた結果、家族と共同体の破壊につながってしまったのではないか、ということへの懸念」とされ、「家族・共同体における責務を明確にする方向」が示されている。基本的人権について「権利・自由と表裏一体をなす義務・責任や国の責務についても、共生社会の実現に向けての公と私の役割分担という観点から、新憲法にしっかりと位置づけるべきである」とし、憲法は「権力制限規範にとどまるものではなく、『国民の利益ひいては国益を守り、増進させるための公私の役割を定め、国家と国民とが協力し合いながら共生社会を定めたるルール』としての側面を持つ」とする。具体的には、「公共の責務(義務)」に関する規定を設け、「家族を扶助する義務」「国家の責務として家族を保護する規定」と「国の防衛及び非常事態における国民の協力義務の規定」を設けるべきだ、という。

コミュニタリアニズム的な公共哲学の観点からは、上述のようにこのような義務規定を改めて設ける必要は認められない。この点に加えて、ここで注目する必要があるのは、この整理において、公私関係が憲法改定の焦点になっており、しかもその役割規定が、権力制限規範という従来の通説的憲法理解を超えた新しい憲法の性格とされている点である。これこそ、公共哲学としての観点からは決定的に重要である。つまり、ここでは国家についての「公(共)哲学」を憲法典の中に明文規定として書き込もうとしているのである。この重要性ないし深刻さは、いくら強調しても強調し過ぎることはない。

この大きさを反映して、その後の改定案は、具体的規定の内容は穏健になっていても、現行憲法における「公共の福祉」の規定に対して執拗かつ徹底した攻撃を企てるものになっている。まず、「草案大綱」では、上述の憲法理解を敷衍して、「家族や共同体」を『公共』の基本をなすもの」とし、憲法は権力規範にとどまらず、「国民の利益ひいては国益を護り、増進させるために公私の役割分担を定め、国家と地域社会・国民とがそれぞれに協働しながら共生する社会をつくっていくための、透明性のあるルールの束」としての側面も有する、とする。そして、「本憲法草案の第二のポイントは、誤った個人偏重主義を正すために、『公共(国家や社会)』の正しい意味を再確認させること、そして、それが単なる『国家主義』の復活ではなくて、自立し、共生する個人の尊厳に裏付けられた『品格ある国家』でなければならないこと、である」とする。これは、「『己も他もしあわせに』(さらには『自国も他国もしあわせに』）をスローガンとした『共生憲法』ということができる」と謳っているが、実際には「公共」を「国民の利益ひいては国益」や「国家や社会」に同定して再定義しようというものである。

具体的には、基本的な権利・自由の行使は「他人の基本的な権利・自由との調整を図る必要がある場合又は国家の安全と社会の健全な発展を図る『公共の価値』がある場合に限って、かつ、法律の定めるところに従ってのみ、制限されること……」とする。注記では、上述の自由主義的な通説の「人権調整」だけではなく、「国家の安全と社会の健全な発展」のための人権制約が明記されていることが説明され、さらに『公共の福祉』の概念はやや手垢が付いた」（！）として、「敢えてそれを避けた次第」と述べて「公共の価値」という用語に代えた理由を説明している。さらに、この用語の適切性についてはなお検討が必要として、他の候補として、「公共の利益」（読売試案で用いられている用語）、「公共の本質」「公共の意識」「公共の福利」「公共の幸福《しあわせ》」などが列挙されている。

人権調整だけでは不十分とする認識は、本稿と同じであるが、コミュニタリアニズム的解釈では「公共善」とされるところが、「国家の安全と社会の健全な発展」となっている。安全も公共善の一つではあるが、それは人々の安全と解されるべきであり、また公共善の観念は環境や福祉などの多様なものを含む[51]のに対し、この場合は「国家の安全」に比重がある。また、「公共の福祉」の文言の変更について、「手垢が付いた」という説明では実質的な理由が不明であり、列挙されたどの用語にしても大差はないように思われる。もしかすると、社会福祉削減を意図して、「福祉」という文言を回避したかったのかもしれない。このような文言変更からは、「公共」の観念の再定義に極めて力を注いでいることが窺われよう。そして、この点は、「新憲法起草委員会要綱・第一次素案」で受け継がれ、文言の変更の真意が明確になる。

ここでは、「国民の権利と義務」について、『個人の権利には義務が伴い、自由には責任が当然伴う』ことを言及する」とした上で、「公共の福祉」について、「①現行の『公共の福祉』の概念は曖昧である。個人の権利を相互に調整する概念として、または生活共同体として、国家の安全と社会秩序を維持する概念として明確に記述する。②『公共の福祉』の概念をより明確にするため、『公益及び公共の秩序』などの文言に置き換える」とされている。①については、草案大綱の「国家の安全と社会の健全な発展」に比して、「……社会秩序を維持」となっている点で、さらに秩序維持という保守的志向が強化されている。また、②についても、同様に、「公益と公共の秩序」という表現によって、「公」と「秩序」が強調されている。

この変化は、この要綱を具体化した「新憲法第一次案」(及び第二次案)で決定的なものになり、そのまま新憲法草案となった。第一二条は、前述のように変わるから、権利に対する責任及び義務の自覚が付加されると共に、「公共の福祉」は「公益及び公の秩序」へと変更されている。この文言の変更は、現行憲法で「公共の福祉」が用いられている第一三条・第二九条でも行われている。(52)

前述のように、公共哲学では、「公／公共」の概念的区別に注意を促している。「公益」は public interests の訳として定着しているから、「要綱」の場合のように、これが「公共の秩序」と並んで用いられている場合には、この「公」は「公共」のことを意味するとも解釈することができ、「公共」と区別される政府・国家の「公」であるとは断言できない。ところが、第一次・第二次案や新憲法草案では、「公共の秩序」が、「秩序」の用語にふさわしく「公の秩序」となっている。正に、「民の公共」ではなく「国家・政府の公」であることを宣明したわけである。だから、その前の「公益」も人々の「公共の利益」ではなく、国家・政府という「公」の利益ということになろう。

「草案大綱」では、「公共の福祉」から「福祉」という文言を削って「公益」とし、この改憲案では「利益」も人々のものではなく「国家＝政府＝公」のものであることが明確にされた。このように、順次、意図が明確になり、人権制限が、人々の福祉のために行われるのではなく、「国家・政府の利益と秩序保持」のために行われることが明文化された。(53)

従って、この改憲案では、人権が「公共＝人々（の福祉）」のためではなく「公＝国家・政府」のために制限できることを謳っていることになる。この深刻さは図り得ぬほど大きい。コミュニタリアニズム的解釈における「公共の福祉」は「公共善」であり、あくまでも人々の利益であり福祉である。これに対して、この改憲案では、それが国家や政府の利益と秩序保持になっており、「公＝国家・政府」のための人権制限が明文規定により認められているのである。これは、基本的人権規定の意義を決定的に覆すものであり、これでは人権規定は、国家による人権制限を認めていた明治憲法と同じ水準に戻ってしまう。このような憲法は、もはや近代的憲法とは言えないであろう。

　これを国家主義化と言わずに何と形容できようか。草案大綱における「共生憲法」という美言にも拘らず、やはり実態は、人権規定の国家主義的変容であり、「公化」なのである。つまり、この改憲草案は、憲法を権力制限規範に留めずに、「公＝国家・政府」による人権制限を可能にしようとするものである。この基礎にあるのは、私達の言う「公共哲学」とは完全に異なった、「公哲学」であり、この改憲案は、「公哲学」を憲法典に明文化しようとするものに他ならない。この発想は、エツィオーニの言う「社会的保守主義」そのものである。

　さらに、この「公」は、「国家」を超えないことも明らかにされている。自民党のサイトに二〇〇五年一〇月現在掲げられている「憲法改正のポイント」では、「四　公共とは、お互いを尊重し合うなかまのこと」という項目で、『独りよがり』の人権主張ではなく、他人を尊重する責務からはじまる『公共』の概念を、私たちは大切にしていきたいと考えています」として、「家族は、一番身近な『小さな公共』」、そして「国家は、みんなで支える『大きな公共』」とし、「自立し、互いに他を尊重し合う個人のネットワークである『公共』の一番大きな形態は、国家といえるでしょう」（傍点小林）と明記している。言い換えれば、私達の公共哲学で重視されているような、国家を超える「公共」の存在は無視されており、あくまでも国家内に留まるものとして「公共」が把握されているのである。[54]

　ここからも、この発想は「国家＝公」哲学と言わざるを得ない。この「公」の発想は、本稿では論じない九条改定にも現れている。自民党新憲法草案では、第九条二項の三が「自衛軍は……国際社会の平和と安全を確保するために国際的に協調して行われる活動及び緊急事態における公の秩序を維持し、……活動を行うことができる」とされており、「公」の概念が緊急事態における自衛軍の出動を正当化するために用いられている。これは、非常事態宣言や戒厳令などの根拠になる危険があるのではないだろうか。

**コミュニタリアニズム的活憲を**

このように、公共哲学の観点からすると、自民党の改憲案は「公哲学」の憲法化であり、近代憲法の達成した人権や自由を「公=国家・政府」の利益や秩序保持のために制限する点で、危険極まりない。ここにおける「公」は、コミュニタリアニズム的解釈における「公共の福祉」とは、似て非なるものである。だから、このような改憲案には断固として反対せざるを得ない。人権について存在する現実の問題に対しては、現行憲法の「公共の福祉」にコミュニタリアニズム的な解釈を施すことによって対処できるのであり、この概念を無理に変更する必要性は全くない。

事実、アメリカのコミュニタリアニズムは憲法改正論を提起しておらず、従って日本国憲法においても、コミュニタリアニズムの観点からは人権規定についてその必要性は必ずしも存在しない。日本国憲法の場合には、アメリカ合衆国憲法に比して「公共の福祉」のような規定が一層明確に存在することを考えれば、この点は一層明らかであろう。

ただ、解釈論においては、アメリカの場合と同様に、日本でもコミュニタリアニズム的解釈を展開することが可能かつ有意義であると思われる。そして、その結果、日本国憲法の第三章は、優れてコミュニタリアニズム的に構成されている理想的人権(―責任)規定と見做すことができると思われるのである。だから、「国家・共同体・家族・個人の関係の再構築」という極めて重要な公共哲学の課題を遂行するためには、憲法改正を拙速に行うのではなく、現行憲法そのものをコミュニタリアニズム的に再解釈し、それと共に政治的・社会的改革を遂行して、現行憲法に内在する潜在的意義を最大限に引き出し具体化させることが、まずは重要であると思われる。

「護憲」という用語が戦後革新勢力の後退と共に色褪せてしまったので、新しい運動においては、憲法の意義を積極的に引き出し活かすという意味で「活憲」という用語が提起されている。平和主義についても、「護憲」を主張して軍事化に反対するだけではなく、平和基本法案や平和省構想などのように、平和憲法を積極的に活性化させる「活憲」が重要であろう。同様に、人権規定についても、現行憲法をコミュニタリアニズム的に活性化すること、即ち「コミュニタリアニズム的活憲」が望ましいと考えられるのである。

(1)　二〇〇四年一一月に自民党憲法調査会が事務局案としてまとめた憲法改正草案大綱(たたき台)は「党内手続きを怠った」として白紙撤回に追い込まれたが、二〇〇五年に新憲法起草委員会(委員長・森喜朗前首相)が作られ、七月七日に「新憲法起草委員会・要綱第一次素案」が公表され、それに基づいて「新憲法第一次案」(八月一日)「新憲法第二次案」(一〇月一二日)が作成された。さらに、一〇月二八日に新憲法草案が決定され、一一月二二日の自民党結党五〇年記念大会で正式発表された。

(2)　Bruce Ackerman, *We The People* 1, 2 (The Belknap Press of Harvard University Press, 1991, 1998). 参考文献として、谷澤正嗣「現代リベラリズムにおける立憲主義とデモクラシー——政治の可能性をめぐる一試論」(飯島昇藏・川岸令和編『憲法と政治思想の対話——デモクラシーの広がりと深まりのために』新評論、二〇〇二年、二九四—三五五頁)。

(3)　Michael J. Sandel, *Democracy's Discontent: America in Search of a Public Philosophy* (The Belknap Press of Harvard University Press, 1996).

(4)　坂野潤治『明治憲法体制の確立——富国強兵政策と民力休養』(東京大学出版会、一九七一年)。

(5)　本稿は、衆議院憲法調査会基本的人権小委員会において、「基本的人権と公共の福祉(権利と義務)——国家・共同体・家族・個人の関係の再構築の視点から」という主題について筆者が参考人として行った意見陳述「コミュニタリアニズム的公共哲学からの一考察」(二〇〇三年六月五日)を改訂したものである。

(6) 小林正弥『非戦の哲学』(ちくま新書、二〇〇三年)、小林正弥「海外派兵は決定的違憲。九条を堅持し、自衛隊は墨守・非攻に徹すべし」(『日本の論点二〇〇五』文藝春秋、二〇〇四年、一五二―一五五頁)など。

(7) 小林正弥「平和憲法の非戦解釈――非戦憲法としての世界史的意義」(『ジュリスト』2004-1-15, No. 1260, 一一九―一三〇頁)、「理想主義的現実主義としての非戦憲法解釈――平和主義の再生のために」(『千葉大学法学論集』第一八巻第三・四号、二〇〇四年、一―二一頁)。

(8) 注(5)参照。

(9) 第一期は佐々木毅・金泰昌編『公共哲学』全一〇巻で、二〇〇一―二〇〇二年刊、第二期の全五巻は二〇〇四年刊。

(10) 明快な紹介として、山脇直司『公共哲学とは何か』(ちくま新書、二〇〇四年)。

(11) 小林正弥「新公共主義《ネオ・リパブリカニズム》の基本的展望《ビジョン》――戦後日本政治理論の観点から」(佐々木毅・金泰昌編『公共哲学10　二一世紀公共哲学の地平』東京大学出版会、二〇〇二年、第四章)、特に一一一―一二三頁。

(12) アメリカでは共和主義的憲法理論が重要な問題提起を行っているので、リパブリカニズムとの関係を考えて憲法問題を論じることも重要であるが、本稿ではこの側面は割愛した。アメリカの共和主義的憲法理論についての紹介として、大沢秀介『アメリカの政治と憲法』(芦書房、一九九二年)。

(13) コミュニタリアニズムについての叙述は、以下のエツィオーニについての解説と重複する。アミタイ・エツィオーニ『ネクスト――善き社会への道』(小林正弥監訳、公共哲学センター訳、麗澤大学出版会、二〇〇五年)、監訳者解説「エツィオーニのコミュニタリアニズム」。また、コミュニタリアニズムの紹介としては、菊池理『現代のコミュニタリアニズムと「第三の道」』(風行社、二〇〇四年)。坂口緑・中野剛充「現代コミュニタリアニズム」(有賀誠・伊藤恭彦・松井暁編『ポスト・リベラリズム――社会的規範理論への招待』ナカニシヤ出版、二〇〇〇年)、第五章。

(14) 福祉国家論との関係については、とりあえず、小林正弥「福祉公共哲学をめぐる方法論的対立――コミュニタリアニズム的観点から」(塩野谷祐一・鈴村興太郎・後藤玲子編『福祉の公共哲学』公共哲学叢書5、東京大学出版会、二〇〇四年、補論

1、二八一—三〇三頁）参照。

(15) エツィオーニ、前掲『ネクスト』、監訳者(小林正弥)解説「エツィオーニのコミュニタリアニズム」。

(16) 小林、前掲「新公共主義《ネオ・リパブリカニズム》の基本的展望《ビジョン》」。

(17) Amitai Etzioni, *The New Golden Rule: Community and Morality in a Democratic Society* (Basic Books, 1996) (アミタイ・エチオーニ『新しい黄金律——「善き社会」を実現するためのコミュニタリアン宣言』永安幸正監訳、麗澤大学出版会、二〇〇一年)、第三章、邦訳一二三頁。

(18) 宮沢俊義「人権宣言概説」(高木八尺・末延三次・宮沢俊義編『人権宣言集』岩波文庫、一九五七年)、二九頁。

(19) Amitai Etzioni, *The Spirit of Community: The Invention of American Society* (A Touchstone Book, 1993), p. 266.

(20) ここでエツィオーニは、コミュニタリアニズム的な法学者メアリー・アン・グレンドンの『権利話法』を援用している。グレンドンは、世界人権宣言第二九条第一項「個人は、自己の人格の自由かつ完全な発展がその中にあってはじめて可能とせられるコミュニティーに対して義務を負う」及び第二項「何人も、その権利と自由を行使するに当たっては、他人の権利と自由に対する正当な承認と尊重を確保し、かつ民主的社会に道徳、公共的秩序 (public order) 及び一般的福祉 (general welfare) の正当な要請を保障することを、目的として法律が定めている制限にのみ、従うことにする」を挙げている。Etzioni, *The Spirit of Community*, op. cit., pp. 9–10; Mary Ann Glendon, *Rights Talk: The Impoverishment of Political Discourse* (The Free Press, 1991). この訳文は、高木・末延・宮沢編、前掲書、四〇八頁(高野雄一訳)を参考にした。

(21) Etzioni, *The Spirit of Community*, op. cit., pp. 4–11.

(22) エチオーニ、前掲『新しい黄金律』第五章、二〇二頁。

(23) 同上、第五章、二一一頁。

(24) 同上、第五章、二一〇頁。

(25) 同上、第六章、二八八頁。

(26) この点は、現実の改憲論との関係で極めて重要である。自民党憲法調査会プロジェクトチームの「論点整理」は、国家権力の制限だけではなく、国民の義務を定めるという発想が強く、前近代的な復古調の議論となっている。他方、民主党憲法調査会の提言(創憲に向けて、憲法提言、中間報告、六月二二日)では、義務導入論は存在しないけれども、〃憲法を権力制限規範に留まるものではなく、国益や国のあり方、国民の精神・行動を示すもの〃とする点では、自民党「論点整理」と共通している。これらについての優れたまとめとして、菅沼一王「切迫する憲法改正問題」(『自由と正義』Vol. 55, No. 9, 二〇〇四年九月号)、二一―三三頁、特に八―九頁。なお、民主党「憲法提言」では、憲法は「日本国民の『精神』あるいは『意志』を謳った部分」と国の活動を律する『枠組み』あるいは『ルール』を謳った部分の二つから構成される」となっている。

(27) 衆議院憲法調査会議録集第七分冊　衆議院欧州各国憲法調査議員団報告集(第一四七国会―第一五一国会)、(平成一二年一一月、衆議院憲法調査会事務局)。及び衆議院欧州各国憲法調査議員団報告書(平成一二年一一月)。

(28) この簡単な示唆として、小林正弥「環境倫理と公共性――原子論と全体論の二項対立を超えて」今田高俊編著『産業化と環境共生』(ミネルヴァ書房、二〇〇三年)、二一八―二二四頁。

(29) 小林正弥「非戦の原点に戻って平和主義の再生を――『平和への結集』の訴え」(『わだつみのこえ』No. 120, 2004. 7. 15)、三―二〇頁。注(7)の文献も参照。

(30) マッカーサー草案については、高柳賢三ほか編著『日本国憲法制定の過程I』(有斐閣、一九七二年)、二六七頁以下所収を参照。なお、以下、日本国憲法の制定過程や既存の解釈論についての説明や注記に関しては、尾形健氏(甲南大学)のご教示に全面的に負う。ただし、コミュニタリアニズムとの関係については、あくまでも筆者の私見である。

(31) 高柳賢三ほか『日本国憲法制定の過程II』(有斐閣、一九七二年)、一五三頁。

(32) 政府答弁(金森徳次郎国務大臣)は、以下の通りである。帝国憲法下にあっては、国民の自由権は全て法律の枠内において存在するとされ、法律を以てすれば如何様にも権利を限定することができるという趣旨であると解されていたのに対し、新憲法にあっては、「建前」を変え、〃国民に認められる権利は、人間として持たなければならぬ権利であり、個人の人格を尊重する限り、これを奪うことはできない〃ということになった。ただし、各人の権利が無条件に、他人の迷惑を来し、又国家の福祉を害してまで存在する訳ではなく、この基本権は、運命的に何らかの、いわば「公益の枠」を持っており、その枠に触れて立法がなされることは当然である。しかし、法律による権利の制約について、「国家の正しい眼で見た所の公益の枠」以外の所は抑制することができず、この枠を越えた法律は、最高裁判所の審査権によりこれを無効とする途が出来ている。清水伸編『逐条審議日本国憲法録』第1巻(有斐閣、一九六二年)、二八一頁。あるいはまた、「公共の福祉」の意味について、新憲法は国民の一人一人の人格の尊重を眼目としているが、これは〝一人一人の人格のみが尊重されるべし〟という訳ではなく、〝国民全般のおのおのの人格が尊重せられるべし〟ということであって、国民全般の立場もともより尊重せられている。そこで個人と全体との調和が意識され、「全体の側に於ける幸福」たる「公共の福祉」とは、全体の集団としての利益と、その外に集団としてではないが、世間全体の人の利益という両用の意味を含むものである。清水編、前掲書、二八一―二八二頁。

(33) 例えば、柳瀬良幹は、〝「公共の福祉」とは、「……個人の立場から見られた個人の利益ではなく、一切の個人の立場を総合した、その意味での全体の立場から見られた個人の利益の意味」とし、ルソーのいう一般意志の内容としてあげる共同の利益(*intérêt commun*)や、「部分たる個人を全体たる国家の中に置き、全体の中にあるものとして全体の立場からこれに配分すべき利益を定めるべきことを説く」意味での配分的正義などが、「公共の福祉」と同じことを現すもの〟と解した。柳瀬良幹「公共の福祉について」(同『憲法と地方自治』有信堂、一九五四年)、一六五―一六七頁。この立場は、「特定の個人にとっては不利益であっても、彼も含めて容認せざるをえない全体の利益」であって、「特定の個人が、自分の立場を観念的に離れ自分を含めた第三者的な『全体』の立場に立って、基本的人権の正当な限界を考える場合に、認めざるをえないところのものを指す」(傍点省略)とされる。尾吹善人『日本憲法――学説と判例』(木鐸社、一九九〇年)、二〇四頁、同『憲法教科書』(木鐸社、二〇〇一年、六刷)、八九頁。

(34) 芦部信喜『憲法学II・人権総論』(有斐閣、一九九四年)、一八六―二〇〇頁の説明に依拠している。宮沢俊義〔芦部信喜補訂〕『全訂日本国憲法』(日本評論社、一九七八年)、一九九―二〇〇頁、樋口陽一他『憲法I』(佐藤幸治執筆、青林書院、一九九四年)、二七一頁。

(35) 松井茂記『日本国憲法　第二版』(有斐閣、二〇〇二年)、三四三頁。

(36) 法学の近年の作品ではコミュニタリアニズム的視点を持つものは数少ない。例外的な作品として、棚瀬孝雄『権利の言説

――共同体に生きる自由の法』(勁草書房、二〇〇二年)。リベラルな立場からの接近として、小泉良幸『リベラルな共同体――ドゥオーキンの政治・道徳理論』(勁草書房、二〇〇二年)。

(37) 児玉誠は、〝日本国憲法は個人主義的国家観を表明しているから、個人主義否定の上に成立する全体主義的国家における公益優先の観念を「公共の福祉」と混同すべきではない〟としつつ、トマス・ヒル・グリーンの政治哲学では〝個人の人格完成という究極的目的を共有する国家と個人は、公共善を通じて積極的な相互依存の関係にある〟として、この「公共善」の観念が日本国憲法第一三条にとって有用な視点を提起する、と主張する。同『法における個人主義と公共の福祉』(御茶の水書房、一九九一年)、特に四八―五二、六五―六七、一〇四―一〇八頁。

(38) 芦部、前掲『憲法学II』一八八頁。

(39) なお、佐藤幸治らは、憲法第一三条にいう「幸福追求権」について、これを「各人が社会にあってなお〝自己の生の作者である〟ということを内実とするもの」である「人格的自律権」と捉え、憲法第三章の各種基本的人権が流出派生する大本《おおもと》となる権利とする。例えば、佐藤幸治『国家と人間』(放送大学教育振興会、一九九七年)、三六―三七頁。その反面、憲法第一三条にいう「公共の福祉」を、各個別的基本権の制約根拠をなすものとし、経済的自由権にかかる憲法第二二条や第二九条が特に「公共の福祉」を掲げている点については、これらが「外在的制約(政策的制約)」原理に服する場合が多いことに鑑み、これらの条文について「公共の福祉」が再言されている、と解している。樋口他、前掲書、二六九頁。

(40) 伊藤正巳『憲法　新版』(弘文堂、一九九〇年)、一九二頁。

(41) 同上、一九三頁。

(42) 同上、二一九頁。

(43) 同上、二一九頁。

(44) 同上、二二一―二二二頁。

(45) 長谷部恭男『憲法　第2版』(新世社、二〇〇一年)、一一三頁。

(46) 松井、前掲書、三四四頁。

(47) 前文「我ら合衆国人民は、より完全な連邦を形成し、正義を樹立し、国内の静穏を確保し、共同の防衛に備え、一般的福祉を増進し、我らと我らの子孫の上に自由の祝福の続くことを確保する目的を持って、アメリカ合衆国のために、この憲法を制定する」。第一条第八節「連邦議会は左の権限を有する。合衆国の国債の支払、共同の防衛および一般的福祉の目的のために租税、関税、輸入税、消費税を賦課徴収すること、……」。なお、修正第五条では、「正当な賠償なしに、私有財産を、公共的用途(public use)のために徴収されることはない」とある。宮沢俊義編『世界憲法集(第四版)』(岩波文庫、一九八三年)、三三、三八頁、五二頁。(斉藤眞訳、一部修正)。

(48) この論点はアメリカ政治では重要なものとなっており、マディソンやジェファソンの「一般的福祉」についての発言が引用されて多くの政治的な議論や主張がなされている。例えば、Stephen R. Meyer, "General Welfare," (February, 2004), http://robinhoodrepublican.com/editorials/welfare.htm ; Mark Valenti's liberty page, "general welfare clause", http://www.angelfire.com/pa/sergeman/foundingdocs/constitution/studygenwelfare.html ; Citizen Soldier, "Madison & Jefferson on General Welfare," http://www.citizensoldier.org/generalwelfare.html

(49) 復古調の議論として、ある論説では、次のような例が挙げられている。「一七条憲法」から信長の楽市楽座、「五箇条の御誓文」まで持ち出して日本の伝統や文化を強調する議論(第三回会合・平井卓也衆院議員、谷川弥一衆院議員)、立憲君主制を目指すべきだという議論(第一二回会合・大前繁雄衆院議員)、権利ばかりで義務規定がないゆえに人心が荒廃したと断ずる議論(第九回会合・森岡正宏衆院議員)、「国民は実は自由を求めているようでいながら自由を放棄したがっている」と支配者意識むきだしの議論(第九回会合・伊藤信太郎衆院議員)、支配を国民の精神的支柱としての皇室の重要性を強調する議論(第九回会合・平井卓也衆院議員他)、情操教育としての神道教育の見直しを説く議論(第九回会合・奥野信亮衆院議員)、地域社会・家族の重要性を説き「よい家族をつくる義務」の明記を主張する議論(第六回桜井新参院議員、第九回会合・西川京子衆院議員ほか)、徴兵制までを視野に入れた青少年の奉仕活動の義務を設けよという議論(第九回・森岡正宏衆院議員)。植松健一「自民党の改憲案策定の動向」、市民と憲法研究者をむすぶ憲法問題Web, http://www.jca.apc.org/~kenpoweb/

(50) 以下で言及される自民党の改憲案に関する文書は、「新憲法制定推進本部」のサイトを参照。http://www.jimin.jp/jimin/

shin_kenpou/index.html

(51) 自民党新憲法草案では、環境について、第二五条第二項(国の環境保全の義務)「国は、国民が良好な環境の恵沢を享受することができるようにその保全に努めなければならない」という条項が入っている。ここでは、環境権ではなく、環境保全の責務が導入されている。

(52) 現行憲法で「公共の福祉に反しない限り……」とされている第二二条第一項(居住、移転及び職業選択の自由)について、新憲法草案ではこの文句が削除されている。

(53) このように「公共」が「公」に変えられた理由の一つとして、筆者の衆議院憲法調査会基本的人権小委員会における参考人としての陳述や、公共哲学の様々な書籍が影響を与えている可能性も考えられるように思われる。筆者が参考人陳述を行った時点では、「公共の福祉」を問題視する発言はほとんどなかったのに対し、その後、急に「公共」を「公」に置き換えようとする動きが現れたからである。

(54) なお、「論点整理」では、安全保障について「さらに、このような国際平和への貢献を行う際には、他者の生命・尊厳を尊重し、公正な社会の形成に貢献するという『公共』の基本的考え方を国際関係にも広げ、憲法においてどこまで規定すべきかを議論する必要があると考える」とされていた。これは、明確にはされていないが、国際貢献論との関連で述べられていると考えることが可能であり、平和主義との関連では論点となり得る。けれども、ここではまだしも国家を超えた「公共」を憲法に規定する可能性が示唆されていたのに対し、自民党のサイトではそのような観点も消失している。ここにもやはり思想的後退が存在する。

# 第2部　憲政における急進派——社会主義と社会民主主義

# 第4章　冷戦期アメリカの対日労働政策
## ――反共産主義と社会民主主義の相克

中北浩爾

### 一　はじめに

第二次世界大戦後の日本政治は、アメリカの巨大な影響下に置かれた。しかも、それは、外交にとどまらず、内政にまで及ぶものであった。戦後日米関係の背景をなした冷戦が、単に軍事的なものではなかったためである。もちろん、アメリカとソ連を盟主とする二つの陣営は、戦争に発展しかねないほど厳しく軍事的に対峙し、核兵器をはじめ軍拡競争を活発に繰り広げた。しかし、両陣営は同時に、自由主義と共産主義というイデオロギーをめぐって対立し、それぞれの政治経済体制の優位を競い合った。アメリカにとってソ連の脅威とは、その軍事的侵攻のみならず、共産主義勢力の自由主義陣営への浸透をも含んでいた。アメリカが自由民主党の結成を促し、その支配体制を下支えしたのは、それゆえであった(1)。

いうまでもなく、占領政策が社会党主導の中道連立内閣への支持から吉田茂率いる自由党に対する支持へと大きく転換して以降(2)、親米的な保守政権の継続という課題が、アメリカにとって決定的に重要なものとなったのは事実である。しかしながら、アメリカの日本の内政に対する関心は、政党政治にとどまらなかった。プロレタリア独裁を唱える共産主義勢力の自由主義陣営内部での主要な標的の一つは、労働組合であった。しかも、最大のナショナル・センターの総評(日本労働組合総評議会)は、社会党の主たる組織基盤であったばかりか、朝鮮戦争の勃発後、「平和四原則」を掲げて、アメリカの冷戦政策に正面から反対した。そのため、アメリカの対日政策において、労働組合は非常に重要な位置を占めた(3)。

注目すべきは、アメリカの対日労働政策が、多様性を内包していたことである。第一に、アクターについてである。まず、民主党と共和党の間の政権交代は、対日労働政策に大きな変化を与えた。また、国務省、労働省、ICA(国際協力局)、CIA(中央情報局)など、独自の方針を持ついくつもの政府機関が、それに関わった。さらに、アメリカ政府は、AFL(アメリカ労働総同盟)とCIO(産業別組合会議)に代表される自国の労働組合と対等の立場で協力せざるを得なかった(4)。そして、これら二つのナショナル・センターもまた対抗関係にあり、前者の主導の下で一九五五年一二月に合同してAFL-CIOを結成した後も、従来からの対立感情を払拭することができなかった。

第二は、アプローチの多様性であり、それはAFLとCIOの間に典型的にみられた。すなわち、AFLは、共産主義者との共存の可能性を否定し、仏伊両国でみられたように、その影響下にある労働組合の分裂を図った(5)。それは結果として経営者に有利な状況を生み出した。他方、CIOは、共産主義に反対したとはいえ、その浸透の原因を労働者の経済的ないし社会的な不満に求め、賃金と労働条件の引上げを重視した。そこで、労使協力による生産性向上の必要性を認めつつも、経営者に対抗して生活水準を向上すべく、労働戦線の統一を追求した。国際自由労連(ICFTU)やイギリスのTUC(労働組合会議)をはじめとするヨーロッパの労働組合の多くは、AFLよりもCIOに好意的な姿勢をとった。アメリカ政府についてみると、共和党政権は前者の「反共産主義的アプローチ」に、民主党政権は後者の「社会民主主義的アプローチ」に親和的であった。

二つのアプローチの相違は、対日政策においてとりわけ重要であった。それは、最大のナショナル・センターの総評を支配したのが中立主義者であり、フランスやイタリアのような共産主義者ではなく、それゆえ、総評の評価をめぐって二つのアプローチが鋭く対立したからである。「反共産主義的アプローチ」にとって、アメリカの冷戦政策を否定する中立主義者は共産主義の同調者であり、総評は解体されるべき存在であった。一方、「社会民主主義的アプローチ」において、中立主義は是認できないとはいえ共産主義とは区別されるべきものであり、総評は西側寄りの立場に引き寄せるべき対象であった。また、総評は日本の労働者階級を代表できる唯一の中央組織であり、その戦闘性は日本の生活水準の向上に必要だとも考えられた。

アメリカの対日政策の多様性という観点は、日米関係史の研究にとって重要だと思われるが、これらのうち「社会民主主義的アプローチ」は、特に注目されるべきであろう。前述したように、占領政策の転換後のアメリカの対日政策は保守勢力を育成するものであったというイメージが、通説として定着しているからである。しかし、対日労働政策に着目するならば、意外なことに、アメリカからの社会民主主義的な圧力といえるものが存在していたことを析出できるのであろう。さらにいえば、それを補助線として用いることで、日本の労働政治史の評価を見直すことができるように思われる。本論文は、以上のような問題関心に基づき、総評の結成からＩＭＦ－ＪＣ(国際金属労連日本協議会)および同盟(全日本労働総同盟)の成立に至る時期の、政府と労働組合を含むアメリカの対日労働政策を分析するものである。(6)

## 二　総評の結成と左傾化

総評は、朝鮮戦争の勃発から一六日後の一九五〇年七月一一日、全組織労働者の四八％にあたる三七七万人を代表するナショナル・センターとして結成された。その背景として、国内的には、ドッジ・ラインの下での保守政権と経営者の対労働攻勢への対抗や、共産党の組合支配に対する民主化運動の進展といった文脈が指摘できるが、国際的にみるならば、それは国際冷戦の激化を背景とする国際自由労連の結成と対応するものであり、また、労働組合の親米化を試みるアメリカの対日占領政策と合致するものであった。

一九四五年九月、世界労連（ＷＦＴＵ）が、ＡＦＬを除く当時の世界の主要な労働組合を網羅して結成された。これは、第二次世界大戦期の反ファシズム共同戦線を背景とするものであったが、冷戦の激化とともに共産党系と非共産党系の対立が昂進し、マーシャル・プランへの態度をめぐって決定的となった。そこで、アメリカのＣＩＯ、イギリスのＴＵＣをはじめとする西側の労働組合は、世界労連から脱退し、一九四九年一一月二八日、ＡＦＬとともに国際自由労連を結成した(7)。日本国内の全労連（全国労働組合連絡協議会）からの非共産党系労働組合の脱退、それに続く総評の結成は、この世界労連の分裂、国際自由労連の結成という国際的な動向と、軌を一にしていた。総評に結集することになる労働組合は、「自由世界労連加盟促進懇談会」を発足させ、国際自由労連の結成大会に五名からなる代表団を派遣した。

こうした動きは、民主化運動を支援していた総司令部（ＧＨＱ／ＳＣＡＰ）の望むところであった。労働課のブラッティ（Valery Burati）労働関係教育係長が作成したメモによると、自由で民主的な国際労働組織と日本の労働組合の結合、派遣される労働組合指導者の西側指向と影響力の増進、世界労連のプロパガンダへの対抗、日本での反共産主義的労働戦線統一の促進といった成果が、それによって見込まれた(8)。総司令部は、日本代表が提出する議案を事前に審査したばかりか、派遣費用を全額負担し、エーミス（Robert Amis）労働課長が大会会場のロンドンまで同行した。

国際自由労連結成大会に出席した日本代表は、アメリカを経由して帰国したが、国務省は、この一九四九年末、日本の労働組合指導者を親米化すべく、訪米プログラムを開始した。これはアメリカの労働組合や団体交渉などの現場を三ヵ月にわたって見学させるものであり、共産主義勢力に対抗するためにアメリカの民主的労働組合運動に関する情報を日本で普及させること、アメリカの労働組合との接触を通じて日本の労働組合を国際自由労連と提携させることなどを目的とするものであった。一九四九年から翌年にかけて渡米した指導者には、国労(国鉄労働組合)の星加要書記長、電産(日本電気産業労働組合)の藤田進委員長などのほか、総評議長で炭労(日本炭鉱労働組合)委員長の武藤武雄が含まれていた。(9)

このように総評は反共産主義的労働組合の統一体として結成されたが、しかし、その反共産主義は強硬なものではなかった。「右を切り、左を切る」と言われたように、総評は、共産党の組合支配を打破するものであると同時に、松岡駒吉ら総同盟(日本労働組合総同盟)の右派とも一線を画するものであった。総司令部労働課も、総同盟右派を経営者寄りの保守的な集団だとみなし、松岡の国際自由労連結成大会への出席を阻止した。ブラッティは、労働戦線の統一により経営者への対抗力を強化しようと考えていたのであり、彼にとって総評は、総同盟右派と相容れないものであった。(10)事実、総同盟右派は、総評への完全なる合流を拒否して、一九五一年六月一日に総同盟を再建した。

この頃、AFLの外郭団体でCIAから資金援助を受け反共工作に従事していた自由労働組合委員会(FTUC)のラヴストーン(Jay Lovestone)事務局長が、東京に代表部を設置すべく、総司令部の元労働教育係長のデヴェラル(Richard Deverall)の日本入国を許可するよう求めていた。CIOの活動家であったブラッティは、これに強硬に反対し、AFLが日本で活動するのを阻止した。(11)CIOとTUC、さらにそれらが主導権を握っていた国際自由労連が、総評に好意的な態度を示したのに対し、AFLは、右派によって再建された総同盟に近い立場をとった。総評は、共産主義勢力に対抗するものであったが、「反共産主義的アプローチ」ではなく、「社会民主主義的アプローチ」に基づいて結成されたといってよいであろう。

しかし、結成後の総評は、朝鮮戦争の進展を受けて、「ニワトリからアヒルへ」と呼ばれる急速な左傾化を遂げた。すなわち、一九五一年三月の第二回大会で、「全面講和」「中立堅持」「軍事基地反対」「再軍備反対」の「平和四原則」を採択し、さらに、既定路線であった国際自由労連への一括加盟を先送りにした。正確に述べるならば、一括加盟案は否決されたのではなく、三度採決に付されたものの、賛成票がいずれも可決に必要な三分の二に達せず、廃案になった。総評の内部においては、冷戦のなかで西側寄りの立場をとることを意味する国際自由労連への加盟に批判的な意見が、強まっていったのである。

総評の左傾化は、総司令部にとって憂慮すべき事態であった。ブラッティは、一括加盟案の廃案について、国際自由労連のオルデンブローク (Jacobus Oldenbroek) 書記長に書簡を送り、「極東における国際自由労連の後退」であると断定した。ただし、同時に、武藤武雄議長や高野実事務局長ら総評指導部が加盟に積極的であることを指摘し、こうした動きを支援するため、東京に事務所を設置することなどを勧告した(12)。総評の内部では、西側陣営を指向する右派に対して、中立主義を唱える左派が優勢であったが、労働組合の国際連帯の場である国際自由労連への加盟に関しては、いまだ賛成が多数を占めていた。それゆえ、第二回大会での決定は「一時的な延期に過ぎない」とみられた(13)。

ところが、総司令部の意に反して、総評内部の左派の優位は、崩れるどころか、さらに強固なものになっていった。左派は、中立主義の立場から対日講和条約と日米安全保障条約に反対し、それを貫くために、一九五一年一〇月二四日の社会党の分裂を主導した。さらに、総評では、左派の優位の下、国際自由労連一括加盟への反対論が多数となった。高野事務局長も、こうした傾向に同調し、一九五二年七月の総評第三回大会で、一括加盟案は一六四対四二の大差で否決された。国際自由労連は、この大会にＣＩＯのタウンゼント (Willard Townsend) を出席させて説得を試みたが、「惨憺たる敗北」に終わった(14)。これを機に、総評における左派の優位が確立し、共産党系労働組合が総評になだれ込んだ。「社会民主主義的アプローチ」による総評の結成は挫折し、アメリカの対日労働政策は「反共主義的アプローチ」に傾いていった。

## 三　全労の結成と生産性運動の開始

一九五二年四月二八日の講和条約の発効後、AFLは対日活動を本格的に開始した。一九五二年三月二八日、その対外活動の実質的な指導者であったラヴストーンは、駐日アメリカ大使に就任する予定のマーフィー(Robert Murphy)と会談し、大使館と協力して共産主義勢力の浸透を阻止すべく、デヴェラルを日本に派遣することを伝えた。(15) デヴェラルは、AFL自由労働組合委員会のアジア代表という肩書きを持って、七月の総評第三回大会の直前に来日し、事務所を開設した。広報誌『労働パシフィック』の創刊の辞は、「AFLの組合員である労働者のお金で発行される」と述べたが、(16) 実際には、一九五二年から五六年にかけて、CIAからの資金を含む六万六九〇二ドルが、その活動に用いられた。(17) そして、狂信的な反共産主義者のデヴェラルは、総同盟を支持し、総評の分裂を図り、共産党系労働組合を排除した新たなナショナル・センターの結成を推進した。(18)

それに対して、CIOは、国際自由労連を通して対日政策を実施したが、その方針はAFLと鋭く対立するものであった。すなわち、タウンゼントは、一九五二年一二月の国際自由労連執行委員会に提出した報告書で、総評が「急進的な左派の支配」の下に置かれたと指摘しながらも、「総評の運命はいまだ決まっていない」と強調した。そして、「今なすべきは総評を健全な組織に変えるために闘争することであり、いくつかの組合が総評から脱退して新たな組織を結成することは時期尚早である」と主張した。タウンゼントは、総同盟を「会社組合主義(company unionism)」とみなしていた。(19) 総評の体質改善論を基調とするこの報告書に従い、一九五三年四月一日、総評傘下の全鉱(全日本金属鉱山労働組合連合会)の原口幸隆委員長を所長とする国際自由労連東京事務所が開設された。

しかし、総評は、国際自由労連の期待に反して、ますます急進化していった。高野事務局長は、一九五三年一月にラングーン(ヤンゴン)で開催されたアジア社会党会議において、アジア労組会議の開催を提唱した。この構想は、国際自由労連系、世界労連系、中立系と分裂しているアジアの労働組合を結集するためのものであり、国際自由労連のアジア地域組織を否定するに等しいものであった。また、総評は、同年七月二七日の朝鮮休戦後、中国総工会(中華全国総工会)をはじめとする世界労連系の労働組合との交流を急速に活発化させた。こうした動きは、「第三勢力論」的中立主義に沿うものであったが、東側陣営に有利に作用するものであり、総評に対する共産党の影響力の増大を示すものであった。こうしたなか、高野は一層急進化し、米ソ両陣営のいずれにも与しないとする「第三勢力論」を放棄して、中ソを平和を欲する勢力とみなす「平和勢力論」を提唱した。この方針は、一九五三年七月の総評第四回大会で採択された。

一九五三年一月二〇日に成立したアイゼンハワー(Dwight D. Eisenhower)政権は、日本の労働情勢に大きな関心を寄せるとともに、それを深く憂慮した。同年六月二五日に決定された対日政策文書NSC一二五―六は、「日本の労働組合への共産主義者の浸透に対抗するために日本の労働運動の反共産主義的分子を激励し、支持する」と謳った[20]。その後、一一月に来日したニクソン(Richard Nixon)副大統領は、「反共労働運動指導者にあいたい」と自ら要請し、左右両派それぞれ二名、すなわち藤田藤太郎総評議長、宮之原貞光総評副議長、和田春生民労連(全国民主主義労働運動連絡協議会)常任幹事、古賀専総同盟総主事と会談した。帰国後、スミス(Walter Smith)国務次官は、新木栄吉駐米大使に対して、「総べての点がエンカレジングであるがたゞ一つ懸念されるのは労働組合が共産党に浸蝕されていること」であると、ニクソンの意向を伝えた[21]。

アイゼンハワー政権は、こうした情勢に対処すべく、二つの方策を講じた。第一は、全労(全日本労働組合会議)の結成に対する支援である。総評が第四回大会で国際自由労連への一括加盟を圧倒的多数で否決し、「平和勢力論」を決定した後、全繊同盟(全国繊維産業労働組合同盟)、海員組合(全日本海員組合)、全映演(全国映画演劇労働組合)の右派三組合は、総評から相次いで脱退し、一九五四年四月二二日、総同盟とともに、全労を結成した。「NSC一二五―二およびNSC一二五―六についての進捗状況報告」によると、駐日アメリカ大使館は、「穏健分子の総評からの分裂をひかえめなかたちで後押しした[22]」。デヴェラルの常軌を逸した行動は、大使館員との間に大きな摩擦を生じさせたが、にもかかわらず、アイゼンハワー政権の対日労働政策は、AFLのそれと一致するものであったといえよう[23]。

全労結成による労働戦線の分裂は、日本の労働組合運動を弱体化させるものであり、国際自由労連はそれに頗る批判的であった。しかも、全労の組織労働者数は、わずか八五万人であり、総評の四分の一にすぎず、国際自由労連に加盟する総評系の労働組合の合計と比べても三〇万人少なかった。国際自由労連の使節として来日したボーレ(Martin Bolle)は、「現時点での全労に対する公然たる支持は、総評や中立系労働組合の国際自由労連に対する支持の取り付けを大きく妨げることになる」と執行委員会に報告した。国際自由労連は、全労の結成後も、日本を代表するナショナル・センターとして総評を評価した。そして、総評の一括加盟の余地を残すため、全労の一括加盟を認めず、総同盟を含むその五つの構成組織を個別に加盟させるにとどめた[24]。共産主義勢力の浸透に対抗すべく結成された全労の前途は、決して明るいものではなかった。

アメリカ政府が講じたもう一つの方策は、生産性運動である。国務省は、日本の国際競争力を強化すべく、一九五三年九月から、生産性プログラムの実施を検討し始めた。日本政府や経済団体は、朝鮮休戦後の特需の減少を受けて、アメリカからの打診に積極的に応じ、一九五四年三月一九日、日米生産性増強委員会が発足した。しかし、その日本側委員は、すべて経営者によって占められ、労働組合からの参加を欠いていた。それは経済団体の労使協力に対する消極的な姿勢ゆえであり、六月二一日に日本生産性協議会と名称を変更した後も変わらなかった。ヨーロッパでの経験から労働組合の協力を不可欠と考えていたアメリカ政府、なかでも生産性プログラムの実施を担当していた対外活動本部（FOA）は、財界指導者を熱心に説得した。一九五五年二月一四日、日本生産性本部が、労使中立の三者構成組織たることを前提として設立された。

ところが、生産性運動に労働組合を参加させ、それを通じて親米化させる試みは、難航した。生産性プログラムがアメリカの冷戦政策と密接な関係を持ち、また、経営者が運動の主導権を握っていたためである。総評は、それをアメリカのMSA（相互安全保障法）援助に基づく再軍備の一環であり、労働強化、賃金抑制、失業増大を意味するものとみなし、反対することを決めた。参加を見込まれた全労もまた、MSA再軍備の一環とはみなさなかったが、やはり労働強化などにつながることを警戒し、七月の第二回大会で、全繊同盟の提案に従い、協力を見合わせることを決定した。この間、駐日アメリカ対外活動使節団のウィン（Carl Winn）労働官が、全労の幹部と接触して説得にあたったが、失敗に終わった。結局、わずかに全労傘下の総同盟と海員組合が、それぞれ九月と一一月に参加するにとどまった。アメリカは、当面、生産性運動の前途に悲観的にならざるを得なかった[25]。

しかし、この頃、アメリカにとって歓迎すべき動きもみられた。総評の内部で、第三勢力論者が、共産党に接近する高野事務局長への批判を強め、勢力を増大させていったことである。一九五四年七月の第五回大会での合化労連（合成化学産業労働組合連合）の太田薫委員長に続き、一九五五年七月の第六回大会では、国労の岩井章企画部長が高野の対抗馬として事務局長選挙に立候補した。駐日アメリカ大使館は、その情報を四ヵ月ほど前に入手したが、そのとき岩井は国務省の日米労働交流プログラムで訪米中であり、アリソン（John Allison）駐日大使は、岩井を親米化するために最大限努力すること、また、生産性運動についての「誤解」を解くよう試みることを国務省に要請した[26]。そして、アメリカは、岩井の事務局長就任を「紛れもなく好ましい展開である」と歓迎した[27]。しかし、岩井は、その後も中立主義者としての立場を崩さず、砂川での米軍基地反対闘争に取り組んだほか、世界労連系の労働組合との交流を進め、アジア・アフリカ労組会議の実現に努めた。

一九五六年八月の総評第七回大会では、国際自由労連東京事務所長を務めていた原口全鉱委員長が、総評議長に就任した。アメリカ政府は、総評主流派内で最も西側寄りの立場をとる原口のリーダーシップに期待を寄せた。イギリスの駐日労働官の報告によると、アメリカ大使館は原口と秘密裏に会談し、親共産党的な高野派と闘うために必要な資金の援助を申し出た。しかし、原口はこの申し出を拒絶したばかりか、[28]総評の路線転換を実現するのに十分な指導力を発揮しないまま、二年で退任した。原口に代わり、一九五八年七月の第一〇回大会で総評議長に就任したのは、太田薫であった。太田・岩井ラインは、高野派と対抗しつつも、中立主義の立場からアメリカの冷戦政策に反対する姿勢をとり、アイゼンハワー政権の当初の期待とは反対に、六〇年安保に向けて共産党との提携に傾いていった。

## 四　構造変容の進展

一九五七年二月二五日、親米的な岸信介内閣が成立した。それから三ヵ月後、岸の実弟である佐藤栄作は、マッカーサー (Douglas MacArthur II) 大使に対して、総評の勢力を削ぐために、日本政府が新たな労働政策を検討していると伝えた。[29]また、岸首相は、九月一八日のハーター (Christian Herter) 国務次官との会談で、政府の強硬策が徐々に総評を弱体化させつつあると表明した。[30]アイゼンハワー政権は、こうした岸内閣の労働政策を高く評価した。ダレス (John Foster Dulles) 国務長官は、九月二三日に藤山愛一郎外相と会談し、「日本政府が熱心に日本の労働問題に取り組もうと企図しているのは大変好ましい」と述べた上で、「日本の労働運動が共産主義者に支配されないことは重要である」と語った。[31]

一方、国際自由労連は、岸内閣の攻撃に晒されていた国労の要請に応えて、一九五七年一一月に国際運輸労連（ＩＴＦ）と共同で代表団を派遣し、団結権および団体交渉権に関するＩＬＯ第八七号条約の批准闘争の支援を決定した。マッカーサー大使は、この決定について「困惑させるもの」であると国務省に書き送った。(32) 一九五八年六月には、国際自由労連のミラード（Charles Millard）組織部長が日本を訪問し、岸内閣の圧力に対抗するために労働戦線の統一が必要であると力説し、総評の好意的な反応を得た。しかし、AFL系が主導権を握るAFL-CIOは、総評と全労の統一に消極的であり、翌月の国際自由労連執行委員会で、ミーニー（George Meany）会長が、ミラードの報告書を強く批判した。(33) 国労と並ぶ総評の有力単産の炭労が展開した三池闘争についても評価が分かれた。国際自由労連は、それを経済闘争とみなし、国際鉱山労連（MIF）とともに炭労に資金援助を行ったが、マッカーサー大使は、「アメリカ政府、国際自由労連、アメリカの労働組合の対日政策の目的に反するものである」と批判した。(34)

アメリカ政府とAFL-CIOは、全労を支持した。その最も重要な出来事は、六〇年安保の後に行われた滝田実議長の訪米であった。マッカーサー大使は、国務省に繰り返し電報を送り、総評のリーダーたちが共産主義諸国を訪問した際、フルシチョフ（Nikita Khrushchev）、毛沢東、周恩来らと会見するなど、丁重なもてなしを受けていることに言及しつつ、全労の威信を高めるため、トップ・レヴェルの政府高官や労働組合指導者との会談の機会を設けるよう求めた。(35) 一九六一年二月一九日に国際協力局のプログラムで渡米した滝田は、三月三日に大統領就任一ヵ月ほどのケネディ（John F. Kennedy）と会談した。滝田は、ケネディ大統領に会った初の日本人となったばかりでなく、アメリカ大統領と実質的に意見を交換した初めての外国の労働組合指導者となった。また、滝田は、AFL-CIOのミーニー会長とも意見交換を行った。駐日大使館は、滝田の訪米を「顕著な成功」と評価した。(36)

一九五〇年代後半に、アイゼンハワー政権は、多くの全労の指導者をアメリカに招待した。この当時、アメリカ政府による日本の労働組合の招待プログラムには、二つの主要なものがあった。一つは、国務省による日米労働交流プログラムである。これは、アメリカの一九五三会計年度から新たに開始されたものであり、毎年、五人から一〇人の労働運動家を招聘し、三ヵ月間にわたって労働事情や労働組合を見学させるものであった。岩井章が一九五五年に訪米したのも、このプログラムであった。もう一つは、対外活動本部の後身の国際協力局が担当する生産性プログラムである。重要なのは、前者において、総評と全労が人数的に拮抗していたのに対し、後者では、全労が総評を陵駕していたことである。しかも、一九五五年に開始された後者の方が、規模が遙かに大きかった。アイゼンハワー政権の全労支持は、訪米プログラムにも示されていた。

全労は、一九五〇年代後半、生産性運動に参加する姿勢を強めていった。全労の最大の加盟単産である全繊同盟は、電労連（全国電力労働組合連合会）、自動車労連（日本自動車産業労働組合連合会）とともに、一九六〇年に日本生産性本部に正式に加入した。全繊会長でもある滝田全労議長は、一九六一年三月一日のラスク（Dean Rusk）国務長官との会談で、共産党を利することにつながるとして、財政上の理由から生産性プログラムを中止しないよう要請した[37]。生産性プログラムは、日本の国際競争力を高めただけでなく、全労とアメリカの結びつきを強化する役割を果たしたのである。国内的にみると、生産性運動は、高度経済成長への貢献者という正統性を全労に付与した。全労系の労働組合は、技術革新の過程で経営者に積極的に協力しつつ、合理化に反対する総評傘下の「第一組合」に対抗する「第二組合」を結成し、それを通じて組織を拡大した。その結果、民間部門において、全労と総評の規模は徐々に接近していった。アイゼンハワー政権は、生産性プログラムと全労をもって、総評に対抗したのである。

ところが、同時に、生産性運動によって強化された日本の国際競争力は、次第にアメリカの労働組合にとって脅威となった。一九五六年一二月二〇日、UAW（全米自動車労組）のヴィクター・ルーサー（Victor Reuther）国際部長は、国務省の担当官と会談を行い、AFL-CIOの産業別組合部門に所属する組合が日本のアメリカ市場での競争力の高さに懸念を示していることを伝えた。そして、以下の二つの提案を行った。一つは、繊維、造船、電機、自動車などの労働組合代表をアメリカに招待し、チープ・レーバーを打開するための協力策について話し合うという構想であった。もう一つは、アメリカの労働組合、国際自由労連、国際産業別組織（ITS）が資金を提供して、日本に労働教育機関を設立するという計画であった。いずれも、アメリカの労働組合が、日本の労働組合による生活水準引上げの努力を支援することを目的としていた[38]。

ＵＡＷを中心とするＣＩＯ系は、一九五〇年代末、国際公正労働基準（International Fair Labor Standards）という概念を、ＡＦＬ-ＣＩＯや国際自由労連などに導入しようと試みた。低賃金国からの輸入の増大によって、深刻な失業問題が発生していたためである。重要なのは、この概念が、ＧＡＴＴ（関税および貿易に関する一般協定）に代表される自由貿易体制と両立するものとして打ち出されたことである。第二次世界大戦前のような保護主義によってではなく、国際的に公正な労働基準を設定することで、輸出国の賃金と労働条件を引き上げ、自由貿易に伴う国際的な経済摩擦を緩和しようとしたのである。そして、当該国の生活水準の改善は、ＧＡＴＴやＩＬＯ（国際労働機関）といった国際機関だけでなく、その国の労働組合運動の強化を通して実現されることが望まれた。日本の繊維産業や金属産業は、国際公正労働基準をめぐる議論の焦点の一つであった。

こうしたなか、国際産業別組織の一つであるＩＭＦ（国際金属労連）が対日活動を強化した。注目すべきは、ＩＭＦが、一九五五年五月のＩＭＦ中央委員会で確認したように、日本の組織化に際して、金属労組を再編成し、統一体を結成することをねらっていたことである。鉄鋼、電機、自動車、造船といった部門別に分裂していただけでなく、ナショナル・センターへの所属をめぐりイデオロギー的に分裂していた各組合を纏め上げ、共産党系を排除した単一の金属労働戦線を作り上げることが、ＩＭＦの目標であった。それは、共産党の浸透を阻止することに資するばかりでなく、経営者に対する労働組合の力を強め、日本の金属産業における賃金と労働条件の改善に貢献するものであった[39]。

この中央委員会での決定により、日系カナダ人のミヤザワ（Joe Miyazawa）が訪日し、金属労組と接触した。しかし、加盟の意向を示したのは、総同盟傘下の全金同盟（全国金属産業労働組合同盟）と造船総連（全国造船労働組合総連合）にとどまった。そこで、ミヤザワは、総評系や中立系の労働組合の協力を確保するまで、いかなる組織の加盟も認めないよう勧告した[40]。ＩＭＦは、この勧告に従い、対日活動を活発化すべく、一九五七年八月一日に日本事務所を開設した。こうして日本での組織化を開始したＩＭＦは、国際自由労連と共通の対日政策を持ちながらも、国際産業別組織である自らこそがそれを適切に実現できると考えていた。ヴィクター・ルーサーは、次のように述べた。「日本の労働組合との関係において、経済もしくは労働組合をめぐる問題よりも政治問題を重視するという、国際自由労連と同じ落とし穴にはまらなければ、ＩＭＦは、国際自由労連が失敗した日本という場所で、おそらく成功を収めることができると思う[41]」。対日労働政策の基本的性格は、一九五〇年代後半に政治から経済へと徐々に変貌し、一九六〇年代半ばの転換を導いたのである。

## 五　ＩＭＦ－ＪＣと同盟の成立

一九六一年一月二〇日に就任したケネディ大統領は、進歩的な日本研究者として知られていたライシャワー（Edwin Reischauer）ハーヴァード大学教授を駐日大使に任命した。四月一九日に来日したライシャワーは、全労の指導者だけでなく、太田薫や岩井章といった総評の首脳とも積極的に会談した[42]。ケネディ＝ライシャワー路線の下での対日労働政策は、総評との関係を重視するものとなった。国務省は、最終的に一九六二年三月に決定した対日政策文書で、全労に好意を示すと断りながらも、総評の非共産主義者とアメリカをはじめとする西側の労働組合指導者との幅広い接触を推進すると謳った[43]。これは、アイゼンハワー政権の下で、対総評強硬策をとる国務省を批判して労働省が主張していた方針であった[44]。アメリカの対日労働政策は、「反共産主義的アプローチ」から「社会民主主義的アプローチ」に接近したといえよう。

ケネディ政権が対日労働政策を転換した背景としては、民主党政権の性格のほか、以下の三つの理由が考えられる。第一に、安保闘争の衝撃である。総評は、野党第一党の社会党の組織基盤であったばかりでなく、革新国民運動の中核を担い、安保条約の改定に反対して、共産党とも提携しつつ、大衆運動を組織した。その運動の結果、アイゼンハワー大統領の訪日は中止され、岸内閣も新条約が国会で自然承認された後、退陣を余儀なくされた。アメリカでは、この六〇年安保をめぐる政治危機を受けて、対日政策の見直しを求める機運が高まった。その代表的なものが、『フォーリン・アフェアーズ』に掲載されたライシャワー論文「日本との絶たれた対話」であった。総評との対話は、ライシャワー大使にとって、日米関係を再構築する上で必要不可欠な政策であった。

第二の理由は、日本の高い国際競争力である。ケネディ政権は、アメリカの一九六二会計年度末をもって、日本に対する生産性プログラムを停止した。これは、日本生産性本部の活動に打撃を与え、ひいては生産性運動を一つの拠り所としていた全労系の労働組合にも衝撃を与えた。さらに、それに伴い、国際協力局が担当する訪米プログラムも停止し、翌年度から国務省が担当する日米労働交流プログラムが新規に実施され、これに一本化された。生産性プログラムでは、総評よりも全労が優先されたのに対し、この国務省のプログラムでは、全労と総評は同等の扱いを受けた。当然ながら、全労はアメリカ政府に見直しを強く求めた。しかし、それは受け入れられなかった[45]。ケネディ政権は、全労と生産性プログラムという前政権の対日労働政策の二つの柱を重視しなくなったのである。

第三の理由は、総評の穏健化である。社会党内の左右両派の対立は、総評と全労の対立と連動しつつ、六〇年安保に向けて昂進し、最右派の西尾末広派と河上丈太郎派の一部が脱党して、一九六〇年一月二四日に民主社会党を結成した。社会党の分裂は、国労など総評加盟の労働組合に組織動揺をもたらした。総評主流派は、それを食い止めるため、民社党結成の一日前に「日本的労働組合主義」と呼ばれる新方針を発表し、経済闘争が政治闘争に発展せざるを得ないと主張しつつも、経済闘争の重要性を強調した。さらに、安保闘争が改定を阻止し得ず、敗北に終わったことは、総評の穏健化を促進した。総評は、一九六一年八月の第一七回大会で、「日本的労働組合主義」を謳う運動方針を決定するとともに、AFL-CIOなど資本主義諸国の労働組合との共同行動や国際自由労連との提携に積極的な姿勢を打ち出した。

以上のような総評の転換は、貿易自由化の進展により日本経済が自由主義陣営に深く組み込まれていったことも、背景としていた。一九六二年八月の総評第一九回大会は、国際自由労連と世界労連に対して組織的中立の立場をとることを表明しながらも、資本主義諸国の労働組合との交流や連帯を深めることを正式に決めた。その理由とされたのは、自由主義陣営内部での経済競争の激化である。それにより日本と他の国の賃金や労働条件が密接に関係するようになったというのが、総評の認識であった。また、もう一つの理由として挙げられたのは、欧米からの技術輸入である。日本の新技術が欧米資本主義諸国から導入されている以上、それらの国の労働組合のストライキ戦術、賃金闘争、合理化反対闘争などの経験を学ばなければならないと、総評は考えたのである。

総評と国際自由労連の関係は、前者の中立主義と後者の政治的性格ゆえに、必然的に限界があった。それゆえ、国際産業別組織が、日本の労働組合、とりわけ総評やそれに近い路線をとる中立労連(中立労働組合連絡会議)の各単産を西側陣営に結びつける媒介となった。一九六〇年代前半に、いくつかの総評傘下の労働組合が、新たに国際産業別組織に加盟した。全日通(全日通労働組合)が一九六三年に国際運輸労連に加入し、その翌年には、太田総評議長の出身単産である合化労連が、国際石油化学労連(IFPCW)に参加した。なかでも最も重要な役割を果たしたのは、IMFであった。金属産業は、数と質の両面において、労働組合運動の主導的な地位を占めていたからである。IMFは、一九六一年に二度にわたり、使節団を日本に派遣した。すなわち、四月から五月にかけて中立労連に加盟する電機労連(全日本電機機器労働組合連合会)の招待により来日し、九月には総評傘下の鉄鋼労連(日本鉄鋼産業労働組合連合会)の結成一〇周年記念大会に出席した。また、五月にローマで開かれたIMF第一九回大会に、電機労連の竹花勇吉委員長、鉄鋼労連の宮田義二書記長らが出席した。

アメリカの金属労組もまた、日本のカウンター・パートとの関係を深めた。一九六一年四月から五月にかけて、国際金属労連とともに、アメリカ電機・ラジオ・機械労働組合(ＩＵＥ)およびアメリカ機械工連盟(ＩＡＭ)の代表が来日し、電機労連と交流した。電機労連からも、野口勝一副委員長らが、ＩＵＥの招待で、同年一〇月に渡米した。一九六二年に入り、春闘の最中の二月から三月にかけて、鉄鋼労連の賃金闘争を支援するため、全米鉄鋼労組(ＵＳＷＡ)の使節団が訪日した。さらに、五月には、元ＣＩＯ書記長でＩＵＥ会長のケアリー（James Carey）が、ＡＦＬ-ＣＩＯ副会長とＩＭＦ会長代理を兼ねて、電機労連結成一〇周年記念大会に出席し、ケネディ大統領のメッセージを披露した。アメリカ政府は、自国の労働組合と協力しつつ、電機労連をはじめとする日本の金属労組を西側に引き込もうとしたのである。

一九六二年一一月、ＵＡＷのウォルター・ルーサー（Walter Reuther）会長が、実弟のヴィクター・ルーサー国際部長を伴い、国務省の日米労働交流プログラムの一環として来日した。元ＣＩＯ会長のルーサーは、国際金属労連自動車部会会長、国際自由労連副会長、ＡＦＬ-ＣＩＯ副会長といった肩書きを持ち、ＡＦＬ-ＣＩＯの内部では、元ＡＦＬ会長で強硬な反共産主義者のミーニーと対立する関係にあった。ルーサーの対日政策の目標は、共産主義勢力の労働組合への浸透を阻止することと並んで、日本の賃金と労働条件を向上させることに置かれていた。戦闘的な労働組合を支援しつつ、労働戦線の統一を実現し、それらを通して日本の労働者の生活水準を引き上げることは、共産主義への抵抗力を高めると同時に、日本の低コスト輸出を減少させ、アメリカの労働者の利益を守ることにつながると、ルーサーは考えた。ミーニーが全労に肩入れし、総評を敵視したのに対して、ルーサーは、総評を支持しないまでも、その戦闘性を高く評価し、総評と全労の統一を望んだ[46]。

ルーサー兄弟は、以上の認識から、全労傘下の労働組合が支持する生産性運動を共産主義と並ぶ脅威とみなした。

ヴィクター・ルーサーは、一九六三年九月のＩＭＦ中央委員会で、「日本における脅威は、共産主義や誤った中立主義の考えからだけ生じているわけではない。日本の労働組合にとって、もう一つの脅威は、経営者が企業別組合を自らの利益のための道具として用いようとしていることである。日本には生産性本部が存在しているが、経営者といくつかの労働組合によって構成されている同本部は、残念なことに、あまりにも長くアメリカ政府の支援を受けてきた。日本生産性本部は、経営者によって支配されており、非常に保守的な労働組合運動を助長している」と述べた。そして、「我々は、当然ながら、自動車産業、電機産業、造船業の賃金水準や競争力に関心を持っているが、それらの産業の労働者は経営者に対抗する力量を持っていない」と付け加えた。(47) ルーサー来日の目的の一つは、生産性運動による労働組合の企業主義化の阻止であった。

ウォルター・ルーサーは訪日中、総評、全労、新産別(全国産業別労働組合連合)、中立労連の労働四団体に対して、二つの重要な提案を行った。一つは、賃金調査センターの設置である。金属産業を手始めとして賃金に関する調査を行うための機関を、日本の労働四団体と欧米の労働組合の共同で東京に設置し、その調査結果を武器に日本の低賃金を打破しようという構想であった。それと同時に、この機関を媒介として、総評と全労の共同闘争を実現し、労働戦線統一を促進することも、企図された。(48) しかしながら、総評が積極的な態度をとったものの、全労およびその後継組織の同盟が慎重な姿勢を示したため、賃金調査センターの設置は、一九六五年一月三〇日までずれ込んだ。センターは翌年半ばから造船や鉄鋼などの実態調査を行ったが、同盟が消極的な姿勢を崩さなかったこともあり、結局、顕著な成果をあげないまま、設立から三年後の一九六八年三月三一日に解散した。つまり、ナショナル・センター間の対立は容易には解消されず、賃金調査センターの試みは失敗に終わった。

もう一つの提案は、金属労組のＩＭＦへの一括加盟である。ルーサーの訪日は、電機労連と鉄鋼労連を中心として進められていた日本協議会設立の動きを促進し、その結果、一九六四年五月一六日にＩＭＦ‐ＪＣが設立された。鉄鋼労連からの正式加盟は八幡製鉄労組など二単組にとどまったが、電機労連、造船総連、全国自動車（全国自動車産業労働組合連合会）、全機金（全国機械金属労働組合）をはじめ、労働四団体を横断する五四万人の金属労働者が結集した。その背景には、結成大会の宣言にみられるように、「国際貿易の自由化、巨大資本の国際的な技術提携や資本提携」という趨勢が、西側の国際産業別組織であるＩＭＦに連結した金属労組の結集を必要としている、という認識があった。総評や同盟は、ナショナル・センターの枠組みを超えるこの動きを批判的に捉えた。しかし、一九六六年に鉄鋼労連が正式に加盟するなど、ＩＭＦ‐ＪＣは徐々に組織を拡大し、次第に日本の労働組合運動の主導権を握っていった。(49)

ＩＭＦ‐ＪＣが結成された一九六四年、同盟も成立した。全労は内部の組織競合を解消すべく一九六二年四月二六日に全労、総同盟、全官公（全日本官公職労協議会）からなる同盟会議（全日本労働総同盟組合会議）に移行し、さらに一九六四年一一月一〇日、一七四万人の労働者を擁する同盟が結成された。この過程で、全労は、国際自由労連に一括加盟を申請し、一九六四年三月の執行委員会で認められた。国際自由労連は、全労の加盟に終始消極的であったが、以下の二つの理由で認めるに至った。第一は、一九五四年の個別加盟方式が総評の一括加盟を実現する時間を稼ぐための暫定的な措置であり、国際自由労連の規約がナショナル・センターの加盟を原則としていたことである。第二に、全労の組織が拡大する一方、日教組（日本教職員組合）など総評傘下の単産が相次いで脱退した結果、一九六二年六月の時点での国際自由労連の加盟組合の構成が、同盟会議一七二万、総評四七万五〇〇〇と大きく逆転していたことである。一九六〇年代前半の全労ないし同盟の台頭は、引き続き著しかったのである。(50)一九六五年一月一日、全労を引き継いで、同盟が国際自由労連に一括加盟した。

## 六　おわりに

これまで述べてきた通り、アメリカの対日労働政策には、「反共産主義的アプローチ」と「社会民主主義的アプローチ」が存在していた。これら二つのアプローチは、相互に対立しながら、共産主義勢力の日本の労働組合に対する浸透を排除するものであった。しかし、最大のナショナル・センターの総評は中立主義を掲げ、それに対抗して結成された全労は組織的に脆弱であった。だが、一九五〇年代半ば以降の日米貿易の拡大による経済的相互依存の進展は、そうした状況を徐々に変化させた。アイゼンハワー政権によって実施された生産性プログラムは、日本の国際競争力を強化する一方、全労の組織的拡大に寄与した。AFL-CIOは、AFL系を中心に全労を支持する立場をとったが、日本からの輸入がアメリカの労働者に脅威を与えるようになると、CIO系の組合の主導によって、対日政策の重点を生活水準の引上げに変化させ、総評との関係構築や労働戦線の統一に傾斜した。ケネディ政権の対日労働政策は、それに添うものとなった。

一九六四年の同盟の結成とIMF-JCの成立は、ともに対日労働政策を大きく転換させたが、それらが有する意味は必ずしも同一ではなかった。まず、「反共産主義的アプローチ」によって生み出された同盟は、AFL系が主導権を握るAFL-CIOと緊密な関係を続けた。一九六八年七月一日、ルーサー率いるUAWがAFL-CIOを離脱し、翌年二月二八日にはAFL-CIOが国際自由労連から脱退した。その最大の背景となったのは、一九六〇年代半ば以降、TUCなどの西欧の労働組合やUAWが東西交流に積極的な姿勢に転じたことであった。同盟は、その後も国際自由労連に加盟し続けたものの、AFL-CIO寄りの立場をとり、アジアで反共産主義的な労働組合運動を育成すべく、韓国労総(韓国労働組合総連盟)や南ヴェトナム労働総同盟を支援した。周知のように、民社党は過度の反共産主義的な性格ゆえに西欧的な意味での社会民主主義政党とは評価されなかったが、その一因は支持基盤である同盟の親米的な方針にあった。

他方、IMF-JCは、「社会民主主義的アプローチ」の成果であった。それは、しばしば企業主義的と評価されるが、実はそれを克服すべく結成されたのである。一九六七年一月、総評の傘下で国際自由労連にも加盟する全逓(全逓信労働組合)の宝樹文彦委員長が、西側指向の金属労組の結集体であるIMF-JCと西欧の社会民主主義政党への支持を表明しつつ、共産党系労働組合を排除した労働戦線統一を提唱し、さらにそれを基盤とする社会・民社両党の再統一を主張した。このことは、IMF-JCが社会民主主義的な性格を持っていたことを端的に示している。鉄鋼労連や電機労連は、この宝樹提案に始まる第一次労働戦線統一運動で積極的な役割を果たした。そして、一九七〇年代の江田三郎を中心とする社公民路線は、それと軌を一にするものであった。第一次労働戦線統一運動は、総評結成の理念を引き継ぐものであり、それが急進化した一九五〇年代前半以降、西欧的な意味での社会民主主義勢力を確立する可能性があったとすれば、おそらくこれが最大のチャンスであった。

しかし、IMF-JC結成のインパクトをナショナル・センターにまで波及させようとする第一次労働戦線統一運動は、総評の左派系組合の反対で、一九七三年七月一三日に失敗に終わった。IMF-JCの結成後も、総評においては中立主義が依然として支配的であった。このことは、国際経済からの影響の希薄な官公労や中小企業労組が総評の加盟単産の多数を占めていたことと関係していた。一九六八年に総評は四二〇万八〇〇〇人を組織していたが、そのうち六一%は官公労働者であった。民間部門についてみると、その前年に同盟が総評を数的に逆転した。一九五〇年代半ば以降の経済的相互依存の深化とともに、IMFをはじめとする国際産業別組織が対日活動を強化したが、総評が以上のような組織構成である以上、それは大きな限界を伴ったのである。加えて、ヴェトナム戦争が、西洋の植民地主義に対する反感を強め、両陣営間での中立とアジア・アフリカの連帯を訴える総評の路線を後押しした、という事情もあった。

最終的に、労働戦線の統一は、一九八九年一一月二一日の連合(日本労働組合総連合会)の結成によって達成された。ところが、生産性運動を通じて育成された企業主義的労働組合は、その時点までに広く定着していた。なかでもIMF-JCは、労働組合の統一中央組織と社会民主主義政権による支えを欠いたまま、二度のオイル・ショックを経て、当初の社会民主主義的性格を希薄化させ、企業主義的色彩を強めた。つまり、一九六〇年代半ばにルーサー兄弟が恐れ、阻止しようとした事態が、現実のものとなったのである。そうした状況の下、初代連合会長に就任した全電通(全国電気通信労働組合)の山岸章委員長は、宝樹の路線の継承者として、社会・民社両党の結集を軸とする社会民主主義勢力の強化に努めた。しかし、政治改革のうねりのなかに飲み込まれ、失意のまま退陣を余儀なくされた[51]。結果として、「社会民主主義的アプローチ」は、「反共産主義的アプローチ」に敗北を喫したのである。

(1)　中北浩爾『一九五五年体制の成立』(東京大学出版会、二〇〇二年)。

(2)　福永文夫『占領下中道政権の形成と崩壊——GHQ民政局と日本社会党』(岩波書店、一九九七年)。

(3)　アメリカの対日労働政策については、竹前栄治による一連の研究がある(『アメリカ対日労働政策の研究』日本評論社、一九七〇年、『戦後労働改革——GHQ労働政策史』東京大学出版会、一九八二年)。しかし、それらの分析の対象は、占領期にとどまっている。なお、この分野の近年の成果として、小笠原浩一『労働外交——戦後冷戦期における国際労働連携』(ミネルヴァ書房、二〇〇二年)、がある。この研究は、全繊同盟を中心とする「アジア繊維労働者地域組織」の結成過程を分析するものであるが、労働組合のみで政府の分析を欠いていること、アメリカの労働組合を一枚岩的に描いていることなどの問題がある。

(4)　AFLの外郭団体のFTUC(自由労働組合委員会)がCIAから資金援助を受けていたことは、すでに実証的に明らかになっている。しかし、両者は、それぞれの思惑によって協力したにすぎず、大きな摩擦が伴った。Anthony Carew, "The

American Labor Movement in Fizzland: the Free Trade Union Committee and the CIA," in *Labor History*, Vol. 39, No. 1 (1998).

(5) Ronald L. Filippelli, *American Labor and Postwar Italy, 1943–1953: a Study of Cold War Politics* (Stanford University Press, 1989) ; Stephen Burwood, *American Labour, France and the Politics of Intervention, 1945–1952: Workers and the Cold War* (Edwin Mellen Press, 1998).

(6) 以下、日本国内の動きについては、労働省編『資料　労働運動史』(労務行政研究所、各年版)、を参照したが、煩雑になるのを避けるため注を省略した。

(7) Anthony Carew, et al., *The International Confederation of Free Trade Unions* (Peter Lang, 2000), pp. 165–199.

(8) Memo for Record, Labor Division, "Attendance of Japanese Delegation at London Conference to Organise New Free World Trade Union Organisation," September 6, 1949, ESS(A)-00750, GHQ/SCAP Records (hereafter GHQ/SCAP), National Diet Library, Tokyo, Japan.

(9) 中北浩爾『経済復興と戦後政治——日本社会党　一九四五—一九五一年』(東京大学出版会、一九九八年)、二六二頁。

(10) ブラッティについては、竹前栄治『増補改訂版　ＧＨＱ労働課の人と政策』(エムティ出版、一九九一年)、V—二。

(11) Memo for Record, Labor Division, November 22, 1949, ESS(B)-16686, GHQ/SCAP.

(12) Burati to Oldenbroek, March 17, 1951, ESS (B)-16645, GHQ/SCAP.

(13) Labor Division Monthly Report for March 1951, ESS(D)-01651, GHQ/SCAP.

(14) Okura to Krane, August 23, 1952, International Confederation of Free Trade Unions Papers (hereafter ICFTU) 3526, International Institute of Social History, Amsterdam, Netherlands.

(15) Memorandum of Conversation, March 28, 1952, 894.062/3–2852, in *Records of the U.S. Department of the State Relating to the Internal Affairs of Japan, 1950–1954* (Scholarly Resources, 1986), Reel 28.

(16) 『労働パシフィック』創刊号(一九五二年九月三日発行)、LAB13/766, Public Record Office, Kew, UK.

(17) Carew, "The American Labor Movement in Fizzland," *op. cit.*, p. 27.

(18) Carwell to Hamley, January 21, 1953, in *Confidential U.S. State Department Special Files, Japan, 1947–1956* (hereafter *CUSSDJ, 1947–1956*) (University Publications of America, 1990), Reel 27.

(19) Agenda Item 7(1): Report on Japan, ICFTU Executive Board, December 1–5, 1952, ICFTU 18.

(20) NSC125/6, June 29, 1953, in Osamu Ishii and Naoki Ono (eds.), *Documents on United States Policy toward Japan, 7* (hereafter *DUSPJ, 7*), *Vol. 7*, (Kashiwashobo, 1999).

(21) 「ニクソン副大統領の動静に関する件」一九五三年一一月一六日、「ニクソン副大統領の動静及び行動予定に関する件」一九五三年一一月一九日、「新木大使発岡崎大臣宛電報」一九五三年一二月一八日、第一五三一号(外務省外交記録『米国要人本邦訪問関係　ニクソン副大統領関係』リールA'〇一四一)。

(22) Progress Report on NSC 125/2 and NSC 125/6, October 28, 1954, *DUSPJ, 7, Vol. 8*.

(23) 全労は結成時の総評の路線を引き継ぐものであるとしばしば評価されるが、「社会民主主義的アプローチ」によって結成された総評と「反共産主義的アプローチ」によって設立された全労は明確に区別されるべきであるというのが、本論文の主張である。

(24) Agenda Item 13(a): Brief Interim Report on the Trade Union Situation in Japan Submitted by M. C. Bolle, ICFTU Executive Board, May 24–29, 1954, ICFTU 33; Minutes, ICFTU Executive Board, November 24–28, 1954, ICFTU 38.

(25) 中北、前掲『一九五五年体制の成立』一一二―一一三、二二六―二三〇頁。

(26) Tokyo to the Secretary of State, March 23, 1955, No. 2352, 794.00/3–2555, in *Records of the U.S. Department of State Relating to Internal Affairs of Japan, 1955–1959* (hereafter *RDOS, IAJ, 1955–1959*) (Scholarly Resources, 1990), Reel 25.

(27) Sullivan to Robertson, August 1, 1955, 894.062/8–155, *RDOS, IAJ, 1955–1959*, Reel 5.

(28) Calvert to Greenhough, September 13, 1956, LAB 13/1044.

(29) Tokyo to the Secretary of State, May 15, 1957, No. 2624, 894.06/5–1557, *RDOS, IAJ, 1955–1959*, Reel 5.

(30) *Foreign Relations of the United States, 1955–1957, Vol. 23* (hereafter *FRUS, 1955–1957, Vol. 23*) (United States Government Printing Office, 1991), p. 480.

(31) *FRUS, 1955–1957, Vol. 23*, p. 492.

(32) Tokyo to the Secretary of State, January 30, 1958, No. 1966, 894.062/1–3058, *RDOS, IAJ, 1955–1959*, Reel 6. なお，ＩＬＯ八七条問題については，Ehud Harari, *The Politics of Labor Legislation in Japan: National-International Interaction* (University of California Press, 1973).

(33) Minutes, ICFTU Executive Board, July 3–5, 1958, ICFTU 81.

(34) Tokyo to the Secretary of State, May 18, 1960, No. 3734, 894.062/5–1860, in Osamu Ishii and Naoki Ono eds., *Documents on United States Policy toward Japan, 3* (hereafter *DUSPJ, 3*), *Vol. 7* (Kashiwashobo, 1997).

(35) Tokyo to the Secretary of State, January 3, 1961, No. G-746, 894.062/1–361; Tokyo to the Secretary of State, January 11, 1961, No. 1960, 894.062/1–1161; Tokyo to the Secretary of State, January 25, 1961, No. 2099, 894.062/1–2561; Tokyo to the Secretary of State, February 14, 1961, No. 2306, 894.062/2–1461, all in *Confidential U.S. State Department Central Files, Japan, 1960-January 1963* (hereafter *CUSSDJ, 1960–1963*) (University Publications of America, 1997–1998), Reel 15.

(36) Tokyo to the Department of State, April 10, 1961, No. 1140, 894.062/4–10061, *CUSSDJ, 1960–1963*, Reel 16.

(37) Memorandum of Conversation, March 1, 1961, 894.062/3–161, *CUSSDJ, 1960–1963*, Reel 15.

(38) Memorandum of Conversation, December 20, 1956, *CUSSDJ, 1947–1956*, Reel 37.

(39) Minutes, IMF Central Committee, May 17 and 18, 1955, International Metalworkers' Federation Papers (hereafter IMF) 3, International Institute of Social History, Amsterdam, Netherlands.

(40) Minutes, IMF Executive Committee, May 21, 1956; Minutes, IMF Executive Committee, October 12, 1956, both in IMF 13.

(41) Minutes, IMF Central Committee, September 16 and 20, 1957, IMF 3.

(42)　エドウィン・O・ライシャワー『ライシャワー自伝』(文藝春秋、一九八七年)、二九二頁。

(43)　Department of State, "Guidelines for Policy and Operations, Japan," March 1962, National Security Files, Box 124, John F. Kennedy Library.

(44)　Lodge to Persons, September 29, 1959, 894.06/2-1760, *DUSPJ, 3, Vol. 7*.

(45)　Memorandum of Conversation, March 2, 1962, 894.062/3-262, *CUSSDJ, 1960–1963*, Reel. 16; Memorandum of Conversation, March 7, 1963, in *Confidential U.S. State Department Central Files, Japan, February 1963–1966* (University Publications of America, 1997), Reel 22.

(46)　Anthony Carew, *Walter Reuther* (Manchester University Press, 1993), pp. 120–121.

(47)　Minutes, IMF Central Committee, September 11–13, 1963, IMF 5.

(48)　Walter Reuther to Graedel, December 12, 1962; Walter Reuther to Becu, December 13, 1962, both in UAW President's Office: Walter P. Reuther Collection, 438-13, Walter P. Reuther Library, Wayne State University.

(49)　ＩＭＦ－ＪＣ結成については、ＩＭＦ・ＪＣ一〇周年史編纂委員会編『ＩＭＦ・ＪＣ一〇年の歩み』(全日本金属産業労働組合協議会、一九七六年)、が詳しい。

(50)　Agenda Item 5(b) (iii): Report of the Mission to Japan, ICFTU Executive Board, December 2–5, 1963, ICFTU 111; Minutes, ICFTU Executive Board, March 2–4, 1964, ICFTU 119; Okura to Mapara, September 9, 1963, ICFTU 2520.

(51)　中北浩爾「連合」、佐々木毅編『政治改革１８００日の真実』(講談社、一九九九年)。

[付記]　本論文は、国際文化会館社会科学国際フェローシップ(大和日英基金・新渡戸フェローシップ)および労働問題リサーチセンター研究助成による成果の一部である。

# 第5章　野党指導者としての江田三郎

空井　護

## 一　はじめに

一九五五年から三八年間もの長きにわたり野党第一党の地位に甘んじ続けたという事実を踏まえれば、日本社会党において「権力への意志」を顕わにした指導者が少ないことは決して驚くに値しない。例外的存在たり得たかも知れない西尾末広は早々に党を追われ、飛鳥田一雄は自らの委員長時代を振り返りつつ、「ボクは最初から政権の夢なんか持っていないよ(1)」と語って憚らなかったのである。たしかに、「社会主義の夢」を熱心に語り記した指導者は少なくない。また、「社会主義」の実現には政権獲得が不可欠の前提であることを疑う者も、まずいなかった。にもかかわらず、いかなる政権をどのように樹立するかという点について、時代状況と正面から向き合い、真剣に考察をめぐらし、積極的に問題を提起した指導者はほとんど見当たらない。たとえ彼／彼女らが「権力への意志」を備えていたとしても、多くの場合それは、いまや社会党の存在それ自体とともに伝説化した感がある同党の激しい派閥抗争を支えた、「党内権力への意志」に過ぎなかったと言ってよい。

そして実のところ、社会党指導者のかかる特徴的なあり方には、社会党の政党としての同じく特徴的なあり方が見事に照応していた。社会党は一九五五年の統一時に策定した綱領（いわゆる「統一綱領」）で、自らを「労働者階級を中核とし、農民・漁民・中小商工業者・知識層その他国民の大多数を組織する勤労者階層の結合体」たる「階級的大衆政党」と規定した[2]。ここでの「大衆政党」はまずもって「階級政党」の反対概念であり、要するに「国民政党」（Volkspartei）を意味するが、同時にこの自己規定は「組織」を強調する点において、政党類型論で言うところの大衆政党《マス・パーティー》への指向性をもまた、極めて明確に示していた。かくして社会党は党組織の建設を、階級横断的に目指すことになる。しかるに、「農民・漁民・中小商工業者・知識層その他国民の大多数」に関してはもちろんのこと、「労働者階級」に関してさえも、同党は大衆政党の名に相応しい党組織を備えられはしなかった[3]。そしてこの結果、組織化の試みが失敗し続けるがゆえに絶えず党組織建設が至上課題として強調されるという循環運動が生じるなか、社会党はモデルとされた大衆政党の戦略に特徴的な防衛性[4]を先取り的に濃厚に帯び、選挙での勝利を第一義的な目標に掲げて得票極大者《ヴォート・マクシマイザー》たらんとする選挙至上主義者政党《エレクトラリスト・パーティー》[5]への指向性を著しく稀薄化させた。社会党がこうした状況にあったとき、その指導者が「権力への意志」を欠いていたとて、さほどの問題はなかったのである。

しかし、野党第一党における「権力への意志」の消失は、戦後日本の民主政にとっては大いに問題であった。そこにおいては、かつての元老のような超憲法的な後継首班選定者は存在せず、また政党間で「憲政の常道」論が規範として共有されてもいなかったから、「暴力革命」を否定する野党第一党には衆議院で多数を占める以外に政権獲得の途はなく、与党との政権獲得競争はまずもって衆議院議員選挙を舞台に展開されるはずであった。ところが「権力への意志」を喪失した社会党は、単独政権論を掲げていた一九六〇年代には毎回の選挙で充分な数の候補者を擁立せず、また連合政権論に転じた一九七〇年代以降も、選挙に先立って連合政権協議を行って代替政権構想を明確にすることもなく、政権交代が真に現実味を帯びるだけの数の候補者を連合パートナーとともに擁立したわけでもない。こうして与野党間での政権獲得競争は常に弛緩し、有権者は政権選択を迫られることがなかったのである。これでは、長期にわたって政権交代を経験しない「普通でない民主政《アンコモン・デモクラシー》」(6)が現出したとて、なんら不思議な話ではない。とはいえ何でも「普通」が良いとは限らないから、民主政が「普通でない」ことは実はさして問題ではない。問題は、政権獲得競争が慢性的に弛緩したことそれ自体にある。その場合、ことは単に民主政が「普通」か「普通でない」かといった程度にとどまらない危険性を秘めているからである。現代の議会制デモクラシーは、突き詰めれば競争的エリーティズムに他ならない(7)。しかし、それを制度として採用しながら政権獲得競争を弛緩したままに放置すれば、そこに現出するのは競争的エリーティズム以下の裸のエリーティズムである(8)。議会制デモクラシーが民主的であり続けるには、有権者からの支持の調達をめぐってエリートが不断に競争的な状態になければならないはずなのである。与野党間での激しい政権獲得競争の末に政権交代が生じないのであれば、とりあえずそれは「普通でない民主政」であろう。ところが政権獲得競争の慢性的弛緩は、民主政が「普通」でなくなるといったレヴェルを超えて、政治体制が真にデモクラシーの名に値するかどうかが問われる事態を招きかねないのである。因みに、これまで日本の政治学者として最も透徹した民主政の競争的エリーティズム理解に達したのは吉野作造であろうが、彼の戦後における「過小評価」の背景にはそれなりの現実が存在したのであり、まさにかかる現実への批判的対峙を怠ることを意味したがゆえに、「日本政治思想史研究における吉野作造の過小評価の罪(9)」はまことに大きかったと言えるのではないか。

　ところで、そうした「権力への意志」を喪失した野党第一党の、「権力への意志」を顕わにしない指導者たちのなかで、江田三郎の存在はやはり異彩を放っている。彼が党指導者への本格的擡頭を果たす際に唱えた構造改革論は、「統一綱領」における政権獲得構想の不在状況を問題化していた。また、一九七〇年代の江田は「革新連合政権」構想や「革新・中道連合政権」構想を提唱して、社会党における政権構想の欠落を鋭く衝いた。しかも実際には、一九七〇年代の江田の政権構想を裏面で支えた政権獲得構想は、かつて構造改革論で唱えられたそれを解消するものだったのである。こうして、社会党の政権をめぐる構想(政権獲得構想および政権構想)の問題点を指摘し続け、自らの構想を相次いで世に問い、状況の変化を前にしては持説の根本的修正をも躊躇《ためら》わなかったという事実こそは、彼の「権力への意志」(党内権力を超えた政治権力への意志) の激しさを裏書きするであろう。江田が「党内権力への意志」と無縁であったわけでは、もちろんない。しかし彼の言説からは、党内権力の自己目的化が生じていなかったことが十分に窺えるのである。

本稿は、構造改革論や「革新・中道連合政権」構想のうちに「失われた可能性」を探るものではない。戦後日本を文字どおり代表する野党の並み居る指導者たちのうちで、右に述べた意味で例外的存在たる江田三郎に着目し、一九六〇年代から七〇年代にかけての、政権をめぐる構想の提唱者としての彼の軌跡を、社会党の動向と関係づけながらごく簡単に追跡するものである(10)。

## 二　政権獲得構想の提唱(11)

江田が構造改革論の提唱とともに社会党指導者への擡頭を果たしたことは、よく知られている。しかしその構造改革論が、統一後の社会党における政権獲得構想の不在状況を解消すべく唱えられたことは、あまり知られていない。本節ではこの点を確認したうえで、構造改革論が唱えた政権獲得構想がその根幹部分において一九六〇年代社会党に受容されたことを指摘しておきたい。

一九六一年一月に発表した「今年のわれわれの課題」と題する論稿において、当時書記長(委員長代行)を務めていた江田は、構造改革論提唱以前の社会党が抱えていた問題点をこう要約した。

われわれの基本方針は、綱領にあきらかなように、『(ママ)暴力や武力を用いず、民主主義的な方式で、議会に絶対多数を占めることによって《（ママ）》』社会主義を実現していこうというのであるが、どのような道すじを経て絶対多数になるのか。われわれが日常展開する一つ一つのたたかいは、最終の目標とどうつながるのか、ということは、必ずしも明確でなかった。この具体的なプログラムと、日常闘争の位置づけが明確でないために、われわれの側から独占の政策を転換させるための積極的な攻撃がよわく、独占の側からつぎつぎにうちだしてくる反動攻勢を懸命にくいとめることにおわれてしまった。社会党は「何でも反対党」だという批判も、全然中傷といい切れない面があった[12]。

むろん社会党が「政策をもっていなかった」のではない。しかし、「その政策が、社会党が政権をとらなければやれないような理想的な内容であれば、直ちに大きな大衆的力になりにくい」のであり、「そうした政策をもちつつも、保守党でもやりうるはずのよりましな政策をあわせもってこそ、国民の多くを動員できる」のである。そして、そのためには「全体のプログラムがはっきりしていなければならない」。ところが、この「プログラム」を持ち合わせていなかったがために「政策が個々ばらばら」で、社会党は「その訴えに自信と迫力を欠いていた」のであった[13]。かかる反省から構造改革論が唱えられるに至った経緯を、江田は別の文章で以下のように説明している。

これまでの党の政策は政権獲得後のあり方に重点が注がれ、それに至る間の、つまり政権を獲得するための体系的な闘うプランが弱く、このために、だされてくる独占の政策を後からおいかけて「反対」を表示する消極的な態度におちいる場合が多かった。これは、政権の獲得なしには、どんな改革案も実効性がなく、独占のペースに引き込まれるだけだとする日本の左翼に共通した思想の影響によるものと思われるが、ともかく資本主義支配の枠内における闘いについて多くの弱点があったことを意味している。……このような反省から、政権獲得に至る政策体系とそのプロセスを明らかにして党の綱領を実践的により豊富なものにし、党の思想的統一をはかり、党員と民主勢力に勇気を与える必要を痛感した。(14)

それでは、構造改革論はいかなる意味において、「どのような道すじを経て絶対多数になるのか」を明らかにし、「政権獲得に至る……プロセス」を提示する政権獲得構想だったのか。再び江田に語らせよう。

この党の構想する改革のプランは、いまの独占支配の枠内で実施することのできる変革であって、労働者階級を中心に独占の被害をうける広範な大衆行動を背景にして、国民的規模で独占の権力とその活動を制限していく闘いなのである。だからわれわれが政権を獲得する以前においても政策転換の要求として迫り、積極的に生産関係にくい入ることによって部分的改革を蓄積し、独占支配の基礎をほり崩すことによって彼らを孤立させ、主体的にはこの過程を通じて反独占の国民的結集をはかり、一定の情勢と力関係のもとに、この「反独占国民連合」を基礎に護憲・民主・中立の政府をうちたて、さらにこの政府を社会主義権力に転化して社会主義への途を切り開いていくことができる、という構想に立っている。(15)

この引用の前半、すなわち「彼らを孤立させ」までの部分は、社会党が政権獲得以前に目指すべき「独占支配の基礎をほり崩す」ための「部分的改革」に関する記述であり、そこでとりわけ重要なのは「広範な大衆行動を背景にして」との語句である。構造改革論においては、「構造改革のたたかいは、強大な大衆闘争にささえられ、その発展によってのみ推進される」、あるいは「この運動は強大な大衆闘争に支えられない限り前進するものではない」として、(16)大衆闘争の重要性が繰り返し強調されたのであり、その背後には、「少数党では果たして何もできないのだろうか。

そうではない。院内勢力が少数でも、院外の多くの国民と結びつき、内外相呼応してせまれば、貫徹できる要求があるはずである[17]」との信念が存在した。「もっと日常不断のたたかいを高め、たんなる議員集団としての党の性格から、大衆運動を指導しうる党に脱皮することが要請される。このために大量の活動家群を教育し、配置することが不可欠である[18]」として、構造改革論者が社会党の取り組むべき第一の課題を大衆闘争指導可能な態勢を整えるための党組織改革に見出したのは、まさにこうした文脈においてのことである。そして、大衆闘争の実効性に関する積極的・肯定的な評価は、一九五〇年代後半に大規模に展開された抵抗闘争が一定の成果を収めたという事実によって裏付けられていたが[19]、他方で資本主義下での「部分的改革」という、「民主社会主義」との異同が必ずしも明瞭ではない活動目標を立てる以上、大衆闘争の重要性の強調は、民主社会党を「大衆を動員し、これを指導する力はなく、むしろ大衆の院外闘争を敵視さえしている[20]」単なる議会内政党・議員政党と規定してそれとの差異化を図るうえでも必要であった。

しかし構造改革論は、このように「政策転換の要求」に呼応する「部分的改革」の必要性を唱え、大衆闘争の積極的展開という条件のもとでのその実現可能性を高唱するにとどまらなかった。注(15)で引用した文章の後半、すなわち「主体的には」以下の部分が明らかにしているように、それは、直前の一九五〇年代後半に「成熟」した「反体制国民運動[21]」を、新たに「反独占」という目標を与えつつ社会党の主導のもとでより一層活発に展開すれば、「広範な大衆行動」のなかで「部分的改革」の進展とともに「反独占の国民的結集」もすすみ、社会党はそれを基盤に「護憲・民主・中立の政府」を樹立できると展望したのである。構造改革論が、「政権獲得に至る……プロセス」を提示する一つの政権獲得構想であった所以である。もとより、さしあたり樹立が目指されるべき「護憲・民主・中立の政府」は「社会主義政権ではない」。しかし、「この政府の樹立に成功し、この政府で民主主義的な改革を徹底すれば、つぎの社会主義政権、したがって社会主義社会への扉を開くことは容易になってくる」であろう[22]。こうして構造改革論は、最終的には社会主義革命をも視野に収めた、「党員と民主勢力に勇気を与える」政権獲得構想として提示されたのである。その内容を集約的に記した文章を、もう一つだけ引用しておこう。

社会党の政治方針には、社会主義権力の獲得に至るまでのおおまかなプロセスとして、次のように構想されています。民主主義的改革と構造改革の闘いを通じて国民の各階層を「反独占・国民連合」に結集し、これを基礎に社会党を中心とした護憲・民主・中立の政府をつくり、この政府によって独占の頭部(議会)をおさえ、本格的な構造改革を展開して独占の権力とその活動を制限し、これを孤立化させ、絶対多数の国民の信頼をえてこれを社会主義権力に転化させ、社会主義へ移行させるという考えです(23)。

この政権獲得シナリオには、政策を変化させることで支持の拡大を図るという発想がまるで認められない。政権獲得に向かう際に重視されるべきは、「民主主義的改革」や「構造改革」の政策としてのアピール度ではなく、その実現を求めていかに広範な「闘い」を院外で展開し、「国民の各階層を『反独占・国民連合』に結集」するかだからである。これでは社会党支持が拡大しない場合、政策の内容に問題があるからではなく、大衆闘争の規模がいまだ不十分であるからと結論されることになろう。

なお、「統一綱領」の中にも「闘争」の重要性を強調する議論はたやすく見つかる。例えばそこでは、「われわれの、この平和革命が達成される根本的条件は、わが党が日常不断に活発なる大衆の利益を擁護し伸長するための運動や闘争を発展させることによって広く勤労大衆を味方にし、国民与論の支持をうることにあるが、さらに各種の民主的、自発的諸団体を培養育成し、これらの組織と緊密な提携を有機的に強化することが決定的に重要である。このことによって始めて、平和革命実現の基礎が築かれると共に、民主主義の方式によって、社会主義制度が、安定的となってくる。この意味において、わが党は単なる議会主義に堕してはならない。われわれは、院外の大衆闘争、院内の民主的組織が、われわれの運動において有する重大な意義と役割を十分に評価しなければならない」とされ、また、「民主的な日常闘争は、根本的には、われわれの目的である、社会主義社会実現のための一つの過程における闘争である。われわれは、不断の日常闘争を常にこの目的と結びつけて把握し、それに到達する一つの段階として闘いぬく。少くとも、わが党員としてはこの認識を明かにし、大衆闘争の先頭に立って、これを指導しなければならない。これによってのみわれわれは、広汎な大衆をわが党の影響下に集め、組織に組み入れるばかりでなく、労働組合、農民組合等と共に、わが党を社会主義政党として育成し、鍛錬し、完成させる。日常闘争による党の十分なる成熟は革命のための主体的な条件の整備である」とも論じられていた[24]。しかし「統一綱領」が、「労働者階級を中核とする広汎な勤労階層の結合体である社会党は政治権力をその手に獲得し、窮極的にこれを安定化する」、「われわれはまず民主的、平和的に、社会党の政権を樹立し、これをできるだけ安定しなければならない」、「日本の現実においては、平和革命たる社会主義の闘争と同時に民族独立の闘争をも、われわれは担当する。そのためには、まずわが党が政権を掌握しなければならない」などとしながらも[25]、政権獲得プロセスをなんら明確に論じないとき、「院外の大衆闘争」や「民主的な日常闘争」の重要性が、政権獲得後における政権安定化過程と[26]「社会主義革命」の本格的な展開過程とに関してのこととして限定的に理解される可能性は十二分にあった。政権獲得構想としての構造改革論の意義は、一九五〇年代後半の政治的経験を踏まえつつ、かかる限定的な理解の余地を消した点にあったとも考えられよう。

ところがその後、周知のように構造改革論をめぐる論争は「たちまち派閥抗争に変じた」[27]。そして一九六二年一月開催の第二一回党大会において、構造改革論を「戦略路線として直ちに党の基本方針としてはならない」[28]との決定がなされたのち、同年一一月の第二二回党大会における「江田ビジョン」非難決議の採択を受け、江田は書記長を辞任する。ここに早くも構造改革派の敗退が明らかとなったのであった。

とはいえ、「江田ビジョン」が「党員をふるい立たせ、全国民の心をゆりうごかすような社会主義のビジョン」[29]として、つまり社会主義構想として提唱された以上、その否定が直ちに政権獲得構想としての構造改革論の否定を意味したはずがない。また、構造改革派の敗北が構造改革論の敗北を意味したかどうかは、第二一回党大会での構造改革論の「戦術」規定を受けて設置された社会主義理論委員会が作成にあたることになる「日本における社会主義への道」（一九六四年一二月の第二三回党大会で第一部承認、同年一二月開催の第二四回党大会で第二部承認、一九六六年一月の第二七回党大会での「補強修正」により確定、以下「道」と省略）の内容を検討したのちに、はじめて判断を下し得る問題である。そして実際のところ「道」は、構造改革論が問題視した政権獲得構想の不在状況を解消したばかりか、構造改革論との間での政権獲得構想上の連続性をもかなり顕著に示していたのである。

「道」第二部「社会主義運動の実践理論」の第二章「平和革命の条件と移行の過程」は、「今日、世界の先進資本主義諸国では武力闘争によらずに権力をかちとり、平和的に社会主義に移行することが可能となっている。すなわち武装蜂起や内乱に訴えることなく、議会と大衆闘争による民主主義的方法によって、国民の間に民主的多数派を結集して反動勢力を政治的に孤立させ、抑制し、反革命的な暴力の発動を阻止しつつ、権力の移動を実現し、社会主義の原則に基づいた社会の諸改造を行なうことが可能となっている。この平和革命の道はそれが望ましいばかりでなく、現代の革命においてもっとも有効かつ実現可能な道である[30]」との文章で始まる。それでは、「民主的多数派を結集」して「権力の移動を実現」するために、社会党には何が求められるのか。この問いに対して「道」は、「民主主義制度の発達とその意識の定着」をはじめとする「平和革命の条件」を列挙したうえで、次のように答える。

以上のように、わが国では革命の平和移行を達成する基本的条件はそなわっており、われわれがわが党を中心として革新諸勢力、組織の質量両面にわたる飛躍的強化の達成と相まって、これらの有利な条件を一層強め、正しい指導をおこなっていくなら、一定の政治的経済的危機の成熟のもとで、国民の多数を制し、革命の平和的移行を現実のものとする道は開かれている。そのためにわれわれが当面する課題は、憲法擁護と完全実施に総括されるさまざまな平和と民主主義闘争の諸課題を徹底的に遂行することである(31)。

ここでの「平和と民主主義闘争の諸課題」とは、より具体的には「平和と軍縮、非核武装、安保反対と中立、主権の完全回復、民主主義諸制度の擁護と拡大、国民諸階層の生活向上と経済諸構造の改革、教育、文化、思想改革等々」であるとされる。たしかに、この「平和と民主主義闘争」は、「搾取を廃絶する」ための「社会主義闘争とは区別せられる」。しかし、「これの実現を通じてより広く国民を結集し得るし(反独占国民戦線)、しかもこの要求の実現をはばんでいるものがほかならぬ独占体であることから、その闘争は必然的に反独占闘争へ成長転化する性格をおびており、独占を弱め孤立させていくなかで、ついには資本主義を否定する闘争へ発展する可能性をはらんでいる」のである(32)。このように論じたうえで、「道」は以下のような直線的な見通しを立てた。

われわれは、これらの民主主義的諸闘争を通じて、労働者階級を中核とし労農提携を中心とする広範な住民層に対して政治的権威を樹立し、勤労諸階級と新旧中間層との同盟をつくりあげることができる。それは具体的には、①経営、職場におけるわが党を中心とした革新的多数派の結集、②地域及び自治体の多数、③行政機構における革新多数派の結集と、④それらによる国会の多数派獲得となって実現される(33)。

しかしそもそも、なぜ「平和と民主主義闘争」あるいは「民主主義的諸闘争」が「広く国民を結集し得る」のか。

それは、それらが単なる院内での闘争にとどまるものではなく、「各種の階級、階層の要求にそって多方面に展開される」大衆闘争であるからだという。「現代の大衆運動」は、「資本主義の生産力の発展と生産の社会的性格の拡大、交通、通信、マスコミ等の進歩にともなう独占資本の大衆支配様式の拡大、資本主義の再生産過程への国家権力の干渉の拡大等に対応」して、「多くの場合全国的規模でたたかわれる傾向をもっている」とされる。また、「勤労諸階層の立場からみた民主的権利が広汎に確保されていればいるほど、大衆闘争の拡大と目的達成は容易」であるが、逆に「大衆闘争の拡大につれて民主的権利はさらに拡大され、民主主義の諸制度も拡充される」という好循環が期待され、さらに「大衆闘争の経験のなかで勤労大衆が体得する階級的自覚と民主的権利の意識は強化される」とも予測されるのである。(34)

このように見てくると、議会内闘争と「有機的」に「結合」した大衆闘争の活発な展開のもと、「労働者、農漁民、中小商工業者および知識層など広汎な反独占の諸階層の圧倒的多数を組織化し、それを党の周辺に結集させ」、そこに成立する「党を中心とした反独占国民戦線(35)」を基盤とする「社会党政権」、すなわち「護憲、民主、中立という民主主義的性格」を備えた「過渡的政権(36)」を樹立するというのが、「道」が描いた政権獲得シナリオだったと要約できよう。「道」においてこのシナリオを最も端的に提示しているのは、次に掲げる文章である。

もとより、われわれは「民主社会主義者」のように、改良や進歩を積み重ねていけば、やがて資本主義が自動的に社会主義に変わるであろうなどと空想しているのではない。就業人口の過半数を占め、反資本主義の性格を歴史的に持っている労働者階級を中核とし、労農提携を中心とする広範な勤労諸階層の反独占闘争を通じて結集される国民戦線を基盤として、議会の内外において民主的多数派を獲得し、議会を通じてすべての権力をわれわれの手に握らなければならないであろう。(37)

ここに、先に見た構造改革論における政権獲得構想との連続性を見出すのは、さして困難なことではない。たしかに「道」は、院内での少数を補う院外大衆闘争を通じての部分的な「構造的改革」の「蓄積」という、構造改革論特有の発想を完全に排除している。また、注(31)で引用した文章の中に「一定の政治的経済的危機の成熟のもとで」との挿入句があることからも明らかなように、「道」は政権樹立選挙に際して「危機」の現出を想定しており、構造改革論と比べれば政権獲得シナリオにおいて「レーニン主義」的色彩を強めていたとは言えよう。しかし、〈市民社会〉を舞台とした大衆闘争の展開のなかで多数派を結集し、それを基盤に社会党政権を樹立するという、政権獲得構想における大衆闘争先行論(その意味で〈市民社会〉先行型の政権獲得構想)の根幹部分については、「道」はそれを構造改革論から見事に継承していたのである。したがって構造改革論以来、あるいはそれを準備した一九五九年の党機構改革以来盛んに唱えられていた「議員党的体質」の解消という課題の重要性に関し、「道」が構造改革論と完全に意見を同じくしていたのはなんら不思議なことではないし、「日常活動の不足」、「議員党的体質」、「労組依存」という「党の伝統的な体質的欠陥」を指摘し、その解消を唱えた「成田三原則」――それは貴島正道や加藤宣幸といった中心的な構造改革論者の討論をまとめたものだった――が、「協会派までがこぞってお題目のように唱える党の護符みたいにな」ったのも[38]、決して理由のないことではなかったということになろう。また、一九六七年に上梓した著書のなかで江田が記した、「いわゆる『構革論争』がきっかけになって社会党に長期理論委員会が設けられ、関係者の研鑽によって『日本における社会主義への道』が生み出されもした。この文書は、社会主義理論の前進をめざす社会党の精進の貴重な道標である[39]」との言葉も、まったくの社交辞令と割り切るわけにはゆくまい。一九六〇年代後半、江田が構造改革論に代わる新たな政権獲得構想を提唱しようとしなかったのは、以上の考察を踏まえればそれなりに理解できるところなのである。

さて、こうして構造改革論が問題視した社会党における政権獲得構想の不在状況は「道」の策定によって解消され、しかも構造改革論が唱えた政権獲得構想における大衆闘争先行論は「道」によって否定されたのではなく、むしろ強固に確定されたうえで、最右翼派閥が離党したのちの一九六〇年代社会党に広く浸透した。しかるにこのことは、社会党の野党勢力内での地位の低下を大きく促したものと思われる。一九六〇年一一月、池田内閣下で実施された第二九回総選挙に際し、民主社会党の積極的な候補者擁立を前に自らの擁立候補者を絞り込んだのち、大衆闘争先行論を備えた社会党が一九六〇年代を通じて選挙への消極姿勢を貫くとき――それは選挙での政権獲得に乗り出す前に〈市民社会〉における「反独占・国民連合」あるいは「反独占国民戦線」の形成というハードルを設定するがゆえに、国政選挙(とりわけ政権の行方を直接左右する衆議院議員選挙)への消極姿勢を正当化した(40)――、選挙アリーナが弛緩し、野党第二党以下の諸政党の議会進出が促されたのは、ごく当然の成りゆきだったと考えられるのである(41)。そして、一九六〇年代を通じて進行した「野党多党化」を一挙に顕在化させたのが、一九六九年一二月の第三二回総選挙であった。ところが、〈市民社会〉先行型の政権獲得構想は一九七〇年党大会決定の「新中期路線」を媒介として一九七〇年代社会党へと継承され、そのもとで単独政権論から連合政権論へと政権構想を転換した結果、一九七〇年代の社会党の政権構想は具体性を著しく欠いたままに放置されることになる。この点をすかさず問題化したのが江田であった。しかし、政権獲得構想としての構造改革論がその根幹部分において一九六〇年代社会党に受容されたのとは対蹠的に、江田が唱えた政権構想は一九七〇年代社会党によって拒絶され続け、最終的に彼は離党に踏み切ることになる。次節ではこの間の経緯を追跡しよう。

## 三　政権構想の提唱

獲得議席数わずかに九〇という第三二回総選挙での「歴史的敗北」は、社会党にとって極めて大きな衝撃であった。野党勢力内での圧倒的優位の喪失という、戦後革新勢力の主柱を自任していた社会党には容易に看過できない深刻な事実が、にわかに露呈したからである。そして、「野党多党化」という新たな政党布置《パーティー・コンステレーション》への野党第一党の対応が、単独政権論から連合政権論への政権構想の転換であった。すなわち社会党は一九七〇年一一月開催の第三四回党大会で決定した「新中期路線　一九七〇年代の課題と日本社会党の任務」（いわゆる「新中期路線」）において、「このような状況の中で、労働運動、農民運動、平和運動、あるいは激発する学生運動、市民運動にたいして適切に対処することができなかった。党の長期後退傾向をうみ出した根源はこれら激動する内外の情勢と新たな反動勢力の攻撃にたいして十分対応しえなかったことにあったのである。一九六九年末の総選挙の敗北は決して一時的原因によるものではなく、六〇年代の立ちおくれの帰結の表現にほかならない(42)」との反省をもとに、以下のように連合政権論への転換を明らかにしたのである。

> いま必要なことは、この新たな可能性を拡大し、国民の要求を真に解決するために大衆運動を反独占・反自民の国民戦線として高め、また全野党の共闘を積極的に推進することである。このような努力を通じて新たな政治勢力の結集を実現し、そのうえにわれわれは、反独占・反自民の国民戦線を基盤とし、わが党を中心とする連合政府の樹立をめざす。この政府は新たな国民的結集によって支えられた「国民連合政府」ともいうべきである。いうまでもなくこの国民連合政府はさきに掲げた反独占・反自民戦線の政治目標を達成する護憲、民主、中立、生活向上の政権である(43)。

当時、かかる政権構想の転換に関しては、「七〇年代における現実的で、効果的な革新政権樹立の展望として、『道』における第三のケースを選択し、テーゼ化した(44)」として「道」との連続性が強調された。そしてたしかに「道」

は、「この政府〔「社会主義政権の確立以前の段階において、それへの接近移行のために樹立される政府」――空井註〕の構成は、(イ)社会党の絶対多数の単独政権を基本とする。しかしそのほかにも、(ロ)比較多数の社会党に他の会派の閣外協力による単独政権、(ハ)社会党と、保守を除く他の革新的会派との連立政権等の形も考えられる。われわれが目標として追求するのはあくまでも社会党単独政権であるが、(ハ)の連立政権をも考慮に入れておかなければならない[45]」と論じ、連合政権の可能性を排除してはいなかった。しかし、片山・芦田内閣下で社会党が味わった苦い経験を想起すれば、この政権構想転換はかなり大きなものだったと言ってよいのであり、かかる転換の大きさは、とりもなおさず一九六九年総選挙での「歴史的敗北」によって社会党が受けた衝撃の巨大さを裏書きするものだったのである。

しかるに、このような政権構想の大きな転換とは裏腹に、一九六〇年代と一九七〇年代の間での社会党の政権獲得構想の連続性は明らかであった。右の引用箇所に見られるように、「新中期路線」は連合政権論への転換を受けて「全野党の共闘」という新たな活動目標を組み入れつつ、「大衆運動」によって形成される「反独占・反自民の国民戦線」こそが「国民連合政府」の「基盤」である、との認識を示していたのである。一九七四年一月の第三七回党大会で決定された「国民統一の基本綱領と日本社会党の任務」はより直截に、「国民連合政府の樹立は、それを支持する政治的基盤として反独占・反自民の国民戦線の結集を不可欠の前提においている。……安定した国民連合政府の樹立は強固な国民戦線の結集いかんにかかっている[46]」と記している。一九六〇年代の大衆闘争先行論は一九七〇年代に大衆運動先行論へと変化するが、（大衆闘争と大衆運動の違いは極めて曖昧であるのみならず）両者は〈市民社会〉先行型政権獲得構想という点で全くの同型であった。

そして、この大衆運動先行論に忠実に従っている限り、社会党が政権構想の（連合政権論以上の）さらなる具体化を怠ったところで、何の問題も生じなかった。「反独占・反自民の国民戦線の結集」が当面の最優先課題であるとき、それに先立って「国民連合政府」の具体的なあり方を論じる必要などないからである。「われわれの努力」は「全野党の結集をめざす」ことに向けられるとされるが、[47]全野党共闘論が全野党政権の樹立を提唱していたわけではない。例えば勝間田清一社会主義理論委員長による「新中期路線」の解説は、「共闘がたとえ全革新政党を差別なく対象にするとしても、後に示す、国民連合政権の中にどのように構成されていくかは、共闘の実績―大衆の信頼とその時の客観的条件によって決定されるであろうということであります。闘争の過程で大衆の信頼を失うものもあるかもしれない。又閣内で協力するものと閣外で協力するものとの差も生れて来るかもしれない、それは前提でなく結果であるということであります」[48]と論じたが、ここで力説されているのは、「国民連合政権」は全野党共闘の「結果」であるということ、つまり全野党共闘と大衆運動とを通じて「反独占・反自民の国民戦線」が形成されるまでは「国民連合政権」の構成は判明しない、ということなのである。こうして全野党共闘論が、政権獲得構想における大衆運動先行論のもとでの政権構想の具体化先送りと表裏一体の関係にあったことは、次に掲げる「国民統一の基本綱領と日本社会党の任務」の一節からも如実に窺えよう。

政治的統一戦線と政権構想をめぐる反自民の革新諸党派間の意見対立は根づよいものがある。民社党の反共・反社会主義の立場、共産党の安保条約をふみ絵とした民社排除の立場は、その典型である。また、全野党共闘を目標とするわが党の立場に対する共産党の理不尽な批判も目に余るものがある。反独占・反自民の諸勢力のためには、始めから扉を閉すべきでないというわが党の主張は道理にかなったものである。要求、政策の不一致はテーブルについて討議し、一致点を見出す努力をして初めて明らかになることである。また、民社党の影響下におかれている多数の労働者や中小企業者を含めて、広範な勤労諸階層の結集による統一戦線を可能とするためには、なによりも、まず一致点を見出すことに最大限の努力をはかるべきであり、最初から既成観念で特定政党や特定団体を排除することは、正しい立場ではない。将来、一定の時点で特定政党や団体が統一戦線に不参加を表明したりあるいは離脱することがあるかも知れないが、それは前提ではなく結果であるというのが多数派を結集する統一戦線の立場であり、全野党共闘論の正しい観点である。[49]

このように一九七〇年代の社会党は、単独政権論から連合政権論への政権構想の転換をもって「野党多党化」状況に対処せんとしたものの、〈市民社会〉先行型の政権獲得構想を堅持しつつ連合政権論を採用したがために、その政権構想はさらなる具体化を施されることなく放置された。そこから生じる特異な状況を余すところなく物語るのが、一九七二年一二月の第三三回総選挙を目前に成田知巳委員長が発表した談話「国民主導・全野党連合政権構想」[50]である。そこで成田はまず、「長年にわたる自民党の一党独裁にピリオドを打ち、政治の流れを変えることは、国民多数の強い要求となっている」と現状を分析し、「今、すべての革新的政治勢力が結集して、自民党政治の犠牲となっている諸階層のために、新しい政権樹立の展望を確信をもって示すならば、政治不信は急速に一掃され、停滞した政治状況を急激に変化させることができるであろう」との明るい展望を唱える。ところが次に、「社会党は、全野党共闘を推進しつつ、同時に、国民の要求を解決するため、大衆運動を反独占・反自民の国民戦線に高め、この国民戦線の支持の下に、国民連合政府の樹立をめざしている」との、大衆運動先行論に基づいた政権獲得プロセスに関する説明を挿入し、結論としては、「この国民戦線の結集を、具体的に推進するため、社会党は総選挙後、まず各野党に対して、労働組合、大衆団体に対して、すべての反自民の革新的諸党派、諸団体、個人が参加する国民共同委員会(仮称)を作るために共同の討議をすることを呼びかけたい」(傍点空井)と論じるのである。それでは、連合政権はいったいいつ樹立されるのか。この点に関して成田は、「この総選挙に社会党が勝利し、野党全体が前進して自民党を後退させれば、衆議院において昨年の参院選と同様の状況を作ることができる。さらに二年後の参院選挙においては、全野党の勢力が自民党を上回る状況を作ることが可能である」と論じ、次のように談話を締めくくっている。

このような具体的展望の下に、この総選挙を闘い抜き、総選挙勝利の上に、すべての革新的政治勢力が、国民連合政府へ向けての共同討議のテーブルにつき、粘り強い話し合いを開始すると同時に、当面する国民の緊急課題での共同行動を積極的に展開していくならば、文字どおり「政治の流れを変え」、七〇年代の半ばに、自民党の一党独裁にとどめをさし、反独占・反自民の国民連合政府を樹立することができる。[51]

委員長が「国民主導・全野党連合政権構想」とのタイトルの談話において、「新しい政権樹立の展望を確信をもって示すならば、……停滞した政治状況を急激に変化させることができるであろう」との展望を示しながらも、目前に迫った総選挙には連合政権構想を何ら明らかにすることなく臨む。かかる行動が可能だったのは、「道」の大衆闘争先行論から「新中期路線」の大衆運動先行論へと引き継がれた〈市民社会〉先行型政権獲得構想が、政権構想の具体化先送りを正当化していたからなのである。

そして、こうして新たに生じた一九七〇年代社会党における政権構想の不在状況を見逃さず、早くも一九七一年に独自の政権構想を提唱したのが、他ならぬ江田であった。すなわち一九六九年総選挙の敗北を機に、「七〇年代の社会主義政党の再生は、日本の国民の生存権と生活権をおびやかしている公害や、工業先進国としては極端に貧しい住宅、大金持以外は病気になったら救われない医療制度、時代おくれの教育、老人の生活不安と孤独、公平でない税金、国民生活の必要から遊離した行政の機構と運用など、山積する問題ととりくむことに徹するところからしか望みえない」[52]との洞察に達した江田は一九七一年一〇月、『月刊社会党』に発表した論文「革新連合政権の樹立をめざして」において、「革新連合政権」の必要性を唱えた。それは、「人間性の尊厳と公共性の徹底した重視」、「人間的連帯にもとづく民主主義と自由の拡大」、そして「国際民主主義」の三点を「政治理念」とし、都市、公害、社会保障、物価、農業、教育・科学行政、政治制度、外交政策など、「自民党政権がみずからの能力で解決できず、しかも緊急に解決をせまられているいくつかの重要なテーマ」を政策課題とする政権であるとされる。江田の観るところ、政権交代の可能性は高まりつつあった。一九七一年六月実施の第九回参議院議員選挙は、彼をして「戦後二十五年の長きにわたり自民党に独占されてきたわが国の政権を交代させ『革新連合政権』を樹立できる日が近いという確信をいだ」かせた。それは、「たんに一佐藤内閣に対する批判ということ以上に、歴史の潮流が変り、戦後保守体制の転換が迫られていることを意味しており、自民党時代という一つの時代の終えんが意外に早いことを思わせるものがあったのであり、ここに「六〇年代の末、ほとんど絶望とさえ考えられていた革新政権への希望は、国民の大いなる反自民意識の高揚と、現状打破への切実な要請によって、再び光明をとりもどした」のである。そしてかかる状況下において「革新連合政権」は、「社公民三党共闘をさらに発展させ、革新と現状打破の展望を示しつつ、広汎な政治不信層や批判層への働きかけを強め、次期選挙において社公民を中心とする野党連合勢力が、議会の過半数を獲得すること」で樹立されるとされた。「社公民三党の野党連合」こそは、「来たるべき総選挙を通じてさらに広範な国民諸層の代表と共に『革新連合政権』を構成する」のである[53]。

こうして江田は、一九七〇年代社会党における政権構想の欠落を埋める形で、その独自の政権構想として、社会・公明・民社三党を中心に構成することを明確に予定する「革新連合政権」論を唱えた。ただしこの時点の江田は、いまだ〈市民社会〉先行型の政権獲得構想を捨ててはいない。彼の立論は、「新中期路線」における「反独占・反自民の国民戦線」を「革新国民戦線」――それは「理念と政策課題を運動化し、それを通じて連合政権を樹立することを目的とした組織」である――をもって置換する形で展開していたのである。しかし、「新中期路線」が「国民連合政権」の樹立に乗り出すべき総選挙の時期を具体的に論じていなかったのとは対蹠的に、江田は政権構想の具体化の必要性を唱えるべく、政権樹立選挙を明確に「次期選挙」と措定していた。かかる措定を可能にしたのは、「革新連合政権」の「母体」たる「革新国民戦線」の「現実的な基礎」もしくは「成立の条件」は既に存在する、あるいは「すでに国民のあいだに反自民革新国民戦線的なものが潜在している」との江田の認識である。そしてさらに元をただせば、こうした「革新国民戦線」の成立可能性の高い見積もりは、江田が「市民運動の多くに共通してみられる個の尊重の考えかたは日本における個の確立、自立する個々人の自発的連帯による共同社会への礎石である。自治と分権による社会主義を実現するためにも、この第一歩をどうやって伸ばしてゆくかが私たちの運動の重要な課題となる」[54]として、各地の多様な市民運動を高く評価し、その存在を前提に「革新国民戦線」を構想したことに起因していた。「革新国民戦線」の成立可能性は極めて高く、よって政権樹立選挙が間近であるとすることで、江田は政権構想の具体化先送りを正当化するはずの大衆運動先行論に従いながらも、政権構想の早期具体化の必要性を唱えることができたのである。

そして、かかる江田の政権構想提示を受けて、一九七二年一月開催の社会党第三五回党大会では、前年二月に江田派、旧河上派、山本グループなどの衆参両院議員を中心に結成された「現代革新研究会」が、「政権構想確立に関する決議案」を提出するに至る[55]。この決議案が大会の本会議に上程された場合、江田はその提案説明で「執行部」を厳しく批判する予定であった。社会党として「年内選挙を想定」し、「国民連合政府を打ち出し」ながらも、「全野党共闘を通じ、全野党結集による連合政府が望ましいが、それが不可能ならば、次善三善の策をとらざるをえない、しかし情勢は流動しており、いま直ちに、どの政党と組むかを決めることは、時期尚早である」としてその「具体的内容」を詰めずにいるならば、「まさに無責任といわなければな」らず、「国民を愚弄することにな」るというわけである。江田によれば、「連合政府を可能にするためには、各党の基本政策の一致、候補者の調整の作業を行なわなければな」らず、「それには、かなりの時間が必要」であり、よって「結ぶべき相手を決めなければならない時期はさし迫っているのであり、いたずらに日和を待ってはいられない」。「われわれは早急に公明民社両党に対し、連合政府の樹立を目標に、来るべき総選挙における基本政策の協定、候補者の調整についての話し合いに入るべき」なのであった[56]。

しかるに、この決議案は大会運営委員会において握りつぶされ、陽の目を見ることなく終わる。江田がその直後に出版した著書には、左のような一節が見受けられる。

政党の掲げる主張や政策は、政権をとることなくして実現できない。そして現在の野党がバラバラでは、その力量はあまりに小さ過ぎるのだ。もとよりこれが一緒に手を組んでもなお、政権は遠い高嶺の花にすぎないなら、あせりに過ぎぬとあざ笑ってもよいが、手をつなぐ条件があり、そしてそれによって、政権獲得が可能であるならば、その可能性を現実化することを怠るものこそ、嘲笑されなければならないであろう[57]。

これは、「全野党共闘」の掛け声のもとに政権構想の具体化先送りを図る執行部批判以外の何物でもない。ところが一九七二年七月の田中内閣の成立を経て一二月の第三三回総選挙では、自民党は前回総選挙から一六議席を減らして獲得議席数二八六に甘んじたものの、得票数は二二〇万票余りの増加を記録し、一九六〇年代を通じて見られた絶対得票率の減少傾向にも一旦歯止めがかかった[58]。この事実は、公明・民社両党が後退し、共産党が四〇議席へと躍進を遂げたという事情とともに、江田の主張の説得力を大きく削ぐことになった。ここに江田はしばしの沈黙を余儀なくされるのである。

しかしそれから一年半後、一九七四年七月実施の第一〇回参議院議員選挙を機に状況は再び変化した。社会党が政権構想の具体化を怠るがゆえに、「野党多党化」が野党勢力の多様化と集約利益の幅の拡大よりもむしろその細分《フラグメンテーション》化をもたらしたとき、自民党政権は一層の安定性を備えるはずであった。ところが、物価や地価の急激な上昇に石油ショックが加わって生活不安が高まるなか、支持率を急落させた田中内閣はこの参議院選挙に起死回生を賭けたものの、結果は自民党の完全な敗北であり、自民党一二七議席、議席率五〇・四％という「保革伯仲」状況が参議院で突如として現出したのである。こうして一九七〇年代を特徴づける政党布置として、「野党多党化」にわずかに遅れて「保革伯仲」が登場することになる(59)。

そして、かかる「保革伯仲」状況の現出とともに江田は息を吹き返した。一九七四年一二月の第三八回党大会で副委員長に就いた江田は一九七六年二月、ロッキード事件の発覚と時を同じくして、松前重義東海大学総長を代表とする「新しい日本を考える会」の発起人に矢野絢也公明党書記長・佐々木良作民社党副委員長とともに名を連ね、社公民政権の掲げるべき「新しい日本のビジョン、そこに到る政策体系のコンセンサス」(60)づくりに乗り出す。さらに、同年七月の田中角栄前首相の逮捕とその後の自民党内派閥抗争の激化を受けて三木内閣が大きく動揺を見せるなか、一九七六年一二月に実施された第三四回総選挙において自民党が獲得議席数二四九という大敗を喫し、ついに「保革伯仲」状況の衆議院への本格的波及が明らかになると、江田は翌一九七七年一月、「革新・中道連合政権についての意見書」を中央執行委員会に提出し、翌月に開催される第四〇回党大会で決定予定の一九七七年度運動方針にそれを採り入れるよう求めるに至るのである。

この意見書は、「すでに歴史的役割の終わった保守本流に、戦後民主主義に背を向ける党内右派が加わり、情勢次第で、いつ右翼反動政権に移行するかも知れない性格をもって」いる福田政権を、年内に予定される参議院選挙で「勝利させてはならず、命脈を絶たねばならない」とし、「そのための可能な方策確立が急がれる」とする。そして意見書は、「漸次的改革を望む人々が、国民の側で多数派を形成しつつある」ことを踏まえ、「第一に、先進国型の、自由と民主主義に基礎をおき、漸次的改革をめざす社会主義勢力(党と労働組合)が核となり、第二に、革新的ないしリベラルな諸党派、諸勢力、市民、知識人、中間層等を含む進歩的連合」たる、「革新・中道連合」の形成の必要性を唱える。江田によれば、この「革新・中道連合」が「一つのイデオロギーによる連合ではなく、多様な価値観の共存を認める政党が、自治と参加を基調とする諸団体、個人を加えて結集する柔軟な連合」である以上、「民主集中制をとるイデオロギー政党であり、党内にさえ民主主義が生かされない独善の党」たる日本共産党をそこに加えるのは不可能であり、せいぜい「閣外協力が限界」であるとされる。そのうえで彼は、「いまの段階において政権構想に線引きすることに反対し、参議院選挙での保革逆転をかちとることが先決だと述べている」成田委員長に真っ向から反論する形で、以下のように政権構想の早期具体化の必要性を力説する。

実は参議院選挙前に、政権構想を具体化することこそ、逆転を可能とするのではないのか。参議院選挙を迎えて国民の社会党に対する最大の関心は、社会党が実現可能な、明確な政権構想をもって臨むかどうかにかかっている。もし社会党が具体的な政権構想を持たず、政権構想の意欲を具体的に示さないなら、ふたたび自民党勢力が復活するおそれもある。現在、社公両党間で若干の選挙区での共闘の話しあいが進められているが、このことさえも、社会党が明確な政権構想にふみ切らないかぎり、まとまらないのではないかと憂慮される。(61)

こうして江田は、自民党が「財界あげての支援をバックに、なりふりかまわぬ選挙戦を展開するであろう(62)」はずの年内実施予定の次回参議院選挙を前に、再び政権構想の具体化先送りを批判し、持論の社公民政権論を声高に唱えた。とはいえ、この「革新・中道連合政権」構想の提唱が、目前に迫った参議院選挙対策に過ぎないものだったわけではない。江田の意見書提出と時を同じくして「新しい日本を考える会」が発表した「中道革新政府の樹立をめざして」と題するアピール文――それが江田自身の構想と一体の関係にあったことは、彼が著書にその全文を引用・掲載したことから明らかである――は、以下のように述べているのである。

本年六月に予定されている参議院選挙において自民党が過半数を割り、その後遠くない時期に予想される総選挙をつうじて衆院においても同様な事態が生じる公算は決して小さくない。われわれはこの可能性を現実化するために全力をあげなければならない。そのためには、国民に国政転換の方向を明示する中道革新政府の綱領をかかげて選挙にのぞみ、参院において自民党を少数派に追い込み、その上で早期に衆院の解散をかちとり、総選挙で中道革新勢力の大量進出をなしとげることが必要であり、これが中道革新政府の樹立にいたる最短の道である。(63)

江田の「革新・中道連合政権」構想は単なる参議院選挙対策にとどまらず、その後の衆議院選挙をも視野に入れながら、「最短の道」に沿った政権獲得を展望して唱えられた政権構想だったのである。

しかし、政権構想の具体化先送りが〈市民社会〉先行型政権獲得構想から導かれていた以上、政権構想具体化要求を突き詰めてゆけば、その解消要求に帰結するのはなかば論理的必然である。そして現にこの段階で、江田の政権構想を裏面で支える政権獲得構想は、「保革伯仲」状況の深化により院内の状況如何のみで与野党間での政権交代が生じる可能性が高まったのを受け、〈市民社会〉での政権基盤の形成を政権獲得への第一歩に位置づける発想を解消していた。すなわち「新しい日本を考える会」のこのアピール文は、「中道革新政府」について以下のように論じているのである。

中道革新政府は自由と民主主義を基調とする漸進的改革をめざす社会主義政党と、革新的ないしリベラルな諸党派、諸勢力の連合であり、具体的には次の諸勢力を中心に構成される。

(1)社公民三党およびその支持団体
(2)特定の政党と結びついていない住民運動、市民運動などを代表する都市、農漁村の無党派市民層

(3)かつて保守陣営に属していたが、自民党路線と訣別し、中道革新政府を支持する用意のある個人ないし集団

この三つの勢力の連合が成立するとき、中道革新政府はもっとも安定した基盤をもちうるであろう。しかし、それは中道革新政府の樹立に不可欠な条件ではない。とりわけ(3)の要素は流動的であり、われわれはそれに過大な期待をつなぐことはできない。またこの要素を欠いても中道革新政府の樹立は可能である。決定的なものは(1)の社公民三党の連合である。……

社公民三党の協力が強固に確立されるならば、(2)の無党派市民層の政治的結集をも容易にするであろう。

他方、無党派市民層の結束が社公民三党の連合を促がす側面をも見落してはならない。(64)

特徴的なのは、連合政権が〈市民社会〉における政権基盤の事前の形成を前提とするのではなく、むしろ逆に〈政治社会〉アクター間での連合形成こそが、〈市民社会〉における政権基盤の結集を促進するとの発想である。「無党派市民層の結束が社公民三党の連合を促がす側面」については、単に「見落してはならない」とされるに過ぎない。また、「社公民三党の連合」が「支持団体」の連合を基盤にすると論じられているわけでもない。かかる発想が〈市民社会〉先行型の政権獲得構想と決して相容れないものだったことは、贅言を要しまい。江田は急激に進行した〈政治社会〉変容を踏まえ、〈市民社会〉先行モデル――それは十数年前、構造改革論者であった彼が大衆闘争先行論という形で自ら熱心に唱えていたものである――の解消に踏み切っていたのだった。(65)

しかしこの結果、江田は執行部との対立をさらに深めたことになる。政権構想具体化の是非から政権獲得構想の内容へと、両者の対立はより原理的な色彩を濃くしたのである。容共姿勢を堅持する社会主義協会に加え、執行部をも完全に敵に回せば、勝ち目などない。一九七七年二月開催の第四〇回党大会では、江田の意見書は趣旨説明すら許されないままに否決される。(66)それを受けて江田が社会党政治家としての軌跡に自ら終止符を打ったこと、さらにその直

後、彼の人生の軌跡が突如として途絶えたことは、周知のとおりである。

## 四　おわりに

江田は図らずも遺著となった著書において、「党内での協会派の比重が年とともに加重されてきた」ことの結果としての「社会党の質的変化」を指摘し、「私の目のまえで、社会党が私の愛してきた社会党でなくなりつつある」ことを慨嘆した(67)。しかし実際には、彼自身の思想も社会党指導者への擡頭以後かなりの「質的変化」を遂げた。一九六〇年代初頭に構造改革論者として江田が語った社会主義像と、一九七〇年代半ばに「市民社会主義」者として語ったそれとの間の大きな懸隔は、誰もが容易に見出すところであろう。ただし、江田が社会主義像を柔軟に変化させたことは、彼が教条主義とは無縁の社会主義者であったことを意味するにとどまる。たしかに、社会党内には教条主義者が有り余るほどいたから、それだけでも彼の存在は貴重であった。しかし、江田をして例外的な社会党指導者たらしめたのは、社会党の政権をめぐる構想の問題点を問い続け、自らの構想を積極的に提唱し、状況の変化を前にしては持説の根本的修正をも躊躇わなかったという事実に示される、彼の激しい「権力への意志」なのであった。

本稿が、江田の政権獲得構想や政権構想をそれ自体として重視し、そこに「失われた可能性」を探るのではなく、かかる一連の構想がその存在を裏書きする彼の「権力への意志」の重要性を強調するのは、江田の構想が採用されれば社会党は自ずから政権を獲得できたというわけではないからである。おそらく一般に理解されているところとは逆に、実際には社会党は江田が提示した政権をめぐる構想を、彼を排斥しつつかなりの程度受容していった。既に政権獲得構想としての構造改革論については、その根幹部分が一九六〇年代社会党に受容されたことを確認した。しかしながら、一九六〇年代に社会党が政権を獲得できたわけではない。同様に江田の離党後、社会党は支持労組の圧力を受けて社公民路線を明確化し――その画期をなしたのは一九八〇年一月の社公連合政権合意の成立であった――、さらに一九八六年一月、第五〇回党大会において「日本社会党の新宣言　愛と知と力による創造」(いわゆる「新宣言」)を採択して「統一綱領」とともに「道」を「歴史的文書」化し、本稿で言う〈市民社会〉先行型の政権獲得構想を完全に解消する[68]。しかし、やはりその後、社会党が自らの手で自民党一党支配状況に終止符を打ったとは到底言えない。もちろん、大衆闘争(運動)先行論の解消は重要であった。そのもとでは、支持が拡大しないことの原因はなによりも大衆闘争・大衆運動の規模の小ささや消極性に求められるため、掲げる政策の本格的な見直しは行われにくいのであり、その解消をもって、はじめて社会党は政策の柔軟な見直しが真に可能になったのである。そして実際にも「道」を廃棄したのち、社会党は一九九〇年四月開催の第五五回党大会における「新しい政治への挑戦　私たちの抱負と責任」の決定や、一九九三年六月の「政権への挑戦――九三年宣言」の発表を通じて「現実政党化」を急速にすすめ、「連合能力」(Koalitionsfähigkeit)を回復する。これがなければ「反自民」連立政権は成立しなかったはずだから、その意義もまた軽視されるべきではない。しかし結局のところ、野党第一党における「連合能力」の回復は野党連合の成立可能性を高めたにとどまった。「新宣言」において「自民党にとってかわり政権を担当する党としての能力と決意を国民のまえに明らかに」したにもかかわらず[69]、党指導者が依然として明確な「権力への意志」を持ち合わせていなかったとき、社会党の政権獲得――より正確には政権参加であろう――は、「万年与党」から離脱した保守政治家の連合形成指導をまたねばならなかったのである。

国会議員二十五年、政権もとれず、恥かしや[70]

江田が永年勤続議員として表彰され、感想を求められた際に色紙に記した言葉である。かかる羞恥心が真摯なものとなるのは、「権力への意志」を備えた政治家においてのみであろう。そして、この言葉を語って欺瞞の匂いを些かも感じさせない社会党指導者など、彼のほかにはまず見当たらないのである。

(1)　飛鳥田一雄『生々流転　飛鳥田一雄回想録』(朝日新聞社、一九八七年)、二三三頁。

(2)　「党綱領」、日本社会党結党四十周年記念出版刊行委員会編『資料　日本社会党四十年史』(日本社会党中央本部、一九八六年)所収、三一三頁。

(3)　ただし、かかる大衆政党化の試みが当初から失敗を運命づけられていたわけではなかろう。そもそもＯＥＣＤ諸国につき、大衆組織化(党員化)戦略がその量的限界にもかかわらず一応功を奏したと言えるのは、(大衆政党の規範化を行ったＭ・デュヴェルジェの想定に反して)第二次世界大戦前ではなく一九五〇―六〇年代に関してなのであり (Susan E. Scarrow, "Parties without Members?: Party Organization in a Changing Electoral Environment," in Russell J. Dalton and Martin P. Wattenberg [eds.], *Parties without Partisans: Political Change in Advanced Industrial Democracies* [Oxford and New York: Oxford University Press, 2000], pp. 86–95)、このことは、西欧諸国でこの時期に選挙の(全体)変易性([total] volatility)が歴史上例外的に低かった事実(Peter Mair, "Introduction," in id. [ed.], *The West European Party System* [Oxford and New York: Oxford University Press, 1990], p. 13; Stefano Bartolini and P. Mair, *Identity, competition, and electoral availability: The stabilisation of European electorates 1885–1985* [Cambridge and New York: Cambridge University Press, 1990], p. 99) とも、とりあえず符合する。そして大衆政党の登場と存立が、急速な産業化・都市化の過程(および選挙権拡大過程)で生じる危機あるいは社会変動(主に職業上・地理上のそれ)と密接に関係していた——その意味でそれは一時的な現象に過ぎなかった——とすれば (Alessandro Pizzorno, "Per un'analisi teorica dei partiti politici in Italia," in id., *I soggetti del pluralismo: Classi Partiti Sindacati* [Bologna: Il Mulino, 1980], pp. 28–35; A. Pizzorno, "Interests and parties in pluralism," in Suzanne Berger [ed.], *Organizing interests in Western Europe: Pluralism, corporatism, and the transformation of politics* [Cambridge:

Cambridge University Press, 1981], p. 272; A. Pizzorno, "Mutamenti nelle istituzioni rappresentative e sviluppo dei partiti politici," in Paul Bairoch e Eric J. Hobsbawm [a cura di], *Storia d'Europa 5: L'età contemporanea Secoli XIX-XX* [Torino: Einaudi, 1996], pp. 1026-1027)、高度経済成長下の日本もかかる危機や社会変動とあながち無縁ではなかったのであり、日本共産党や公明党が小規模ながらも支持基盤の組織化に一定の成功を収めた事実は、あらためて想起されてよい。よって問題は、社会党がいかなる活動を通じて組織化を図ったかであり、結局のところ利益誘導性の見えにくい大衆闘争や大衆運動の展開によって支持者の組織化を図ったことが、社会党の試みが蹉跌を余儀なくされた最大の原因であったように思われる。むろん行政チャネルを利用できない野党が、利益誘導を通じた組織化において大きな困難を抱えていることも事実であり、とりわけ与党の支持基盤の中心部においては、与党の迅速な対応が予想されるがゆえにその困難は増すであろう(社会党の中小零細企業者組織化活動の失敗については、空井護「日本社会党の中小零細企業者組織化活動」『法学』第六一巻第六号、一九九八年を参照されたい)。しかし、与党があらゆる勢力を中心的支持基盤とみなしたわけでもない。ところが、組織化を階級横断的に指向した社会党においては、組織化対象の戦略的な絞り込みという発想はまるで稀薄であった。

(4)　Peter Mair, "La trasformazione del partito di massa in Europa," in Mauro Calise (a cura di), *Come cambiano i partiti* (Bologna: Il Mulino, 1992), pp. 114-115.

(5)　Richard Gunther and Larry Diamond, "Species of Political Parties: A New Typology," *Party Politics*, Vol. 9, No. 2 (2003), pp. 185-188. ただし、これまでいずれの「選挙社会主義《エレクトラル・ソーシャリズム》」政党も、労働者層と中間層との間での集票上のトレード・オフや労働組合との共生的関係から生じる制約のために、決して完全な得票極大者たり得なかったことについては、Adam Przeworski and John Sprague, *Paper Stones: A History of Electoral Socialism* (Chicago and London: The University of Chicago Press, 1986), Ch. 4 を参照。

(6)　T. J. Pempel, "Introduction. Uncommon Democracies: The One-Party Dominant Regimes," in id. (ed.), *Uncommon Democracies: The One-Party Dominant Regimes* (Ithaca and London: Cornell University Press, 1990).

(7)　David Held, *Models of Democracy* (2nd ed., Stanford: Stanford University Press, 1996［中谷義和訳『民主政の諸類型』御

茶の水書房、一九九八年〕), Ch. 5.

(8) 議会制デモクラシーにおける政権獲得競争の中心をなすのは選挙競争であり、よって政権獲得競争の弛緩は、選挙競争が本来そこから生み出されるべき「予期せざる社会的価値」としての「応答性《レスポンシヴネス》」(Stefano Bartolini, "Electoral and Party Competition: Analytical Dimensions and Empirical Problems," in Richard Gunther, José Ramón Montero and Juan J. Linz [eds.], *Political Parties: Old Concepts and New Challenges* [Oxford and New York: Oxford University Press, 2002], pp. 85-88; S. Bartolini, "Collusion, Competition and Democracy. Part I," *Journal of Theoretical Politics*, Vol. 11, No. 4 [1999], pp. 435-455) を喪失した状態として具体化するであろう。

(9) 坂野潤治「〈解説〉天皇制と共産主義に抗して」『吉野作造選集 三』(岩波書店、一九九五年)、三六五頁。

(10) 近年蓄積の著しい社会党研究において、相対的に遅れを見せていたのは党指導者の分析であった。しかし、森裕城氏の『日本社会党の研究——路線転換の政治過程』(木鐸社、二〇〇一年)を皮切りに、かかる研究上の遅れの回復が期待されるところであり、それに幾らかなりとも貢献することが本稿の狙いでもある。ただし、社会党における政党指導の態様の比較と類型化を主眼とした関係上、森氏が構造改革論者としての江田に分析の焦点を絞っているのに対し、本稿は江田に関して通時的な視角を採用している点で異なるのみならず、筆者は構造改革論の理解においても氏の通説的なそれとは見解を異にしている。

(11) 本節の記述は、空井護「もう一つの一九六〇年の転換——一九六〇年代日本社会党における野党化の論理」『思想』第九三四号(二〇〇二年)と内容上重なる部分が多いことを、あらかじめお断りしておきたい。

(12) 江田三郎「今年のわれわれの課題」(『月刊社会党』一九六一年一月号)、日本社会党中央党学校監修『構造改革の理論——社会主義への新しい道』(新時代社、一九六一年)所収、三九〇—三九一頁。

(13) 同上、三九一頁。

(14) 江田三郎「構造的改革と労働運動」(『月刊総評』一九六一年一月号)、前掲『構造改革の理論』所収、二四〇—二四一頁。

(15) 同上、二四四頁。

(16) 「総選挙の勝利と前進のために」(『社会新報』一九六〇年一一月一三日号)、前掲『構造改革の理論』所収、三八七頁、江

田、前掲「構造的改革と労働運動」、二四四頁。
(17) 江田、前掲「今年のわれわれの課題」、三九一頁。
(18) 前掲「総選挙の勝利と前進のために」、三八七頁。
(19) 例えば社会党本部書記局員有志がとりまとめ、『社会新報』一九六一年一月一日号に発表されたのち、構造改革派の綱領的文書と目されることになる「構造改革のたたかい〔共同討議〕」は、「これらの闘い〔憲法改正・小選挙区制導入・警職法改正・安保改定への反対闘争――空井注〕でわれわれは、単に民主々義を守り抜いただけでなく、憲法に保障された民主々義のもとで、院内闘争と院外における大衆的闘争を結合して闘うならば、独占の支配のもとにおいても『政策転換』の闘いに勝利することができるという自信をもつことができた。さらにまた、憲法に保障された政治的民主々義をより完全に実施させ、その幅を拡げていく闘いをつよめるならば、より大きな政策の転換と国民大衆の前進をかちとることが可能だという確信をうることができたのである」と論じている(前掲『構造改革の理論』所収、四―五頁)。
(20) 同上、七―八頁。
(21) 松下圭一「革新政治指導の課題」(『中央公論』一九六一年三月号)、前掲『構造改革の理論』所収、七二頁。
(22) 江田、前掲「今年のわれわれの課題」、三九二頁。
(23) 「太田氏の七つの疑問に答えて〔回答＝共同討議〕――構造改革の討論を深めよう」(『社会新報』一九六一年一月二九日号)、前掲『構造改革の理論』所収、二六二頁。
(24) 前掲「党綱領」、三二二―三二三頁。
(25) 同上、三一〇―三一二頁。
(26) なお、本文に引用したいくつかの文章からも明らかなように、「統一綱領」は社会党政権の安定化の必要性を繰り返し強調している。このことは、社会党政権の安定性に関して大きな憂慮が存在したことを物語る。では、なぜ政権の安定性が憂慮されたのか。もちろん「統一綱領」が言うように、社会主義革命や民族独立回復は決して容易な事柄ではないが、それを支持する強固な政権基盤を構築したうえで社会党が政権を獲得すると考えられていたのであれば、その安定性をさまで懸念する必要はなかったろう。また、のちに社会党政権の政権目的は社会主義革命の遂行ではなく「護憲・民主・中立」の確保に見出されることになるが、この場合、社会党が政権を獲得した時点では、政権基盤は社会主義革命支持勢力ではなく「護憲・民主・中立」支持勢力であることになり、それを基盤に成立した「過渡的政権」がさらに進んで社会主義革命を展開すると構想するのであれば、政権の安定性に憂慮が抱かれるのもそれなりに理解できる。しかし「統一綱領」においては、政権目的は当初から社会主義革命の遂行であり、政権獲得後、政権目的の転換によってそれが不安定化する可能性など、「統一綱領」が心配しなければならないいわれはなかった。「統一綱領」が政権の安定性を憂慮し、その安定化の必要性を繰り返し強調したのは、政権獲得構想が不在であるがゆえに、政権獲得に際してどの程度強固で安定的な政権基盤が形成されているのか(あるいは形成されていなければならないのか)が全く不明だったからなのである。

(27)　升味準之輔『現代政治　一九五五年以後 下』(東京大学出版会、一九八五年)、五二三頁。
(28)　「第二一回党大会運動方針修正案」、前掲『資料　日本社会党四十年史』所収、五五五頁。
(29)　江田三郎「社会主義の新しいビジョン」(『エコノミスト』一九六二年一〇月九日号)、前掲『資料　日本社会党四十年史』所収、五六九頁。
(30)　「日本における社会主義への道　第二部」、前掲『資料 日本社会党四十年史』所収、七八〇頁。
(31)　同上、七八四頁。
(32)　同上。
(33)　同上、七八五頁。
(34)　同上、七九二—七九六頁。
(35)　同上、七九二頁。
(36)　同上、七八九頁。
(37)　同上、七七九頁。
(38)　貴島正道『構造改革派』(現代の理論社、一九七九年)、七〇—七二頁。

（39）　江田三郎『日本の社会主義』（日本評論社、一九六七年）、「はしがき」五頁。

（40）　この点に関しては、空井、前掲「もう一つの一九六〇年の転換」を参照されたい。

（41）　なお、それを「半比例代表制」(semiproportional system) と規定するにせよ（例えば Arend Lijphart, Rafael Lopez Pintor and Yasunori Sone, "The Limited Vote and the Single Nontransferable Vote: Lessons from the Japanese and Spanish Examples," in Bernard Grofman and A. Lijphart [eds.], *Electoral Laws and Their Political Consequences* [New York: Agathon Press, 1986]; A. Lijphart, *Electoral Systems and Party Systems: A Study of Twenty-Seven Democracies, 1945–1990* [Oxford and New York: Oxford University Press, 1994], pp. 39–42）、「順位付け比例代表制」(ordinal proportional system) ととらえるにせよ (Giovanni Sartori, "The Party Effects of Electoral Systems," in Larry Diamond and Richard Gunther [eds.], *Political Parties and Democracy* [Baltimore and London: The Johns Hopkins University Press, 2001], p. 98)、いずれにしても比例代表制的性格を備える「中選挙区制」が新政党の参入を比較的容易にしたことは言うまでもない（選挙制度が、選挙への参入障壁を左右することを通じて政党間競合のフォーマットを大きく規定することに関しては、Daniele Caramani, "The End of Silent Elections: The Birth of Electoral Competition, 1832–1915," *Party Politics*, Vol. 9, No. 4 [2003], pp. 431–434 を参照）。また、社会党の党勢衰退に関しては、労働者層における社会党支持の融解という事実も見逃せない。労働組合が労働者層の「階級」的組織化に失敗している状況下では、非社会主義諸政党が「階級」以外の集団《コレクティヴィティ》の一員として労働者層にアピールすれば「階級」イデオロギーは脆弱化するし、社会主義政党が中間層からの支持調達を試みても労働者層における投票行動要因としての「階級」の重要性は大きく掘り崩される (Przeworski and Sprague, *op. cit.*, p. 179)。周知のような労働組合の組織的停滞状況のもと、一方で結党時に「わが党は、特定の階級、階層のみの利益を代表し、国内分裂を招く階級政党ではなく、信義と同胞愛に立って、国民全般の利益と幸福のために奉仕し、国民大衆とともに民族の繁栄をもたらそうとする政党である」と自己規定した自民党が（自由民主党編『自由民主党史』自由民主党、一九八七年、八頁）、「階級」シンボルを用いることなく労働者層からの支持の調達を図り、他方で自らを「階級的国民政党」と規定した社会党が、「護憲」や「平和」といった階級横断的なシンボルを用いて有権者へのアピールを図り、保護主義的な農業政策や中小企業政策を熱心に提唱していたのであれば、労働者層における社会党支持の融解も十分に理解できる現象であった。
(42) 「一九七〇年代の課題と日本社会党の任務　新中期路線」、前掲『資料　日本社会党四十年史』所収、九二三—九二四頁。
(43) 同上、九三九頁。
(44) 勝間田清一「解説　反独占・反自民の国民戦線と国民連合政府」、勝間田清一・北山愛郎監修『日本社会党綱領文献集』(日本社会党中央本部機関紙局、一九七八年)所収、三〇七頁。
(45) 前掲「日本における社会主義への道　第二部」、七八八頁。
(46) 「国民統一の基本綱領と日本社会党の任務」、前掲『日本社会党綱領文献集』所収、三七〇頁。
(47) 前掲「一九七〇年代の課題と日本社会党の任務　新中期路線」、九三九頁。
(48) 勝間田、前掲「解説　反独占・反自民の国民戦線と国民連合政府」、三二六頁。
(49) 前掲「国民統一の基本綱領と日本社会党の任務」、三七三頁。
(50) 「国民主導・全野党連合政権構想」、前掲『資料　日本社会党四十年史』所収、九七六—九七八頁。
(51) 同上、九七八頁。
(52) 江田三郎「七〇年代の革新運動」(『月刊社会党』一九七〇年一〇月号)、一六頁。
(53) 江田三郎「革新連合政権の樹立をめざして」(『月刊社会党』一九七一年一〇月号)、一七八—一八八頁。
(54) 江田、前掲「七〇年代の革新運動」、一四頁。
(55) 貴島正道「続・江田三郎の履歴書」、『江田三郎』刊行会編『江田三郎——そのロマンと追想』(『江田三郎』刊行会、一九七九年)所収、八三—八五頁。
(56) 江田三郎『私の日本改造構想』(読売新聞社、一九七二年)、五七—六七頁。
(57) 同上、五一頁。
(58) 石川真澄『戦後政治史　新版』(岩波書店［岩波新書］、二〇〇四年)、一二二頁。
(59) なお、政権獲得競争からの離脱として具体化した社会党の「一九六〇年の転換」が「野党多党化」に貢献したとすれば、

「保革伯仲」状況の現出に大きく貢献したのは、自民党の政権運営スタイルにおける「一九六〇年の転換」――それは池田内閣による主要争点の「政治」から「経済」への転換として具体化した――であったと考えられる。むろん、高度経済成長の進展に伴う農民層の量的な減少は、自民党の潜在的支持基盤の縮小を意味した。また、同じく高度経済成長に起因する農村から都市への人口移動により、農村部を中心に自民党が構築した選挙動員の社会的ネットワークは、その実効性を大きく低下させた。こうした意味において、そもそも「成長政治」は自民党の一党支配の足元を崩すダイナミクスを内包していたと言ってよい。しかし、自民党の「一九六〇年の転換」はより直截に、支持基盤の量的な縮小と質的な弱化をもたらした。その政権運営スタイルにおける「一九六〇年の転換」は〈市民社会〉の非政治化を狙ったものであり、社会党が〈市民社会〉の再政治化に失敗した結果、自民党の狙いどおりに一九六〇年代の〈市民社会〉は総じて非政治化した。しかしこれでは、政党帰属意識を持たない「支持政党なし」層が、とりわけかかる非政治化した〈市民社会〉の中で政治的社会化を経験する若年層を中心に増大するのも当然である。こうして時間の経過とともに、社会党のみならず自民党の支持基盤も縮小していったのである。ある世論調査によれば自民党支持率・社会党支持率と「支持政党なし」層の割合は、一九六〇年の時点で三七・五%、二一・一%、七・四%であったが、一九七四年にはそれは二四・七%、一三・二%、二六・〇%へと変化していた。自民党の支持率の低下と「支持政党なし」層の増加は、特に一九六〇年代後半から顕著であった(時事通信社編『戦後日本の政党と内閣――時事世論調査による分析』時事通信社、一九八一年、一四一―一四四頁)。さらに、自民党の政権運営スタイルにおける「一九六〇年の転換」が、自民党の政党スタイルにおける脱イデオロギー化をもたらしたことが、同党の支持基盤を質的に弱化させた。たしかに、利益付与を通じて支持調達が可能な政権党にとって、組織やイデオロギーの必要性が野党と比較して著しく低いのは当然であるが、その完全な脱イデオロギー化はあり得ないし(Pizzorno, “Interests and parties in pluralism,” [op. cit.] pp. 253-254)、UDRにおけるドゴールに体現されたナショナリズムや、DCにおけるカトリシズムを考えれば、西欧諸国で包括政党と目された政権政党が、実際にどこまで脱イデオロギー化していたと言えるかは疑問である(Suzanne Berger, “Politics and Antipolitics in Western Europe in the Seventies,” *DÆDALUS*, 1979, Winter, pp. 42-44)。しかし、少なくとも一九六〇年代以降の自民党は、その政党スタイルに関して言えばO・キルヒハイマーが提示した包括政党の理念形に極めて近い政党であり、イデオロギーによる支持基盤の固定化作業は極小化されたのである。これでは、自民党支持の強度が低下したのも無理はない。同じ世論調査によれば、複数回答された自民党支持理由のうちで特に消極的支持を意味すると考えられる「なんとなく」・「自民党以外の政党がダメだから」という二つの支持理由が占める割合は、一九六〇年には三八・二％だったものの一九六〇年代を通じて増加し、一九七〇年には五一・〇％、そして一九七四年には五八・七％を記録する（前掲『戦後日本の政党と内閣』一四六―一五二頁）。こうして支持基盤の量的縮小と質的弱化の双方に見舞われていた一九七〇年代前半の自民党を、石油ショックと政治スキャンダルが襲ったのである。

（60）江田三郎「開かれた政権をこそ」（『中央公論』一九七六年八月号）、同『新しい政治をめざして――私の信条と心情』（日本評論社、一九七七年）所収、一一六頁。

（61）江田三郎「『革新・中道連合政権』についての意見書」、前掲『江田三郎』所収、六六七―六六九頁。

（62）同上、六六七頁。

（63）江田、前掲『新しい政治をめざして』二一四頁。

（64）同上、二一〇―二一一頁。

（65）これに対して、〈市民社会〉先行型政権獲得構想にあくまでも忠実だった飛鳥田はその回想録の中で、この二年後、彼の委員長時代に行われた社公連合政権協議に関し、以下のように語っている。「連合政権は、大衆の基盤の上に成り立たなきゃならないってのがボクの持論なんだ。ほうぼうの大衆団体は要望を持っているだろ。それを持ち寄り議論すれば、ある方向が出てくる。その方向に乗れる政党が連合するという順序さ。ただ国会議員の多数を占めればいいってもんじゃない。そんな大衆抜きの政党のカード合わせは長続きしないし、すぐ敗れちゃうと思う。だから、政党レベルの事情で特定の政党を排除することにも反対。全野党路線が正しいと思った」（飛鳥田、前掲『生々流転』、二三〇頁）。江田との違いは明らかであろう。

（66）貴島、前掲「続・江田三郎の履歴書」、九七頁。

（67）江田、前掲『新しい政治をめざして』二―五頁、四八頁。

（68）その間の経緯については、渡辺治「現代日本社会と社会民主主義――『西欧型社会民主主義』への模索とその隘路」（東京

大学社会科学研究所編『現代日本社会 第五巻 構造』東京大学出版会、一九九一年)、二九四―三三三頁を参照。
(69)「日本社会党の新宣言 愛と知と力による創造」、前掲『日本社会党政策資料集成』所収、八五五―八五六頁。
(70) 江田、前掲『新しい政治をめざして』四九頁。

# 第6章　九〇年代政治再編における左派の蹉跌
## ――日欧社民勢力の落差から見た「失われた十年」

山口二郎

### 一　はじめに

いわゆるバブル経済の崩壊以後、一九九〇年代の経済的混迷に対しては、「失われた十年」という呼び方が定着している。政治についても、政治改革や政党再編といったスローガンが九〇年代初めにもっていた輝きは二〇〇〇年代初めには薄れてしまい、九〇年代は「失われた」十年であった。しかし、政治の変化が単線的な発展の軌跡を取るはずはなく、この十年間の政治の変化を多面的に捉えなおし、この時代が「失われた」理由を考察するとともに、変化の方向について考える必要がある。

この時代の政治に対して多くの人が喪失感を抱く最大の原因は、政権を担いうる政党が形成されていないこと、そして自民党政権の統治能力が低下しているにもかかわらず政権交代の可能性が見えてこない点にある。九四年に自民党が社会党と連立を組んで政権に復帰して以来、自民党を軸とする政権が続いてきた。野党の側では、自民党に対抗して政権交代を起こしうる政党の結集が試みられたが、野党の側だけで内紛、再編が起こるというパターンが繰り返されてきた。九〇年代の政治改革は一応政権交代可能な仕組みを作り出すことを目指したはずであったが、二一世紀初頭に至るもその目的は達成されていない。

日本政治のこうした停滞は、同じ九〇年代後半の西ヨーロッパ政治と著しい対照をなしている。イギリス、ドイツでは一九八〇年代以来、新自由主義的改革を掲げる保守政権が長期継続し、左派政党は周辺化された。しかし、九〇年代後半、イギリス労働党、ドイツ社会民主党は二〇年近いブランクを乗り越えて政権を奪回した。新自由主義的な改革をふまえ、さらにグローバル化に対応した政策のイノベーション、リーダーの世代交代を中心とする党改革によって左派の復興は可能となった。これとの比較において日本の停滞を捉えるならば、九〇年代の政治改革、政党再編における左派勢力の失敗を停滞の大きな要因として捉える視角が有意義なものとなる(1)。

左派勢力に注目する理由はもう一つある。政党の再編は白紙の状態から設計図に沿って行うという性質のものではない。政党は民主政治にとって、一種の制度資本である(2)。政党とは国会議員だけでできるものではない。政権担当能力を持つ政党にとっては全国的な組織、候補者リクルートと資金調達の仕組み、政策形成の人的資源などが必要である。政党の再編も、既存の政党の改革という道筋を通った方が、新たな政党をゼロから始めるよりも遙かに成功の可能性は高い。九〇年代に入り、自民党が様々な面で機能不全を露呈したときに、自民党に比べれば小さいとはいえ、一応の資源をもっていた左派の側も自己改革できなかったことで、日本の政党政治は閉塞状況に陥ったのである。

以上の二つの視角から九〇年代の政党再編成を振り返るならば、日本社会党が事実上雲散霧消したことの損失が、政治的な意味での失われた十年をもたらした大きな原因の一つであることが明らかとなる。社会党は衆参両院合わせて二〇〇名近い議員を擁し、全国すべての都道府県に地方組織を持っていた。労組依存という批判はこの党の組織についての決まり文句ではあったが、これだけの地方組織を新しく作り出すことは大変な作業である。また、九〇年代の入り口の時期において、社会党は土井たか子委員長のリーダーシップのもと、大ブームを起こし、それまでになく政権に近づいたかのように見えた。八九年の参議院選挙の比例代表区では、二〇〇〇万票近い得票を上げ、自民党を上回った。そして、土井やその後継の委員長の下で、政権交代に向けた政策の再検討も進められた。しかし、その後社会党のイメージは急速に色あせた。社会党は九〇年前後の、政治変革の旗手というイメージから、ほんの数年後には、戦後政治の古い体質の象徴へと変化した。九〇年代には、政治、行政、経済政策など様々な面で改革が唱えられるようになったが、社会党は改革に逆行する保守的、退嬰的な政党というイメージを持たれるようになった。

非自民政権が成立した九三年の総選挙では社会党は議席をほぼ半減させ、非自民連立政権に参加したものの、総選挙における大敗のゆえに連立政権においてイニシアティブを取ることができなかった。また、次の九六年総選挙の直前には、民主党の結成に参加する者と、社民党に残る者に分裂し、社民党は共産党よりも小さな勢力に落ち込んだ。このように、一か二分の一政党制といわれても、曲がりなりにも政党システムの一翼を担ってきた社会党が分裂し、急速に周辺化されたことが、野党結集が混迷したことの一因であることは間違いない。

本稿は、九〇年代の政党再編の中でなぜ社会党が分裂し、事実上政党政治の前面から消滅したかを分析することを目指す。その際、特に外に対する護憲平和主義、内に対する社会民主主義という社会党の二つの基本政策が九〇年代の政党再編において結集軸とならず、むしろ社会党のイメージを色あせさせたことに注目する。社会党の採ってきた伝統的な政策が改革に逆行するように映った理由を考察することとする。筆者自身、九〇年代前半には社会党の党改革をめぐる議論に当事者として関わった。その意味で、本論文はアカデミックな分析というよりも、参加による観察(participatory observation)と総括という性格の文章であることをお断りしておきたい。

## 二　九〇年代政治の規定要因――なぜ九〇年代は改革の時代となったのか

まず、九〇年代にはいって、なぜ様々な改革が政治の日程に上るようになったのか、その背景を見ておきたい。政治を取り巻く外部環境においてどのような変化が生じ、改革の課題を突きつけることになったのであろうか。ここでは、冷戦の終焉、経済のグローバル化とバブルの崩壊、日本社会における世代の入れ替わりという三つの変化に注目したい。

### 冷戦の終焉

第一の変化は、冷戦の終焉である。冷戦構造は、日本の外交・安全保障政策を規定したとともに、内政における政党システムにも大きな影響を与えていた。

外交・安全保障面において、第二次世界大戦後日本の骨格は、冷戦を前提とした対米依存であった。日本はソ連を仮想敵国とする日米安保体制に組み込まれ、独自の外交の余地をほとんど持たなかった。冷戦が終焉し、ソ連が消滅すれば、日米安保はその歴史的存在意義を失う。北朝鮮という不安定要因を抱えて、アジアでは冷戦が残存していたが、北朝鮮に対しては地理的近接性、植民地支配という歴史的経緯など、日本にとって直接働きかけを起こし、緊張緩和のために動く余地は、かつての仮想敵国に対する関係よりもはるかに大きかった。その意味で、九〇年代の日本は、ポスト冷戦時代における新たな外交・安全保障の枠組みを考えることを迫られていた。従来、日米安保に反対してきた左派の側も、これに代わる新しい構想を作り出す必要に迫られていたのである。

国内政治における政党システム、いわゆる五五年体制も冷戦対立と密接な関係を持っていた。もともと多様で、相互に反目していた保守政党が自由民主党に一体化したのは、社会主義政党が政権を取ることを防ぐためであった。自民党による長期安定政権は、日本を西側陣営につなぎ止めるためのピンという役割を果たしていた。マルクス・レーニン主義の強い影響を受けた左派政党の存在は、保守の側による「体制選択」論にある程度の現実感を与えた。冷戦構造という圧力釜の中で生まれた五五年体制において、政権交代の可能性は封じ込められていたのである。

政権交代が起こらなかったことについては、左派の側にも責任があった。社会党は一九六〇年代以降の高度経済成長の中で、日本経済の現実に背を向けるかのように教条主義的なマルクス・レーニン主義への傾斜を深めた[3]。西欧的な社会民主主義は一九七〇年代まで、現存資本主義への屈服として蔑視されてきたのである。そして、社会党は国内政治における通常の社会経済的争点よりも、安全保障に関して護憲、平和の党として存在意義を発揮した。

冷戦の終わりは、外交、内政の両面で日本政治の基本的枠組みを崩す大きな変化であった。ソ連という仮想敵国が消滅した以上、日米安保の存在理由に関する新たな説明が必要とされた。また、ポスト冷戦時代における日本の国際社会での政治的役割についても主体的な思考が求められた。社会党にとって、アメリカの支持のもと軍事力増強を図る自民党政府に、憲法九条を掲げて対抗するという護憲政党の活動モデルは、もはや過去のものとなった。旧来型の護憲をモデルチェンジする必要に迫られたということができる。

また、国内の政党システムも冷戦の終わりとともに大きく動揺することとなった。社会主義体制の崩壊とともに、体制選択論は意味を失った。したがって、自民党が永久政権党、社会党が万年野党という固定された政党の分業も根拠を失ったのである。

### 経済のグローバル化

第二は、グローバリゼーションの趨勢の中でバブル経済が崩壊したことである。戦後日本政治における保守安定政権は、相対的な分配の平等によって支えられてきた。そして、それを可能にしたのは、地域間格差の是正を理念とした公共政策の体系と、企業を単位とした労働者への分配の仕組みであった。さらに、その土台となっていたのは、いわゆる右肩上がりの拡大経済であった。

しかし、バブル崩壊以後の景気低迷の中で税収が伸び悩み、さらに景気対策のための財政赤字が飛躍的に増加した。公共事業を中心とした財政資金のバラまきによる利益配分の余地は狭まった。また、経済のグローバル化の進展とともに、従来国内の生産者や業界を保護してきた規制政策が次第に交代し、自由競争を基調とする規制緩和、市場開放政策が拡大された。さらに、市場競争の激化に伴い、企業は労働者に対する各種の配分を大幅に削減することを余儀なくされ、雇用の危機が慢性化した。全体として、経済政策のモデルチェンジが必要とされるに至ったのである。

また、バブル崩壊以後の地価下落の中で、土地を担保とした日本の金融システムが崩壊した。九〇年代において、日本の金融機関は多額の不良債権の処理に苦しむこととなった。この問題は戦後日本にとって初めての経験であり、個々の銀行に任せておくことはできなかった。政府が不良債権処理の枠組みを作り、問題解決を先導しなければならなかったのである。

### 日本社会のデモグラフィックな変化

第三は、日本社会における人口構成の変化である。一九九〇年代には、有権者の中で戦後生まれが圧倒的な多数を占めるようになった。また同時に、政治家の世界でも戦後生まれが急速に増加した。これらの比較的若い層は次のような特徴を持っている。高学歴化が進み、政治的態度決定において他人からの影響を受けるよりも自己決定への欲求を持つ。情報化の中で生活し、政治に関してもテレビなどを通して自ら情報を得る。さらに、上記二つの要因の結果として、特定の政党に対する忠誠心を持たず、その時々の状況に応じて政党や政治家への支持を変える無党派層が大量に形成されることとなる。

こうした新たな有権者の支持を獲得することは、どの政党にとっても初めての課題であった。集票活動や資金集めに関して、自民党は業界団体、農協、個々の政治家の後援会に、社会党は労働組合に、それぞれ依存していた。そうした組織が凝集性を失い、政治的な動員力が低下することと流動的有権者の増加は表裏一体であった。両党とも、有権者の変化に対応してリーダーシップの刷新、政策の革新、政治手法の変革などが必要となった。

戦後の革新政党にとって、「政治とは可能性の芸術」という感覚は無縁であった。社会党は万年野党として政府・自民党の政策に反対することに慣れすぎており、自らが政権を獲得したとき、どの部分の政策を転換し、どこを維持・継続させるかという現実的な構想を論議することには、慣れていなかった。このような議論を行うためには、党の文化を変えることが必要であったが、九〇年前後の好機は消費税への国民の反発、リクルート事件というスキャンダルなど、自民党側の失策によって突然訪れたものであった。結果的には、この好機を生かす態勢は社会党に存在しなかった。以下、上に述べた三つの側面に関して、社会党の対応の試みと、それがいかに挫折したかを見ていきたい。

## 三　九〇年代型政治課題と左派の不適応

### i　冷戦の終焉と憲法政治の環境変化

**憲法政治(constitutional politics)**

まず憲法政治という言葉の意味について説明しておきたい。コンスティテューションとは政治体制という意味を持っている。九〇年代の日本において問われたのは、まさに政治体制全体のあり方であった。もちろん、九条と軍事の問題は憲法政治にとっての重要な論点であるが、憲法政治のテーマは防衛問題だけではなかった。戦後半世紀を迎え、政策課題の変化、国民の政治意識の変化を受けて、立法、行政、司法、地方自治など統治機構の見直しと、システムの変革が必要とされていたのである。ここでいうシステムとは、憲法やそれに付属する法律という実定的な法制度だけではなく、政党システム、政官関係など定着した制度運用も含んでいる。特に、冷戦構造の中で持続してきた自民党による一党支配体制や官僚主導の政策形成システムを、民主主義の深化という観点からどのように転換するかが問われていたのである。

冷戦の終焉は、左派が政権交代を追求するに際して、好機と試練の両方をもたらした。

好機とは、上に述べたとおり、保守永続政権を正当化していた「体制選択論」が意味を失ったことである。五五年体制の時代にも、田中金脈事件、ロッキード事件など自民党政権はたびたび危機を迎えたが、「自由主義体制の維持」という大義名分によって政権を維持してきた。しかし、社会主義体制の消滅は、こうした保守バネの存在意義をも失わせた。自由民主主義体制、市場経済を前提とした上での政権獲得をめぐる政党間の競争という、西欧の民主主義国では数十年前に確立していた「普通」の政党政治が可能となったのである。

この好機を生かすためには、左派の側にもいくつかの条件があった。最大の条件は、左派と密接に結びついていた原理主義的反対派というイメージを払拭するために、内政・外交の両面で現実的な政策転換を図ることであった。

八九年の参議院選挙で社会党が躍進し、政権交代の可能性が現実味を帯びるようになってから、社会党の現実化を求める議論が始まった(4)。特に、野党連合の提携相手と目された公明、民社の両党は、自衛隊・日米安保の是認、原子力発電の容認など、社会党が反対してきた重要政策について姿勢を転換することを求めた。現実的な政策を考え出すというとき、原理主義的な反対と単なる現状追認との間で選択肢を作ることが必要となる。しかし、九〇年代初頭の社会党をめぐる政権論議においては、中道政党が単なる現状追認を要求し、社会党の政治家の多くは現状から出発する政権構想を考えることを現状屈服と考え、政権構想論議に反発するという状態であった。

ii　護憲政治の惰性

九〇年代初頭において、憲法九条は新たな争点になった。湾岸戦争において日本は一三〇億ドルの資金を多国籍軍に拠出したが、それが国際的にほとんど評価されなかったことに、外務省や自民党は大きな衝撃を受けた。そして、いわゆる国際貢献に日本がどう取り組むか、その中で自衛隊をどう使うかが問われることになった。この議論の中で、社会党が長年守ってきた護憲の主張は次第に説得力を失っていった。この間の事情は次のように説明できる。

実は、戦後の護憲論は冷戦を前提としていたということができる。冷戦の間、東西の対立について、日本は西側に身を置きつつも、冷戦対立をある程度他人事と見てきた。アメリカもソ連も世界で覇権を求める超大国であり、超大国の権益追求、あるいは第三世界における両者の代理戦争には「どっちもどっち」という引いた見方を取ることができたのである。朝鮮戦争、ベトナム戦争と東西両陣営の直接的対決がアジアを舞台に起こったが、日本はこれらの戦争から経済的利益を得こそすれ、直接戦争に参加するという切迫感はなかった。その限りでは九条は現実的効用を持っていた。また、多くの核兵器を持つ米ソが全面対決に陥れば人類が滅亡する危険があったため、平和主義的言説もある程度説得力があった。全体として、憲法九条の下で国際紛争には関わりを持たないという姿勢は、ある程度の正当性を持っていた。

しかし、冷戦の終焉とともに日本の護憲・平和主義は色あせていった。九〇年代の地域紛争は善と悪、正義と不正の対決という性格を持った。あるいは少なくとも善と悪の対立という演出、意味づけが可能なものになった。冷戦時代の地域紛争に対しても、アメリカは自由民主主義を守るという題目を唱えて介入したが、アメリカが肩入れした中南米やアジアの独裁国が自由民主主義とは程遠いことは明らかで、アメリカの唱える自由や民主主義が反共を意味するだけであったことを日本の世論は理解していた。この点は、ベトナム戦争に対する世論の反応にも現れていた。

これに対して、冷戦以後の地域紛争は極めて分かりやすい性格を持っていた。湾岸戦争は明らかにイラクによる侵略を契機に起こったものであるし、旧ユーゴスラビアやルワンダにおいて虐殺を誰が指揮したかは認定できる。紛争が善と悪の対立という性格を持つとき、中立という態度は道徳的に正当化されない。国際社会の一員として、日本も侵略や虐殺を止め、その首謀者に制裁を加えることに協力することが要請される。侵略や殺戮を行う独裁者に対して、話し合いによって紛争を解決することは現実的な可能性を持たないことが多い。湾岸戦争、旧ユーゴスラビアの民族紛争などに関して、話し合いで解決できなければ軍事力を使ってでも侵略者を排除し、虐殺を止めることが必要となるという国際世論が形成された。かくして、憲法九条は夢想家の空論ではないかという論調が、冷戦後に強まったのである。九〇年代を通して、政府・自民党は、ＰＫＯへの参加、日米安保再定義からガイドライン、周辺事態法へと、自衛隊の軍事的役割を拡大する方向で政策転換を進めていった。とりわけ小泉政権は、アメリカ・ブッシュ政権による一極主義的な軍事行動を全面的に支援する方針を明確にし、後方支援という形ではあるが、アフガン戦争、イラク戦争にアメリカの側に立って参加した。ここにおいて、憲法九条は事実上意味を失った。

これに対する社会党・護憲側の対応は不十分なものであった。護憲の惰性を示す出来事として、九二年六月のいわゆるＰＫＯ国会における社会党の徹底抗戦があげられる。社会党は自衛隊のＰＫＯ参加について、海外派兵だとして強硬に反対した。国会の法案審議においては、牛歩戦術などを繰り出して抵抗した。この時社会党は、海外派兵反対を訴え、国民の護憲意識を刺激し、同年七月に予定されていた参議院選挙を有利に戦おうという戦術が存在した(5)。しかし、参議院選挙をＰＫＯ法に対する国民投票とするという社会党の目論見ははずれ、八九年の結果にはるかに及ばない得票・議席しか獲得できなかった。

このように、憲法九条を争点化することによって国民の支持を獲得するという護憲政治の手法がもはや威力を失った状況で、社会党は新たな憲法政策を示す必要に迫られた。そのための一つの試みとして、筆者は憲法の創造的展開（創憲）の必要性を唱えた[6]。そのねらいは、自衛隊の憲法上の正統性をめぐる論争に終止符を打ち、専守防衛の理念のもとに自衛隊を合憲の存在として認めること、および国連PKO活動に自衛隊を参加させる際の軍事的活動に関する上限を明確に設定する点にあった。

筆者は、創憲という言葉を、憲法の基本的な理念を堅持しながら従来の護憲を乗り越えるという意味を込めて使った。ただし創憲の前提になる憲法観は、伝統的な護憲とは明らかに異なっており、一九六〇年代以来自民党の穏健派が守ってきた専守防衛の路線を共有しようとするものであった。当時自民党内においては、小沢一郎幹事長（当時）を中心とする「普通の国」路線が台頭していた。これは、国際社会において民生面のみならず軍事面においても自衛隊を積極的に動かし、憲法の縛りを取り払うことを目指していた。これに対しては、宮沢喜一、加藤紘一など穏健派を中心に反論も存在した。創憲論は、伝統的な護憲を軌道修正し、保守穏健派のラインで護憲の戦列を組み直すことを目指すものであった。

九三年一月に委員長に就任した山花貞夫が創憲論を提唱し、社会党は政権交代に向けて基本政策の見直しに着手するかに見えた。しかし、党内の抵抗は頑強であった。社会主義体制の崩壊とともに、社会党における旧来の派閥対立は意味を失った。派閥対立の争点は、マルクス・レーニン主義対社会民主主義から憲法をめぐるものに移った。九〇年代には、伝統的な護憲派を左派、基本政策の見直しや党改革に積極的なものを右派と呼ぶようになった。国会議員に関しては、両者は拮抗していた。しかし、地方組織の活動家層では、護憲論が根強かった。筆者は九〇年代前半、しばしば社会党の地方組織や労組の地方支部の勉強会等で創憲論について講演することを求められた。そのような場では、「今さら自衛隊を合憲だというのは、自分の人生を否定するようなもの」といったたぐいの反論をする活動家と遭遇することがしばしばであった。ソ連型社会主義が崩壊した後、かつての左派的活動家は自らの最後のアイデンティティを護憲に求めたということができる。そして、国会議員も選挙運動や日常活動ではそうした地方の活動家に依拠していたため、党改革に熱心な議員の説得力にも限界があった(7)。

社会党の基本政策転換は、結局村山富市委員長の首相就任によって実現した。この時の自民、社会、新党さきがけの連立政権は、小沢の「普通の国」への対抗という性格も持っていた。しかし、自民党にとって護憲への歩み寄りは、政権復帰のための方便でしかなかった。村山政権は戦後日本に残された負の遺産を処理することにある程度の役割を果したが、憲法の理念を生かした安全保障政策の前向きな展開に踏み出すことはできなかった。政権の維持に精力を使い果たし、社会党には衆議院の新しい選挙制度に対応した政党再編成に備える余裕はなかった。九六年には民主党の結党に参加する部分と社民党(九六年一月に党名変更)に残る部分に分裂し、社民党は旧来の護憲の姿勢に戻っていった。

安全保障に対する統治能力という問題に関しては、日欧の左派で状況は大きく異なる。西欧社民においてパシフィスト(絶対平和主義者)は無視できるほどの少数派でしかなく、防衛政策についてはNATOを基軸とするという幅広い合意が存在した。ただし、冷戦終焉によってヨーロッパが拡大したとき、西欧主要国は、EUを拡大し、これに経済のみならず安全保障面での役割を担わせるという積極的な外交を展開した。冷戦終焉後のアメリカのヘゲモニーを相対化するために能動的な外交を行うという点で、西欧と日本は著しい対照をなしている。

iii　デモクラシーのモデルチェンジという課題

九〇年代には、民主主義の制度運用についても変革が求められていた。即ち、自民党による一党支配から政権交代可能な仕組みに移行することが、経済界やマスメディアなど広い範囲で主張されるようになった。このような文脈で政治改革が最重要課題になったのである。

社会党が効果的な反対派となることを容易にし、それ以上でも以下でもない存在にしていた政治制度の土台について、自ら切り込むことが要請された。具体的に言えば、衆議院の選挙制度の改革である。左派は国会で三分の一の勢力を確保することで憲法改正を阻止することができた。中選挙区制度は、三分の一で自足する左派にとって住み心地のよい環境を提供した。八〇年代末からの政治改革論議で、保守永続政権の土台と見なされるようになった中選挙区制に対して、その隠れた受益者であった左派も何らかの改革の論議を提示しなければならなかった。選挙制度を変更すれば、多数派を取るための連立政権構想、政党再編ビジョンなどさらに難しい課題がついてくることも避けられなかった。

左派の中には中選挙区制を前提とした「腐敗防止先行論」が根強かった。その結果、選挙制度改革論議において主導権を取ることはできなかった。九三年の通常国会において、社会党は公明党とともに小選挙区比例代表併用制を提案して、自民党と対決した。しかし、これは状況への対応であって、中選挙区制に代わってどのような選挙制度を導入し、それにともなってどのような政党再編を追求するかという点について、社会党は明確な戦略を持っているわけではなかった。総選挙後の連立政権交渉においては、日本新党、さきがけが提案した小選挙区比例代表並立制に乗り、社会党はいわば退路を断った。しかし、新しい選挙制度、特に小選挙区において生き残るための戦略を主体的に作る作業は怠ったままであった。

社会党において、原理主義的反対派への郷愁と、選挙制度改革への反対は重なり合っていた。九四年初頭の政治改革国会で、当時の連立政権側が提案した制度を葬り、自らにとってより不利な制度の導入に道を開いたのは、参議院社会党の原理主義的護憲派の人々であった。参議院で法案が否決された後、細川護熙首相と河野洋平自民党総裁のトップ会談が開かれ、連立側が自民党案を丸飲みすることで決着が図られた。比例代表部分の削減、全国一区ではなくブロック別の比例代表制の導入によって、社会党はますます厳しい選挙制度における戦いを強いられた。この点に関する展望もなしに、選挙制度改革に反対した市民派といわれる人々の政治感覚の欠如が、社会党を一層窮地に追い込んだのである。

冷戦的対立が緩和し、自民党政権への反対が左派的野党の立場を必ずしも意味しなくなると、保守の中から対抗勢力が現れることも可能となった。左派が停滞に陥り、「革新」というシンボルが新しさや変化という意味を失う中で、日本新党、後のさきがけや新生党など保守の側から出た新党が「改革」というシンボルを掲げることによって期待を集めることとなった。

民主政治の運用に関連して、社会党には政権を動かす覚悟が求められた。冷戦後の世界においては、国際的な政策争点も変化し、アメリカの世界戦略も変化していった。その中で日本の政権を担う指導者には、冷戦時代よりも一層高度な統治能力、即ち政策的構想力と対外的な交渉能力が要求されることとなった。政権交代を求める側には、外交・安全保障に関しても構想力、交渉能力が求められた訳で、その意味では政権交代へのハードルは高くなったということもできる。

九三年に成立した細川政権は、与党間の外交、安全保障に関する相違は棚上げして、政治改革を接着剤としてできた連立政権であった。国内的にはそれでよかったが、日米の経済関係の険悪化、北朝鮮核武装にともなう緊張の高まりなど対外的難題に直面したとき、この政権は結束力を失った。

当時細川内閣の運輸大臣を務めていた伊藤茂(元社会党政策審議会長)は、北朝鮮核危機の中で自らが所管する海上保安庁が緊急時にどう対応するかをめぐって苦悩したことを回想録に記している(8)。自国の安全を守るために自衛隊や海上保安庁を動かす決断をするということは、社会党の政治家にとっては想定外の課題であった。しかし、実際にそのような危機が起こった場合、問題から逃げるわけにはいかない。その点で、社会党の権力獲得に関する覚悟のなさが、連立政権の経験から浮かび上がったということもできるのである。

### 資源配分をめぐる通常の政治（normal politics）

#### i　疑似社会民主主義の行き詰まり

九〇年代においては、経済社会政策についても大きなモデルチェンジが必要となった。右肩上がりの経済成長の終わり、グローバル化と競争の激化という大きな環境変化によって、かつて日本の繁栄を支えていた政策、制度はむしろ桎梏になった。この点について、日本の経済社会システムを「成功した社会民主主義」と捉える議論を手がかりに検討してみたい(9)。

日本型社民主義と呼ばれるシステムの特徴を簡単に整理しておきたい。成功した社会民主主義とは、皮肉を込めて戦後日本の経済社会システムを特徴づける言葉である。その含意は二つある。第一は、戦後の日本では所得格差が相対的に小さく、大都市と地方・農村との生活水準の格差も縮小したことである。一九八〇年代の中頃には、九割の日本人が自らを中流と考えるような平準化された社会が形成された。第二は、経済に対する官僚制の介入が広範囲かつ大規模であることである。許認可の件数、国民経済に対する公共事業の比重の二つの指標で、日本は大きな政府といわれる。

次頁の図は、日本の社会経済政策を特徴づけるものである。日本では、倒産、失業など経済競争にともなうリスク、病気や加齢など人間生活につきもののリスクが社会化されてきた。不幸や災難が特定の人、企業、地域に集中することのないよう、社会全体でコストを負担してきた。特に、農業や中小企業など競争力を持たないセクターや、経済基盤の弱い農村部のコミュニティがその恩恵に浴してきた。

ただし、リスクを社会化するための手段は、本来の意味における社会民主主義的ではなかった。西ヨーロッパの社会民主主義国では、公的年金、雇用保険、医療保険、介護保険、公営住宅、無償の公教育など普遍的な社会政策によって平等が実現された。日本でもその種の社会政策は存在するが、雇用保険の水準と期間、高等教育のコスト、医療や介護サービスのコストなどに表れているように、サービスの水準ははるかに劣っている。むしろ、業界に対する護送船団方式の規制や税制上の優遇、地方に対する公共事業や補助金など、裁量的な政策によって格差是正が実現された。規制の分野では、法的根拠があいまいで、行政指導という裁量が極めて大きく発揮される手法が用いられ、業界・企業の保護が行われてきた。また、公共事業予算の配分においてもルールや基準は存在せず、その配分は財源を持った官僚の裁量によって決められた。

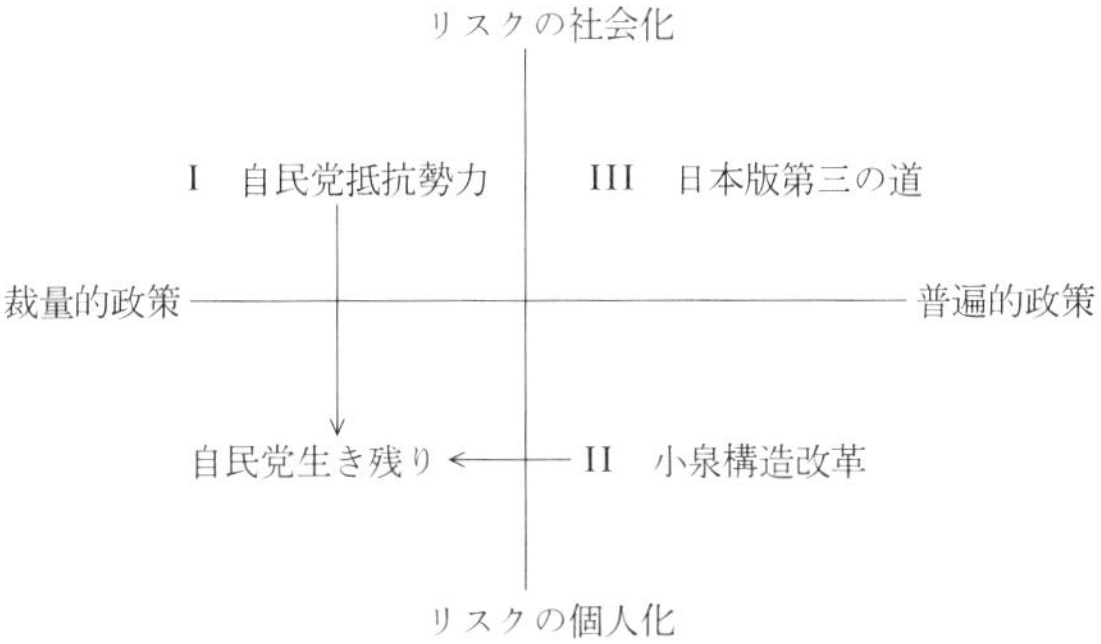


図　政策分類と政治勢力の位置付け

特に、自民党政治との関連においては、裁量的政策が重要であった。基準やルールが存在せず、官僚の裁量によって左右される政策に関してどれだけ予算獲得や業界保護という成果を上げるかは、政治家にとって腕の見せ所であった。自民党は政務調査会に、各省庁に対応した部会を設け、政治家の専門化を進め、裁量的政策による利益配分を管理する仕組みを作り上げた。

　こうした政策は、一九九〇年代に入って限界にぶつかった。それには三つの理由が考えられる。

　第一は、経済のグローバル化の進展である。規制に関する日本のローカルルールは後退を余儀なくされ、市場開放、規制緩和という「グローバルスタンダード」が日本国内にも浸透した。行政指導による業界保護は、不透明な裁量行政として排撃されるようになった。行政活動に関して、ルール、基準の定立が求められるようになったのである。また、いわゆる大競争時代への突入によって、リスクの社会化にともなう高コスト社会の弊害が明らかになった。企業がコスト削減に取り組む中で、日本では規制によってモノやサービスの価格が高いことに対する不満が高まった。

第二は、バブル経済の崩壊と、極度の財政悪化である。経済成長が鈍化する中で税収は落ち込み、加えて景気対策のために大量の国債が発行されたため、財政赤字は九〇年代に急増した。リスクを社会化するための財源も枯渇していったのである。

第三は、政治腐敗との密接な関連である。裁量的政策は腐敗の温床であった。基準が存在しない政策について、政治的圧力によって左右されるため、公共事業予算の配分や許認可をめぐって、政治家や官僚の汚職が起こりやすい。特に九〇年代には、大蔵省や厚生省の腐敗が露呈し、世論の強い非難を浴びた。

これらの理由によって、自民党と官僚が協力して作り上げた日本型疑似社会民主主義の政策は行き詰まったのである。

自民党政権による疑似社会民主主義的政策の行き詰まりに対して、保守の側からは小泉政権の構造改革という新保守主義的な改革路線が打ち出された。これは、公共サービスを縮小してリスクの個人化を進めるとともに、収益性、効率性という基準に基づいて政策を再編成しようとするものであった。社会民主主義的な政策は、非効率的で無責任な官僚支配と結びついて、否定的なイメージが定着するに至った。

もちろん、小泉は政策的基軸によって自民党を解体するほどの意欲は持っていない。国民負担の増加、政策的受益の縮小というリスク個人化の路線は基調として維持しつつ、族議員や官僚の既得権の温床となっている裁量的政策は保護されるという、図に示すような妥協が見られる。この点については、最後に再びふれることとする。

ii　社会民主主義的政策の不在

これに対して、左派の側は疑似社民主義を真の社民主義へと改革するという政策を持たなければならなかった。しかも、その場合の社民主義とは、伝統的な大きな政府ではなく、官僚制の病理を克服し、市場活力と共存できるような洗練された政策でなければならなかった。

しかし、左派はこの課題に答えることもできなかった。九〇年代初頭の土井ブームは、消費税反対によってもたらされたものであり、その記憶が鮮明な間に負担の引き上げと福祉の充実という政策を示すことは政治的に困難であった。言うまでもなく、西欧型社会民主主義においては、高率の付加価値税が福祉国家を支える財源として定着している。付加価値税はいわゆる大衆課税ではあるが、福祉サービスに関しても広く国民全体を対象とした普遍的な政策が提供されており、高い負担と大きな受益とが結びついている。日本の場合、一九八七年の通常国会に中曽根政権が公約に反して売上税を提案し、土井委員長率いる社会党などがこれに猛反対して廃案に追い込んだという経緯から、本来福祉国家の充実を主張する立場の社会党が、消費税に反対するという皮肉なめぐりあわせとなった。

九〇年代には、腐敗し、非効率な政策の体系と行政組織の体系を改革することが大きな課題となっていた。これについて、先に述べたとおり、保守の側は市場化のベクトルによる行政改革の議論を提起した。これに対して、もう一つの行政改革の可能性が存在した。それは、平等や公平をもたらす行政の機能は基本的に維持しながら、政策のうち既得権となった部分を見直し、行政組織の体系を透明化、分権化するという市民化のベクトルによる行政改革であった。しかし、社会党は行政改革という課題には積極的に取り組むことはなかった。支持基盤である公共部門の労働組合が、公共サービスの能率化や市場原理の部分的導入といった改革には消極的であったことが最大の理由であった。

さらに、連立政権に参加した社会党は、自民党と協力して、裁量的政策によるリスクの社会化という従来の政策を維持しようとさえした。即ち、九〇年代には市場開放や規制緩和などの政策転換にともなう被害者に対する損失補塡のために、旧来型の利益政治も活性化するという逆説が生まれたのである。たとえばコメ市場開放にともなう農村対策費の獲得においては、当時政権を構成していた社会党の農村出身議員は自民党と共闘した。このように、左派は旧来型の政策に安住し、グローバリゼーションへの対応を怠り、経済システムの改革に関して建設的な政策の提示をしなかったのである。

その結果、日本型の疑似社民主義の破壊という作業は、もっぱら新保守主義的言説によって定式化されることとなった。官僚支配の打破という単純なスローガンしか持たない小泉政権の構造改革が国民の大きな支持を得たのも、左派が改革というシンボルを放棄したことの結果である。

経済のグローバル化に対応した社会民主主義の再構築という課題に関しては、日欧の左派はもっとも大きな対照を成している。グローバリゼーションを社会化するという理念の下で、西欧左派は福祉国家の現代化や市場活力と社会的連帯との共存のための政策を打ち出した。具体的には、ケインズ主義的な積極政策で雇用を作り出すという路線を諦め、労働政策や教育政策によって個人の能力を強化する (empower) という方向での社会的平等を追求する政策が、今や西欧社会民主主義における主流となりつつある。こうした理論は、九〇年代に経済のグローバル化という環境において政権を奪還するという大目標を追求する中で、西欧左派が大きな知的努力によって開発したものであった。(10) イギリス労働党の「第三の道」やドイツ社民党の「新しい中道」というスローガンが額面どおりの成果を上げているかどうかについては、それぞれの伝統的な支持者から厳しい批判もある。しかし、経済運営の能力についてたとえばイギリスの労働党やスウェーデンの社会民主党が保守政党よりも高い評価を受けていることは事実である。

西欧左派はサッチャー政権などによる新保守主義的な改革によって伝統的福祉国家の弊害が打破された後に、現代的福祉国家の再構築という課題に取り組めたのに対して、日本の左派は、自民党政権による疑似社民主義的政策体系の解体と、現代的社会民主主義の構築という二重の課題に直面したということができる。そして、社会民主主義理論の現代化に向けた努力はほとんど払われなかった。当時社会党の政治家の主たる関心事は、政治改革や政党再編であり、筆者自身もそのような議論の講師をしばしば務めた。少なくとも九〇年代中頃までは、西欧左派勢力の動向を追跡しながら社会民主主義の政策論を深めるという動きは存在しなかった。

## 政治スタイルにおけるイノベーション

### i　政治の人格化と政党のイノベーション

九〇年代における日本社会の世代交代にともない、国民の支持を獲得するために政党・政治家の側は政策内容のみならず、リーダーのキャラクター、選挙や政策決定の手法に関しても、イノベーションを迫られた。この時代には、政治家、権力者の権威は失墜していた。したがって、政治家には、コミュニケーション能力、既存の制度や組織に対する挑戦的姿勢、国民との直接的な関係を重視することなどが求められた。こうした変化は、「政治の人格化」[11]と呼ばれる。この言葉は、国民の政治的選択の際に政治家の具体的な人格が最大の基準となるとともに、権力を発動、維持する際にも指導者の個人的な人気が最大の資源となるという現象を意味する。

この点は西ヨーロッパにおける中道左派の復活の過程でも重視された。流動性の高い中間層の支持を獲得するためには、政治的なマーケティングが必要とされた。そして、指導者や政党のイメージを形成・管理するための専門家として、スピン・ドクターと呼ばれるスタッフが大きな役割を果たすようになった。イメージ操作が先行することに対する批判は当然存在するが、高度情報社会においては理念や政策内容と同時に、それを表現、伝達する手段や媒体が重要となることは不可避である。

日本の左派においては、そのようなリーダー候補は存在しなかった。一時ブームを起こした土井たか子も、「だめなものはだめ」という抵抗のシンボルにとどまり、改革の旗手というイメージは持たなかった。九〇年代に政界に入った新しいタイプの政治家を次代のリーダーに育てるという党としての戦略も存在しなかった。結局、清新な改革派のリーダーというイメージは、国政においては細川護熙や小泉純一郎のような保守の側から出たカリスマ的政治家、地方においては田中康夫など無党派を名乗る起業家的リーダーが獲得することに成功した。

政治の人格化という現象は、西ヨーロッパ左派でも共通して起こっている。ただし、西欧左派の場合、ブレアやシュレーダーという人格化されたリーダーが政党の枠内にとどまり、党改革の主体となることを通して、不十分ながらも政党政治のイノベーションを起こしつつある。政党という制度資本を起業家型政治家が利用、あるいは乗っ取った形である。これに対して、日本では人格化されたリーダーは、国政でも地方でも、政党を批判することで大衆的支持、メディアや知識人の称揚などの政治的資源を調達している。そもそも貧弱な制度資本であった日本の政党は、九〇年代後半に至って自ら融解することによって、人格化されたリーダーに機会と政治的資源を提供しているのである。

ii　社会党におけるイノベーションの失敗

日本の社会党において、九五年から九六年にかけて行われた新党論議は、制度資本としての社会党を利用しつつ、それを土台に新たな政治勢力を作り出そうとした試みであった。しかし、担い手の広がり、政策のモデルチェンジの両面において、新党運動はなんら新しさを持たなかった。そこには、社会党の看板の掛け替えというイメージが最初から最後まで付きまとった。

担い手の面から見れば、村山富市という老政治家が委員長、首相を務めている状況で、次の新しいリーダーを押し立てることは政治的に困難であった。また、社会党は当時の新党さきがけを提携相手に考えていたが、さきがけの中心的政治家は、社会党が行政改革について消極的であることを理由に、提携に反対していた。

政策面でのモデルチェンジを図ることについては、政権を握っていた村山内閣時代、大きな好機が存在していた。環境の重視、市民社会の活性化、グローバリゼーションへの対応など、新しい政策の実現に一歩踏み出すことは、社会党の努力しだいでは可能であった。自民党との連立という事情は、大胆な政策転換にとっては障害であったが、同時に大胆な政策転換を行う舞台を準備する可能性も存在した。即ち、特に重要な政策課題については、連立解消というカードを見せながら、自民党を守旧派として描きつつ、社会党の主張の実現を迫るという政治的な賭けもできたのである。もちろん、そのような手法は社会党のアイデンティティに関わる重要問題について一、二回しか使えない切り札である。しかし、社会党の政治家にはそうした切り札を利用するという政治的な起業家精神は存在しなかった。村山の側近であった野坂浩賢は、九五年六月、建設大臣在任中に、環境破壊的公共事業のシンボルであった長良川河口堰の運用を開始する決定を下した。これは、社会党が官僚や族議員が進めてきた政策に屈服する無力な政党でしかないことを実証する出来事であった。

このように、社会党は大きな機会がありながら、政治スタイルのイノベーションを起こすことはできなかった。

## 四　残された課題

最後に、今後の日本政治の課題について検討してみたい。

本稿では、左派を中心に九〇年代における失敗を見てきたが、もちろん民主政治にとって重要な改革が実現したことも見逃すべきではない。政党政治については試行錯誤の連続であるが、政府対市民社会という軸においては、いくつかの重要な制度改革——民主主義に関する制度的標準化——が進んだ。九〇年代は、官僚制の腐敗、政策の失敗が相次いで露呈し、官僚制の威信が低下した。そして、情報公開法、行政手続法など、市民が行政権力をチェックするための法制度が九〇年代に整備された。また、官僚制の無謬性神話が崩壊したことから、大規模公共事業の撤退という画期的な事例もいくつか現れた。行政における民主化はある程度進んだと評価することができる。

九〇年代を通して叫ばれ続けた改革は、政治や行政に関する手続的な制度変更から、実体的な資源配分をめぐる政策変化に進みつつある。小泉政権による構造改革は、当初、新自由主義的な方向で自民党による疑似社民主義政策を転換する試みであった。小泉構造改革には次の二つの軸があった(図参照)。第一は、競争を基調とする市場原理を社会、経済の様々な分野で開放し、利得にせよ損失にせよ、リスクを個人に引き受けさせるという軸である。構造改革の中で最初に具体化されたのが医療保険における自己負担の増加であったことは、小泉改革の本質を象徴している。また、経済的困窮による自殺者の増加は、リスクの個人化の究極的な姿である。第二は、行政の裁量による利益配分、利害調整から、明確な基準やルールによるそれへの転換である。特に、市場原理を基調とする小泉改革の場合、効率性、収益性という基準が重視される。高速道路問題はその代表例である。

しかし、小泉政権が長期政権となる中で、その改革路線は変質した。政権を維持する際に与党との協力関係は不可欠であり、小泉は構造改革を貫徹するために、疑似社民的政策に固執する自民党を破壊するという道は取らなかった。構造改革がスローガンにとどまり、具体化しなかったのはそのためである。その結果、小泉改革は、疑似社民主義を市場原理によって解体するというよりも、日本を腐敗した競争社会に導くという帰結に至るであろう。そこでは、社会保障、雇用、教育などの国民生活の基盤に関してはリスクの個人化が進み、利益政治の温床となる裁量的利益配分が部分的に温存されることになるであろう。最大野党の民主党が、小泉政治に対決する政策的なビジョンを明確に出し切れていない状況で、政策に基づく政党間の競争システムにはほど遠い政党政治が続いている。

ポスト五五年体制の政治システムを立ち上げることは、決して容易な作業ではない。(12) 政党、政治家のリクルートの仕組みなど、民主政治に関する制度資本を再構築するためには、長い時間が必要となる。最近の政党再編成をめぐる議論の中では、「石原新党」待望論のように、人格化されたリーダーを軸にして新党を立ち上げようとする構想もある。しかし、既存の制度資本を崩壊させることによって権力を確立した政治家が自ら制度資本を構築するというのは矛盾した話である。そこに、現在の日本政治が閉塞状況を抜け出せない最大の理由がある。

小泉政権が行った、内政、外交両面にわたる戦後日本政治の基本的枠組みの破壊について、その現実的な帰結に基づいて国民が改めて評価を下すときが遠からず訪れるであろう。その時必要なことは、新自由主義的なアジェンダに対抗する社会民主主義的な選択肢である。日本における左派はほとんど雲散霧消し、政治的に無力に見える。最大野党である民主党がこうした政策路線を取ることができるかどうかを注視するほかはない。

(1) 左派という言葉は、かつての社会党、現在の社会民主党、民主党内の中道左派的部分を総称している。ヨーロッパの労働党、社会民主党などと対比するために、この言葉を用いる。

(2) 制度資本という概念については、宇沢弘文『社会的共通資本』(岩波書店、二〇〇〇年)を参照。

(3) 詳しくは、新川敏光『戦後日本政治と社会民主主義――社会党・総評ブロックの興亡』(法律文化社、一九九九年)、第二章を参照のこと。

(4) たとえば、代表的な本として、高畠通敏編『社会党――万年野党から抜け出せるか』(岩波書店、一九八九年)がある。この本は、党外の学者、ジャーナリストが政権交代に向けて社会党の政策を提言した文章をまとめたものであった。その中では、新藤宗幸による消費税をヨーロッパ型付加価値税に変えた上で、福祉国家の財源として承認すべきという提言など、単なる抵抗の姿勢から一歩踏み出す議論が展開されていた。しかし、社会党がこのような党外知識人の提言をどの程度真剣に検討したかは、明らかではない。

(5) 筆者は、九二年四月、『月刊社会党』の企画で久保亘副委員長(当時)と社会党本部で対談した。この時、久保はPKO法案について与野党が逆転している参議院において徹底的に抗戦する意欲を示していた。久保は後に、右派の指導者として九三年に書記長に就任し、党改革や新党運動を主導することになるのだが、そのような右派的な政治家でも九〇年代初頭においては九条安保問題を政治争点化することで、社会党が国民的支持を獲得できると考えていたわけである。

(6) 山口二郎「憲法政治の変容と日本政治のパラダイム転換」『UP』第二二九号(一九九一年一一月)。

(7) 当時、一九九〇年総選挙で初当選した若手議員が、「ニューウェーブの会」という集団を結成し、党改革に向けて積極的に発言しており、メディアの注目も集めていた。筆者もこの会の勉強会等にしばしば招かれ、議論を行った。そのメンバーの一人から、「中央右派、地元左派」という言葉を聞いたことがある。即ち、中央政界で政権交代に積極的な現実的政策論をしても、地元に帰れば実際に足腰を支えてくれる左派的活動家に同調せざるを得ないジレンマが存在したのである。

（8）伊藤茂『動乱連立――その渦中から』(中央公論新社、二〇〇〇年)、六六―六八頁。

（9）詳しくは、山口二郎『戦後政治の崩壊――デモクラシーはどこへゆくか』(岩波書店、二〇〇四年)、第四章を参照のこと。

（10）Cf. Anthony Giddens, *The Third Way and Its Critics* (Polity, 2000), Chapter 1.

（11）村上信一郎「政治の人格化について」『神戸外国語大学論叢』第五三巻第二号(二〇〇二年九月)。

（12）本稿では、新進党の実験についてふれる余裕がなかった。一言だけ言及するならば、同党の失敗は、制度資本の基盤を提供すべき公明党が国会議員のみ参加させ、地方組織、地方議員を公明という政治組織として温存したことに求められる。このため、新進党は地域に基盤を持たない議員集団に終わった。

# 第3部　憲法政治における外交と内政——アジア主義と総動員体制化

# 第7章　人種差別撤廃案
## ——パリ講和外交の一幕

島津直子

## 一　はじめに

一九一九年パリ講和会議において日本は講和条件の三基軸の一つ(他の二つは山東問題と旧ドイツ南洋群島)として人種差別撤廃案(以下、人種案)を提起した。しかし、大英帝国とアメリカ合衆国(以下、アメリカとする)の「反対」により日本案は否決される結果に終わった。一九四五年の国際連合憲章には異議なく導入された人種平等が、その二六年前に国際新秩序として設立された国際連盟の規約には、なぜ挿入されなかったのであろうか。本章の問題意識は元来この単純な疑問から生まれたものである。本稿では先行研究[1]において定説となっている人種案、すなわち移民対策案という枠組みを再検討した上で、より新しい見解の提出を試みる[2]。当時の人種案とは一体何を意味していたのであろうか。主要国である日本、イギリス、アメリカの政治外交関連の一次資料を分析した結果をあらかじめ要約すると次の三点である。まず、日本の国内政治と外交の「摩擦」に焦点を当ててみると、原敬首相の講和外交で連盟支持を打ち出したことに対する妥協案としての人種案が提起できる。次に、従来重視されてきた移民案としての見解を深く考察してみると、外務官僚特有の「面目外交」であったということが明らかにされる。最後に、列強としての日本の国際地位の「保障」という面が浮き出てくる。

## 二　国際連盟委員会での交渉過程

本論に入る前にまず一九一九年パリ講和会議においての人種差別撤廃案の交渉経過を説明する必要があるだろう。周知のとおり、日本は世界五大国の一として講和会議に臨んだ。[3] 日本全権団の特命全権委員は、元老西園寺公望を団長として、副団長牧野伸顕、駐英大使珍田捨巳、駐伊大使伊集院彦吉と駐仏大使松井慶四郎の五人であった。その中で牧野と珍田が事実上の交渉業務を担当し、西園寺は名目上の団長にしかすぎなかった。通常、人種差別撤廃案として知られている日本政府の提案は、正式には人種差別修正案として、ウィルソン（Woodrow Wilson）大統領が議長を務めていた国際連盟委員会に牧野と珍田により提議された。日本政府は、二月一三日と四月一一日の二度にわたって提案を国際連盟規約草案に挿入しようと外交工作を行ったが、二度とも失敗に終わった。

二月一三日に提出された第一次修正案[4]は、アメリカが提出していた規約草案第二一条「宗教の自由」(religious freedom article) に関する条項に、修正案として挿入される形で上程された。当初、人種案交渉は、ウィルソン大統領の側近であったハウス大佐（E. H. House）を中心に進められていた。二一条はウィルソン大統領の個人的な支援もあったため、牧野と珍田は人種案の規約挿入も決定されるものと信じていたのであった。[5]

しかしながら、この第一次修正案は多数決で敗れてしまった。その原因は、大英帝国全権団の強い要望により、「宗教の自由」のような論争を招く条項は連盟規約から除去すべきであるという立場を、連盟委員会が容認したからである。第一次修正案の敗北後も、牧野と珍田は本国政府から交渉を貫徹するよう指示を受けた。新しい方策として、反対勢力の筆頭に立っていた大英帝国の説得に焦点を置いた。日本としては、あくまでも人種案は外交問題であったため、イギリスのバルフォア外相（Arthur Balfour）と連盟委員会英国代表セシル（Robert Cecil）卿と直接交渉を進めるという姿勢をとった。しかし、大英帝国全権団内では人種案は「移民案」という解釈をしており、自治領の内政問題と見なされた[(6)]。そこで、牧野と珍田は、渋々ながら、「悪名高き」反対勢力の第一人者大英帝国内の自治領オーストラリアのヒューズ（W. M. Hughes）首相を中心として交渉を進めざるを得なくなった。そのために、三月から四月初旬にかけての人種案の交渉は難航した。この時期、牧野と珍田は日本からのプレッシャーも相当感じていた。臨時外交調査委員会、人種差別撤廃期成大会など国内政治圧力団体、国内世論の三方向からの圧力の中、牧野と珍田は、人種案を再度連盟委員会の最終会議で提議せざるを得ない状況に陥ってしまったのである。

四月一一日の連盟委員会に提案された人種案は[(7)]、規約の序言（preamble）に挿入する形式をとっていた。大英帝国との交渉は行き詰まっており、その承諾をまだ得ていないものであった。四月一一日の連盟委員会では、人種案は投票により採決されることになった。一七票のうち一一票が日本の案を支持する結果になったにもかかわらず、アメリカのウィルソン大統領は委員会議長として満場一致の採決が必要であるというむねを突然言明した[(8)]。これに対して、フランス代表ブルジョワ（Leon Bourgeois）委員が異議を申し立てたが、ウィルソンは断固主張を崩さなかった。人種案は二度目の敗北を味わう結果となってしまったのである。四月二八日に開催される講和会議総会で日本の提案の採決を最終的に要請する余地があったが、結局は提案を見合わせることにした。この決断の理由は種々あった。まず、日本が再度人種案を提議することになれば、総会で「とんでもない騒ぎを起こす」（wreck havoc）とヒューズオーストラリア自治領首相が脅しをかけていた[(9)]。さらに、列強間の講和外交もイタリアのフィウメ問題で亀裂が入ったため「Big Four」（四大国）関係が緊迫状態にあり、日本にとって講和条件の本命であった山東問題の交渉に人種案が悪影響を及ぼさないようにとの考慮があった[(10)]。一方、国内世論の鎮静のためにも日本の言い分を総会議事録に残す必要があり、牧野は総会でこの言い分を演説したのである。

人種案の交渉が始まってから二ヵ月の間に、人種案の内容が本質的なレベルで大きな変化を遂げたという点を認識しておく必要がある。第一次提案は、「人種の平等」を唱えていたものであったが、第二次提案では、「国家の平等」に変化してしまったということである。これは言うまでもなく内容の異なった要請であったが、この意義的「混乱」は、政府の認識「混乱」を示すものであり、同時に日本外交の「曖昧さ」を物語るものであったと言えよう。

## 三　原内閣と講和外交の内幕

人種案の起源を探るには、原内閣の講和政策決定過程を検討する必要がある。言うまでもなく、当時の外交政策は臨時外交調査委員会(以下、外交調査会)によって決定されていたが、この委員会は必ずしも連盟設立を支持していなかった。そこで、筆者は、欧米協調主義を主張していた原にとって、人種案とは、国内の連盟懐疑論者及び反対者をなだめるための妥協案であったのではないかと考える。これは、国内政治と講和外交の「摩擦」に焦点を当てた見解であり、従来の人種差別撤廃案研究では全く無視されていた点である。

周知のとおり、原外交とは一般的に欧米協調主義を強調した「リベラル派国際主義」である。これは、三つの要素から成り立っている。第一に、アメリカの重要性を認識した上に、以前より積極的に対米関係の改善を試みようとする姿勢である。[11] 第二に、日英同盟を日本外交方針の基軸とする点があり、[12] 第三に、欧米協調主義をアピールするためには対中国政策を見直すということである。[13] 外交調査会で展開された講和政策討論の際に、原が連盟設立を支持する立場を示したのは、ごく自然な欧米協調主義路線上の政策表明であった。原はあくまでも現実的な立場から考えて、日本の連盟支持は欧米の好意を得るために比較的効果的な外交政策と判断した。[14] つまり、原は連盟支持者とは言っても、ウィルソン大統領や英国のセシル卿などの心の底からの支持者ではなく、講和外交上ウィルソン大統領の唱えていた国際新秩序が連盟設立にかかっているという点を理解した現実主義的支持者だったのである。ゆえに、列強の一国として日本がこの国際的新思潮に逆らうことは不合理であると考えていた。これは、講和会議で原外交の執行者となった牧野伸顕も共有した考えであった。

しかし、原と牧野の連盟観が必ずしも外交調査会では主流でなかったことに問題があった。それどころか、伊東巳代治委員は、連盟などの国際機関はアングロサクソン諸国の支配下に置かれるものであり、彼らの国家利益のために設立されるのではないかと論じたのである[15]。これは、ある意味で大戦中の対英米感情の悪化が表面化したものと言えよう。驚くべきことには、連盟懐疑論は少数の非・反国際的な政治家や官僚の中にだけではなく、欧米協調を主張していた外務省高官の間にも存在していたということである。なぜ連盟に対する反感及び懐疑心がこのように強かったのかという点に注目する必要がある。第一に、外務省は連合国間で討議されていた戦後再建構想に根本的な変化があったということに気がついていなかったのである。したがって、外務省は国際連盟設立が講和会議で最大課題になるということを、また、そのためにウィルソン大統領がわざわざ渡仏するということを真剣に受け止めていなかったのである。イギリス、アメリカ、フランスなどでは、数年前から連盟規約草案の下準備が組織的に行われていたという事実を軽視していたのである。たとえば、イギリスではフィリモア委員会（Phillimore Commission）が一九一六年一二月に設立され、二年の歳月を費やして具体的連盟構想案を一九一八年に出しており、フランスでも一九一七年七月以降同じく委員会が設置されていた。日本の外務省は、その間、依然一九一五年九月に設置された日独講和準備委員会で討議された日本の極東に関する講和条件、即ち山東問題と旧ドイツ領の南洋群島の処分を前提に考慮するのみであり、あたかも大戦は他人事のように過ごしていたのであった[16]。このような状況だったので、一九一八年後半になっても連盟に関しては全くの情報不足であった。外務省では、連盟は欧米の少数の理想主義者が夢見る抽象的なものに過ぎず、実際に従来の国際秩序を超えるような国際機関など非現実的であると消極的な立場から見ていたようである[17]。また省内では、このような国際機関は国家の主権問題に係わるという見解も依然存在していた。外務省は講和会議の始まる二ヵ月前の一九一八年一〇月末まで連盟問題に関して特別な対策を打たなかったのである。翌年一月に開催される講和会議に備えて、漸く、一九一八年一一月一三日に第二次日独戦役講和準備委員会が設立されたのであった。

しかし、問題は原にもあった。彼は首相に就任してから一九一九年六月の講和会議終了までの約九ヵ月間で、外交調査会を一六回しか開かなかった。一旦、講和会議が始まると、外交調査会は日本の人種案交渉にはほとんど介入しなかったし、より正確にいえば介入できなかったのが実情であった。これは、講和外交の政策決定過程に大きな問題があったためである。まず、全権団の人選に大きな問題があった。他の列強はウィルソン米大統領、クレマンソー(Georges Clemenceau)仏首相、ロイド＝ジョージ(David Lloyd George)英首相、オルランド(Vittorio Orlando)伊首相と政界トップが代表をしていたのに対し、日本では原が首相として会議に臨むことなど話題にもならなかった。たとえ国内で西園寺が政界の大物であり、元老であったために適切な人選とされたとしても、史上初の大規模な国際外交の舞台では、現役首相と外相がいないのでは真剣な交渉相手として問題にもされなかったのである。しかし、現役の首相が六ヵ月間も国をあけてはるか彼方のパリで外交に臨むなど新内閣にとっては考えられないことであった[18]。このために日本の講和外交は国際常識からはずれた人選をする結果となり、交渉上終始不利な立場に置かれ、最終的には五大国の一員であるにも係わらず、頂上外交の場であった四大国(アメリカ、イギリス、フランス、イタリアで、通称「Big Four」と呼ばれた)のトップ会議からはずされてしまったのである。しかし、すべての交渉において東京の訓令なしでは事実上動けなかった日本全権団は、四大国の仲間に加入する権限も持っていなかったのである。この様に不合理な、時間の掛かる交渉方法が実際にパリで日々刻々変わる速い交渉ペースにはついていけるわけがなく、事実上外交調査会は、全権団から数日おきに送信される電報なり新聞報道などにより交渉経過をたどる程度の機関になってしまったのである。とくに、人種案交渉ではこれが大きな難点になり、外交調査会の意向と現地で交渉していた牧野と珍田の現状把握に大きなギャップが生まれる結果になってしまった。後に牧野は人種案交渉の際、自分の判断で決断を下しすぎたことで外交調査会の批判をあびる破目になる[19]。このことで、日本の講和外交には世界の大国としての自覚が完全に欠けていたことを他国に曝け出したのであった。国内でも、原内閣の講和外交基本方針である「大勢順応」はあらゆる方面から叩かれることになった。

国内世論に関しては、新聞の論調を分析してみると次のことが分かる。これらは、一般的に人種案の国際的正当性に焦点を当てていたと言える。先頭を切ったのは『国民新聞』で、一九一八年一一月三日に驚くことに連盟と人種差別の関連性を論じた。パリに特派員を送っていた『東京日日新聞』、『東京朝日新聞』と『読売報知新聞』も遅くとも一二月初旬には人種案議論を開始した。したがって、政府が人種案を連盟加入の条件として決定した際、国内世論は熱狂的にこれを支持した。これにより、人種案は講和外交の最も重要な講和条件として解釈されるようになってしまった。世論は人種案を連盟設立以上に重大な講和課題として受けとめるようになってしまったため、講和会議での人種案の承認が欧米の唱える連盟の正義の観念の信頼性を裏付けるものと見なされるまでに至ってしまった[20]。単純に言えば、人種案は支持するが連盟は支持しないという考え方が強かった。また、知識人の間では、リベラル派の吉野作造や石橋湛山などは、人種案を文字どおりに「人種差別撤廃」または「人種平等」と理解していたために、原内閣の偽善的な動機を強く批判する立場に立った。吉野と石橋は、まず日本のアジア人に対する人種差別的行為を改善してから、初めて人種案などの利他的な主旨を要求する権利が持てると指摘した[21]。その一方で、アジア主義者は一般的に政府の人種案を西洋対東洋または白色人種対非白色人種の枠組みで捉えていたので、国家利権的人種案を支持する傾向を見せた。根本的なところで中野正剛[22]や近衛文麿[23]などは反英米的な姿勢を持っていた。

人種案をめぐる講和外交は様々な方面から反論された。政治圧力団体で「政友憲政国民三党外二十四団体有志主催」の「人種差別撤廃期成大会」でも始終攻撃されていた[24]。これは、人種案を講和会議で実現するためだけに結成された団体であり、河野広中、島田三郎、頭山満、小川平吉などの主要メンバーが参加していた。この圧力団体は、講和会議中絶え間なく集会を開き決議案などを通して原内閣に圧力をかけていた。対外硬派的態度をとる政治圧力団体の存在は、国際協調主義を実行しようとする政府にとって外交交渉を難航させる一つの原因ともなっていた[25]。また、その存在は、国内における外交方針の摩擦、そして、日本外交における国際協調主義派の比較的不安定な位置を物語っているとも言えよう。逆にいえば、アジア主義的硬派対外政策支持層が国内では予想以上に勢力を持っていたということかもしれない。

このように、原の連盟支持は複雑な国内情勢の中にあり、少数派に属していたといえる。このために政府、官僚、世論に潜伏していた多数派の反連盟論者を説得することは並大抵の苦労ではなかった。したがって、人種案とは、原と牧野が反連盟態度を依然として崩さない硬派の伊東巳代治などに、連盟支持という「苦い薬」を呑み込ませるための必要条件として提議されたのではないだろうか。それでも、一二月八日の『翠雨荘日記』で明らかにされているように、最終的に原と牧野が外交調査会から得た連盟に対する日本政府の立場とは、連盟支持とは言いかねるほど脆く不確実なものであった。要するに、外交調査会は講和会議において絶対的に必要のない限り連盟の設立を支持しないという立場をとり、もし万が一設立されることになれば人種案を承認させることが不可欠な条件として決議されたのである。

国際連盟ニ付具体的提案成立スヘキ形成ヲ見ルニ至ラハ人種的偏見ヨリ生スルコトアルヘキ帝国ノ不利ヲ除去セムカ為事情ノ許ス限適当ナル保障ノ方法ヲ講スルニ努ムヘキ[26]。

いわば人種案とは、設立されようとする連盟において日本及び日本人が人種的差別を受けないように何らかの具体的処置をとるという利己的精神から生まれた案であったのである。これだけの連盟対策を確保するためにすら、原と牧野は大変な労力を外交調査会で費やしたわけである。これは、まさに妥協案としか表現のしようがない。

しかし、連盟支持云々と真剣に議論していた外交調査会がどれほど当時の列強国間の国際的認識からはずれていたかということは以下の事実からわかる。パリ講和会議に出席するということは、連盟設立を支持するという前提に立っていたことを日本政府は講和会議に出席するまで理解していなかったのである。このために、牧野と珍田は一月二五日の講和会議初総会で日本の連盟に対するあやふやな立場を宣言した際、ウィルソン大統領から即異議を申し立てられ、初めて一九一八年一月に発表されたウィルソンの一四ヵ条を休戦条件として承諾したということが連盟設立支持に繋がっていたことに気付いたのである。そのために、事は急に一大事になってしまい、念のために用意されていた「人種案」という講和条件が牧野と珍田により急速に具体化されなくてはならなくなったのである。無論、政府は具体的な案は何一つ考えていなかった。何はともあれ、政府の連盟に対する認識の低さは、日本の列強外交の未熟さを示しているし、政府が列強としての日本の世界的地位を単なる「地域的列強」(regional power)としか自覚していなかったことがわかるのである。

## 四　移民問題と面目外交

人種案の解釈としてあげられる第二の要因は移民問題に関連している。政府は、欧米諸国における排日移民問題の解決案として人種案を提議したという論点である。これは、従来の代表的な見解であり、池井論文・大沼論文・及びシソンズ論文でも指摘されている。本稿では、官僚政治的な理由(bureaucratic politics)として人種案が形成されたと考える。従来日本政府は、常に排日移民問題には敏感であった。それは、日本の列強としての国際的威厳をおとしめるような難題であったからである。問題は、現実に日本人移民の待遇を改善するということより、むしろ日本人移民に対する欧米諸国による人種差別的扱いが日本の列強としての沽券に係わるという点にあった。したがって、移民問題と人種案の関連性は日本の国際的地位とプレスティージ抜きでは語れないのである。

日系移民が排斥されたのは、主にカリフォルニア、カナダのブリティッシュ・コロンビア州、そしてオーストラリアであった。統計を見ると日系移民の実数はさほど多くはなかったが、これらの地域での排日感情は実数に不釣り合いな程強かった。たとえば、アメリカは日系移民が一番多く、カリフォルニア全人口の中、日系は二・一%であり、これは一九二〇年のアメリカ全人口に対して〇・一%にしか達していなかった。[27]カナダでは、一九二四年度日系人総数一万七七〇〇人の内、約一万六〇〇〇人はブリティッシュ・コロンビア州に居住していた。[28]人種案を敗北に陥れたオーストラリアには、一九一一年には三四八九人しか日系移民がいなかった。[29]これらすべての地域では、日系と他のアジア系移民の数をあらゆる移民対策で抑えていた。最も悪名高かったのは「白豪主義」(the White Australia Policy)として知られていた一九〇一年の法案である「ナタル方式」(Natal Formula)ともいえるもので、語学試験により移民を選別する方式であった。これは、表面上人種的な基準に基づかなかったため、対日感情を気にしていた大英帝国自治領のオーストラリアと南アフリカで採用されていた。ちなみに、カナダは単独に移民の割当て人数(quota)によって選別する政策を採っていた。日本政府にとっては、体面上日本人移民が特別に規制されるのを防ぐことに重点が置かれており、実際には日本側から自主的に日本人移民を制止する対策などを採ったりしていた。一例として挙げられるのは、一九〇八年にカナダと交わしたルミュー協定(Lemieux Agreement)があり、日本政府が自発的に年間の日本人渡航者を四〇〇人に限っていた。また、オーストラリアと交わした一九〇四年の旅券協定では年間四四人に、また、一九〇七年にはアメリカとも同様の協定を結んでいた。また、外務省にとっては日本人移民が、日本より文明度の低いと見なされた他のアジア系人種と同等に扱われることにも異議があったと言える。[30]

このように、日本政府は意図的に排日問題の緩和に努めていたが、排日感情は静まらず悪化するばかりであった。日本人を排斥する理由は、多く経済的問題に懸かっていたが、根底には人種差別が強く存在していた。たとえば、日系人は生活水準を落とすとか、低賃金による不公平な生産競争をするとか、日系人は「アメリカ人」に同化不可能であり、日系人はアメリカ白人社会に融合できるような人種ではないといった人種差別的論調が多かった。しかしながら、逆に日系人の経済的地位が向上すれば、今度は白人中流階級に危機感を与えることになり、結局何をしても受け入れられないという立場に置かれていた。何よりも一九一九年以前に日本外交に大きなインパクトを与えた移民問題は一九一三年のカリフォルニア移民法であった。日本にとってこの法案の最も痛いところは日本人が特定差別の対象になっていたということである。この法案によって日米関係は急激に悪化し、ウィルソン大統領は当時アメリカ政府に日本との軍事的衝突の起きる可能性ありとの警告まで出していた。[31] 日本にとって排日移民問題とは開戦理由になり得る程の問題であったといえる。当時、ウィルソンは次のように述べた。

これ〔人種偏見――島津注〕は、我々が日本人と親密な生活関係を持ちたくないということにあり、ただの含意、あるいは示唆に過ぎないが、日本人が我々と同等の地位にないと感じているということである。無論、これは外交で治まるものではない。それは、根本的、微妙、繊細、その反面過激なことである。どこを触れられているかわからないのに、明らかに人間のプライドの一番痛いところを触れたのである。[32]

しかしながら、日本は一貫性がなく、日本においてのアメリカ人の権利をより改善することで事態を打開しようとは考えてもいなかった。これは、日本政府にとって移民問題とは本質的には抽象的なことであり、日系人の生活向上や繁栄を実質的に図るために議論されていたものではなかったためであった。

以上の説明で分かるように、排日移民問題で外務省は頭を抱えていた。また、欧米協調主義を唱えていた外務省にとっては、この問題が解決されないことは省の面目に関わる対欧米外交の大汚点、同時に大難題として考えられていた。この歴史的背景からみれば、なぜ人種案が移民問題解決方案であったかという解釈が明白になるといえよう。第一に、講和会議の連盟委員会で人種案として提議された第一次修正案の言い回しは、移民問題を前提に起草された可能性が強い。確かに二月一三日の修正案は移民問題の臭いが大分強い。しかし、外交調査会で承認された「人種案」の原案ともいえる連盟に関する条項には、何一つ移民問題は触れられていなかった。また、外交調査会会議筆記を辿ってもいわゆる連盟設立に対する「具体的処置」が移民問題を指しているとはどこにも示されていない。では、何故この条項が第一次修正案として具体化されたのであろうか。それは、まさに修正案を起草した牧野と珍田の意向が表現されたからだと考えられる。二人とも外交経験が長く、特に著しい共通点は一九一三年のカリフォルニア移民法の際、牧野は外相として、珍田は駐米大使として直接アメリカの排日移民法問題に携わっていたことである(33)。牧野と珍田は、外務省グループの中でもいち早く排日移民問題を解決すべきと主張しており、これについては、内田康哉外相、幣原喜重郎外務次官、石井菊次郎駐米大使も賛同していた(34)。一般的に外務省はこの排日問題を列強としての顔に泥を塗られるような思いで受け止めていた。とにかく、外務省の面目を取り戻すためにも、排日問題を急遽解決することが必要であることは省内の誰もが感じていたことであろう。このような状況から見ても、牧野と珍田が起草した人種案とは、移民問題を解決する「面目外交」と呼ぶのにふさわしいといえよう。

しかしながら、彼ら外務官僚が抱いていた人種案、すなわち移民案という視点は必ずしも主流とはいえなかった。すでに述べたように、牧野がパリ出発直前に出席した外交調査会は、外務省の主張が通らないような性格を持ち合わせていたことが明瞭である。また、外交調査会においての人種案の議論は、一二月八日以後第一次修正案が否決された数日後の二月一九日までなかったため、人種案が起草されていた間一度も東京からの訓令がなかったのである。牧野と珍田の起草した人種案に排日移民問題が潜入していたことは、大英帝国とアメリカに人種案、すなわち移民案という外務省の意図を明らかに示してしまったために、結果的に敗北の原因となってしまった。人種案が最終的に否決されたというニュースが日本に報道されると、外務省が真っ先に批判された(35)。しかし、人種案を積極的に移民案と解釈したこと自体、外務省の官僚的優先事項を国家優先事項に読みかえてしまった外務省に責任がある。まさに人種案の敗北は外務省の排日移民対策がまたも失敗したということを浮き彫りにしたのであった。

## 五　日本の列強としての国際的地位

最後に、人種案は日本の列強としてのステータスの保障として提案されたという点を考察してみよう。日本はすでに、日清・日露戦争及び日英同盟により列強としてのステータスを獲得していた。しかし、日本は常に列強国家間における唯一の非白人国として、西洋列強の日本に対する同等の列強国としての承認が、どの程度保障されているのかということに不安を感じていた。明治時代より脱亜主義の路線を走り続けてきた日本は、その努力にもかかわらず、一九一九年までに何度か列強としての自尊心を傷つけられた苦い経験があった。このような「苦い」過去が日本の国際的孤立感に繋がっていった。

日清戦争後の三国干渉は余りにも有名だが、日露戦争後も対列強関係が好転したとは言えなかった。国際世論を見ると分かることだが、対日感情は日比谷焼打ち事件を転換期として悪化したのであった。日露戦争中はイギリスの『タイムズ』紙、アメリカの『ニューヨーク・タイムズ』紙、『ワシントン・ポスト』紙は日本を応援する論調であったが、これは当時の日本の対英米外交政策の成功を物語ると同時に、英米の対露関係の悪さを示していた。強いて言えば、戦争勃発直前に伊藤博文が金子堅太郎をアメリカに、末松謙澄を欧州に派遣して黄禍論を阻止する工作をしたことが成功していた証拠である[36]。しかし、日露戦中の親日派が「日本は文明国」であるという論説を繰り返し唱えていたために、日比谷焼打ち事件で明るみに出た「野蛮」「非文明」的な暴徒の姿が一夜にして国際世論を覆したのであった。一九〇五年九月以降、欧米での対日感情が日露戦争期のような高みに達したことは今日に至るまでもない。ロシアに軍事的勝利をおさめた日本はようやく軍事大国として認められるところまで達したわけだが、今度は皮肉なことに非白人軍事大国として白人諸国にとって脅威の対象となってしまうのである。特にオーストラリアでは、一九〇五年の後に対日感情はより一段と悪化し、南太平洋にある他の大英帝国領から離れて孤立した地理的条件に置かれていたために、日本の軍事的脅威に怯えていた[37]。一方、日本は、ロシアを負かした大国としての自尊心を、先程述べた移民問題、特に一九一三年のカリフォルニア移民法などで傷つけられた。この様な経緯は、日本に防衛的な態度を植え付けることになり、常に欧米から「不公平」に扱われ対等な立場に置かれていないという猜疑心が根をはっていった。

第一次大戦中日本の国際的孤独感は、さらに自らの侵略的政策により悪化していったのである。まずは、一九一四年、日本は対独参戦理由として日英同盟を挙げたのであるが、肝心な同盟国イギリスの承諾なしで勝手に戦争宣言をしたのであった。そして、山東半島とミクロネシアの旧ドイツ領を占領し終戦まで待っていた。イギリスでは、日本の参戦を阻止しようがなかったわけだが、これが対日感情悪化の理由となるのである[38]。次に挙げられるのは、日本の大陸政策があまりにも利己的な侵略主義であったということである。欧州戦は東アジアに繰り広げられた列強の競争に隙間を作り出し、日本にとっては確かに「天佑」であった。しかし、大戦中の日本の積極的な対中国政策がアメリカとの関係を悪化させる原因になったわけである。特に中国に対する二一ヵ条は、アメリカの対日猜疑心をより強化した上に、同盟国のイギリスにとっては日米関係の悪化が直接英米関係に影響を及ぼし、三角関係に悩まされることになった。[39] 他方、中国においても反日感情が急激に増大した。結果的にいえば、二一ヵ条は日本の対英米関係に致命的な悪影響を与えた失策であったといえよう。シベリア出兵問題では、アメリカの対日感情が悪化したことが明瞭になり、アメリカは連合国フランスとイギリスからの強い要望があっても、断固日本出兵に反対した。表面上の反対の理由は二点あり、まずはロシアが日本の出兵を誤解する可能性があること、次にアメリカ国内世論における日本出兵の反響に対する懸念であった。[40] しかしながら、アメリカの本音は日本が出兵を機会にシベリアを長期占領するのではという猜疑心にあった。その上、ハウス大佐に依れば、根底には日本に対する人種的偏見があった。[41] 国内においてもシベリア出兵問題で政府は分裂し、本野一郎外相、田中義一陸相、伊東巳代治ら少数の出兵肯定派、その反対に、山縣有朋、駐露大使内田康哉、寺内正毅、原敬などがいた。原敬は、これが原因で日米関係が悪化すると見ていた。[42] 最終的には米国が一九一八年六月に日本の出兵を許可したが、日本は了解されていた七千名を大幅に上回り、七万三千名の兵を出兵した。結果的に言えば、大戦中のあらゆる政策は日本の対欧米関係を緊迫化させ、相互に不信感を深める原因になってしまった。

その一方では、日本の外交関係の緊迫化の裏側には国内世論の硬化があった。特に目立ったのは「人種論」の流出で、日本人の特殊性を人種的基準に基づいて論じる者が増えたということである。特に、アジア主義者はアジアとの文化的人種的連帯感に重点を置いていた。全体的には悲観的な見解が論じられ、日本の将来は対西洋との「人種戦争」、「人種競争」とする論調が多かった。興味深いことに、「人種論」には「季節性」があり日本の対欧米関係が悪化すると出没する傾向があった。更に追求すれば「人種論」の高低は日本の列強としての不信感に比例しているように思われる。また、「人種論」は二面性を持っており、日本の大陸侵略の正当化に使われる一方、欧米に対する劣等感を正当化するものでもあった。

一九一九年までの日本の帝国主義国家形成の過程をたどれば、唯一の非白人列強としての立場にまつわる国際的緊迫感が相当高かったことが分かる。しかし、重要なのは客観的に日本が孤立していたかではなく、日本が孤立しているという自己認識を持っていたということであり、それが人種的相違によって成り立っているものではないかという認識に繋がっていたことにある。というわけで、パリ講和会議で提案された人種案とは国際新秩序として設立される国際連盟で人種差別を受けないように具体的処置を取るという見解をさらに上回って、より正確に言えば、日本が他列強との関係で人種平等も含む総合的な「完全なる平等」を確保するための処置として提案されたと読めるわけである。これは、上記に掲示された講和外交政策の対連盟方針を再度検討しても明らかである。政府はこの人種案によって普遍的人種平等を唱えようとはまったく考えていなかった。皮肉ながら、講和会議では人種平等提案「racial equality proposal」と名付けられてしまった日本の提案は、非常に国家利己的な「主義」とさえいえぬ提案であり、日本と日本人だけが人種的差別を受けなければよいという、真に利己的な「願い」から生まれたものであった。しかし、一旦「人種平等案」として知られるようになると日本もさすがに訂正することは出来ずにいた。無論新帝国である日本としては、普遍的な人種平等など認められない主義であった。現に牧野は、平然と、リベリア代表に対し、人種平等の件についてなら日本よりクレマンソーに会ってこいと言ったのである(43)。このような非白人国家諸団体からの人種平等案支持は、日本にとっては列強の誤解を生むかも知れない面倒な話であり、また、大変歯がゆいことであった。日本は、その点においては完全に始終脱亜の姿勢を崩さなかった。日本にとっての列強平等の最後のハードルは人種的相違であり、それをなくすことが重大課題とされたのであった。人種案とは欧米協調主義を貫こうとした政策であったのだ。

大沼論文では、日本の人種案は提案国の日本が気付かぬ内に国際秩序に「挑戦」的な兆候を示したと述べている。確かに当時の世界では日本しかこの提案が出来る立場になかった。また、日本が列強の仲間入りをしたことによって列強のエリートグループが拡大したばかりではなく、本質的に変化したのであった。一九一九年の国際認識では「人種平等」とはまだ列強からのコンセンサスを受けていない未熟な「国際的原理」(international principle) であり、第二次大戦とナチス・ドイツの体験を経るまで受け入れられなかったのである。日本が二〇世紀の初めに西洋列強のエリートグループに加入したということは、国際社会に一つの転換期を及ぼしたといえるのではないか。従来の「国際社会の拡張」(expansion of international society) 研究では、近代西洋「国際」社会が世界の秩序として広がったということに重点を置いている(44)。しかし、この研究で欠けている視点とは東洋の日本を加入させたことにより、違う価値観を持った国がエリートグループに入ったことで、従来のヨーロッパのユダヤ・キリスト教文化圏の共有していた文化的価値観を多少揺るがすことに繋がったことである。まさに人種案はその第一弾になったのである。西洋社会に日本が吸収されていっただけの話ではいかにも単純過ぎであり、実は吸収されたはずの日本が西洋中心主義であった「国際常識」を徐々に変化させていったのである。この論点から見れば、国際社会発展の軌道上で人種案は大いに一見に値するものであった。しかし、日本はこの自己の「パワー」について少しも理解しておらず、いつも「被害者意識」の立場からしか自らの位置をとらえていなかったのであった。

## 六　おわりに

本稿では一九一九年にパリ講和会議で提案された人種差別撤廃案を三通りの視点より説明することを試みた。第一に、原内閣の連盟外交の一幕として、第二に、外務官僚の移民問題に関連した面目外交の一端であったという点、第三に、日本の列強としての位置付け対策であるということである。すべての理由はあくまでも日本の劣等感から成り立っていたといえるであろう。なぜかというと、人種案は積極的に国際社会のルールを改善するために提案されたものではなかったからである。それどころか、ただ日本の国際地位の向上、西洋列強と日本の間に漠然とあった形式的平等をもう一歩具体化した「人種平等」を導入しようとした利己主義的な案であったのである。しかし、日本外交史上人種案の一幕は無比の出来事であったのは間違いない。利他的ではないにしろ、日本が積極的に自己の内存的なアイデンティティに係わる問題を外交問題として具体化した唯一の例であったからである。

日本はあくまでも自己の殻から抜け出せなかった。人種案の敗北はアングロサクソン優先の国際新秩序に対する懐疑心を深める原因の一つとなった。それは、人種案の否決は国際社会が人種差別を否定しない「不公平」な秩序であり、日本を同等の列強として認めていないのではないかという懐疑心に繋がった。この論調は、後に一九三〇年代のアジア主義者・国粋主義者達によって大いに利用されることになった。アジア主義は一九一九年を契機により表面化したともいえるであろう。

一九一九年の当事者の日本も、イギリスも、アメリカも、人種案が普遍的人種平等主義を唱えていたとの誤解はしていなかった。ここにも、列強の現実主義的な考え方が浮かび上がったわけである。しかしながら、講和会議において日本の提案が「人種平等案」と知られていたのも奇遇ではなかったかもしれない。ある意味で、いずれ国際的認識が変わろうとする前兆だったのであろう。

（1）　主に、池井優「パリ平和会議と人種差別撤廃問題」『国際政治』第二三巻（一九六二年）、四四—五八頁、D.C.S. Sissons, 'The Immigration Question in Australian Diplomatic Relations with Japan, 1875–1919,' History Section 26/821, Australian and New Zealand Association for the Advancement of Science, 1971; 大沼保昭「遙かなる人種平等の理想」、大沼保昭編『国際法、国際連合と日本』（弘文堂、一九八七年）、四二七—四八〇頁。その他、人種案にふれている文献は、間宮国夫「大隈重信と人種差別撤廃」『早稲田大学紀要』第二一号（一九八九年）、二一三—二三七頁、中西寛「近衛文麿『英米本位の平和主義を排す』論文の背景」『法学論争』一三二号（一九九三年）、二二五—二五八頁、Paul Gordon Lauren, *Power and Prejudice: The*

*Politics and Diplomacy of Racial Discrimination* (Westview Press, 1988).

(2)　本稿は拙著 *Japan, Race and Equality: The Racial Equality Proposal of 1919* (Routledge, 1998) の部分的要約である。詳しくは同書を参照されたい。なお、筆者の人種差別撤廃案の研究は、オックスフォード大学修士課程の論文(一九八六年四月提出)から始まったものである。

(3)　講和会議においての格付けでいうと、日本はアメリカ、大英帝国、フランス、イタリアの後にくる五番目の列強国と正式にはなっていた。

(4)　英文の第一次修正案は次のとおりである。The equality of nations being a basic principle of the League of Nations, the High Contracting Parties agree to accord as soon as possible to all alien nationals of states, members of the League, equal and just treatment in every respect making no distinction, either in law or in fact, on account of their race or nationality.

(5)　Charles Seymour (ed.), *The Intimate Papers of Colonel House*, Vol. 4 (Ernest Benn Ltd., 1928), pp. 320–324; Binder 15, Series II, collection group 466, House Papers, Yale University Archives; D. H. Miller, docs 362 and 363, Vol. 5; and diary, 11 February 1919, Vol. 1, *My Diary: At the Conference of Paris* (privately printed, 1924).

(6)　ハウス大佐との会談記録、10 February 1919, Additional Manuscripts 49751, Balfour Papers, British Library.

(7)　英文の第二次修正案は次のとおりであった。…by the endorsement of the principle of equality of nations and just treatment of their nationals…

(8)　日本案を支持したのは日本(二票)、フランス(二票)、イタリア(二票)、ブラジル(一票)、中国(一票)、ギリシャ(一票)、セルビア(一票)、チェコスロバキア(一票)であった。

(9)　British Empire Delegation Minutes 17, 2 April 1919, F126, Lloyd George Papers, House of Lords Record Office, London.

(10)　Minutes of the Council of Four, 28 April 1919, *Papers Relating to the Foreign Relations of the United States*, 1919, Paris Peace Conference, Vol. 5.

(11) *New York Times*, 21 October 1918.

(12)『外交文書』内田康哉、一九一八年一〇月七日。

(13) Ian Nish, *The Anglo-Japanese Alliance: The Diplomacy of Two Island Empires, 1894–1907* (Athlone Press, 1966), p. 250; 細谷千博「牧野伸顕とベルサイユ会議」『中央公論』第八〇巻五号(一九六五年)、三六八頁。

(14)『原敬日記』第八巻、大正七年一一月一七日、同年一二月二日及び八日、大正八年三月三〇日(乾元社、一九五〇年)。

(15)『翠雨荘日記』外交調査委員会会議筆記、大正七年一一月一九日、同年一二月八日(原書房、一九六六年)。

(16) 海野芳郎「パリ講和会議と外務省」『歴史教育』第一五巻一号(一九六七年)、四七頁、長岡春一『日本外交文書：日本外交追懐録　一九〇〇―一九三五』三一八頁。

(17) 海野芳郎『国際連盟と日本』(原書房、一九七二年) 八頁、牧野伸顕『回顧録』(中央公論新社、一九七八年) 下巻、一七四頁。

(18)『原敬日記』第八巻、大正七年一一月二二日、小泉策太郎『西園寺公望自伝』一六八―一六九頁。

(19)『翠雨荘日記』外交調査委員会会議筆記、大正八年二月一九日、二月二二日、『原敬日記』第八巻、大正八年二月一九日。

(20) たとえば、『東京日日新聞』大正八年三月一四日、同年四月九日、『読売報知新聞』大正八年四月九日。

(21)『石橋湛山全集』(東洋経済新報社、一九七〇年) 第三巻、六八―七〇頁、吉野作造「人種的差別撤廃運動者に与える」『中央公論』三六七号(一九一九年)、七〇―七二頁、吉野作造「人種的差別撤廃問題に就いて」『中央公論』三七〇号(一九一九年)、九五頁。

(22) 中野正剛『講和会議を目撃して』(東方時論社、一九一九年) 一一九―一二〇頁、中野正剛「講和会議の真相」『憲政』第二巻五号、大正八年、五一頁。

(23) 近衛文麿「英米本位の平和主義を排す」『日本及日本人』大正七年一二月、七四六号、二三―二六頁。この論文の分析は、中西寛「近衛文麿『英米本位の平和主義を排す』論文の背景」『法学論争』一三二号(一九九三年)を参照されたい。

(24)『外交文書』大正八年第三冊上巻、四三七―四四三頁。

(25) Diary, 15 and 26 April, binder 15, series II, collection group 466, House Papers, Manuscripts and Archives, Yale University.

(26) 『外交文書』大正八年第三冊上巻、四四三頁。

(27) Naoko Shimazu, *Japan, Race and Equality: The Racial Equality Proposal of 1919* (Routledge, 1998), p. 75, table 3.1.

(28) K. K. Kawakami, 'Canada as the "White Man's Country",' *Current History* 19:5 (1924), 832.

(29) A. T. Yarwood, *Asian Migration to Australia: the Background to Exclusion, 1896–1923* (Melbourne University Press, 1964), pp. 98–99.

(30) Greene to Grey, 15 March 1915, PRO, FO/371/2388, f 50192; Katō Salisbury, 7 October 1917, quoted from Sissons, p. 35.

(31) Diary of Josephus Daniels, 13 and 16 May 1913, *Wilson Papers*, Vol. 27.

(32) Press conference, 19 May 1913, *Wilson Papers*, Vol. 27.

(33) 牧野伸顕『回顧録』下巻(中央公論新社、一九七八年)、八五頁。

(34) 同上、幣原喜重郎平和財団編『幣原喜重郎』(幣原喜重郎平和財団、一九五五年)、一四二頁、石井から後藤、大正七年七月一六日、No. 58, 2.4.2.2,「国際連盟：人種差別撤廃」(外交史料館)。

(35) 『国民新聞』大正八年四月一〇日、一三日、『中外商業』大正八年四月一七日、Address by Kato Takaaki, Phillips to Ammission, 31 March 1919, SDR 894.9111/3, reel 563, National Archives Microfilm Publication 820, Naitonal Archives, Washington, D.C.

(36) 松村正義『日露戦争と金子堅太郎：広報外交の研究』(新有堂、一九八〇年)。

(37) Neville Meaney, *The Search for Security in the Pacific, 1901–14* (Sydney University Press, 1976), p. 46.

(38) 'Points of Contact with Great Britain in the Far East,' 29 November 1918, SDR 714.41/24, National Archives Microfilm Publication 581, National Archives, Washington, D.C.

(39) Ian Nish, *Alliance in Decline: A Study in Anglo-Japanese Relations 1894–1907* (Athlone Press, 1972), p. 155.

(40)　D. E. Cronton, *The Cabinet Diaries of Josephus Daniels: 1913–1921* (University of Nebraska Press, 1963), p. 288, p. 295; 'Memorandum on the proposed Japanese military expedition into Siberia,' 18 March 1918, box 2, Vol. 1, *Robert Lansing Papers*, Princeton University Archives.

(41)　House to Balfour, 4 March 1918, F60/2/45, Lloyd George Papers.

(42)　『外務省の百年』上巻(原書房、一九六九年)、六八一―六八二頁。

(43)　下村ヒロノリ『日本外交秘録』(朝日新聞社、一九三四年)、一四五頁。

(44)　Hedley Bull and Adam Watson (eds.), *The Expansion of International Society* (Oxford University Press, 1984).

# 第8章　高橋財政下の帝国経済再編と体制間優位競争
## ――汎アジア主義の日本帝国における政治経済基盤

松浦　正孝

## 一　はじめに

一九二九（昭和四）年一〇月ニューヨーク株式市場に端を発した世界大恐慌は日本経済を呑み込み、深刻な影響を与えた。その後高橋是清蔵相の下での金輸出再禁止とケインジアン政策の結果、日本は三三年頃から世界に先駆けて跛行的にではあるが徐々に恐慌を脱出していった。近年の研究では、高橋財政下での大恐慌脱出、満州国建国と国際連盟脱退の陰で進められた国際協調の模索、外務省・政党・財界と軍部との緩やかな協調関係の回復などにより、「全般的危機の中での相対的安定」(1)が一時実現されかけたことが指摘されている。しかしその水面下で実は、日本を「大東亜戦争」へと向かわせる政治経済的な構造変動が進んでいた。汎アジア主義の昂揚と浸透である。

満州事変の拡大を憂慮した高橋蔵相(2)や、後に林内閣期の「佐藤和協外交」を試みる佐藤尚武、あるいは日中「経済提携」論を掲げた財界の訪中実業団でさえ、(3)満州国建国後には、満州国独立や華北における日本の特殊権益を譲ることのできない既成事実と考えるようになった。これは東アジアにおける日本の盟主意識と結びついたものである。こうした認識が満州事変後に共有されるようになったからこそ、国内では軍部や外務省・政党・財界の間の軋轢が弱まり、クーデターの危機も緩和されたのである。そして、高橋財政下における世界大恐慌からの脱出と日本帝国内部の経済的再編成とは、汎アジア主義の昂揚と帝国内全域への浸潤とを推し進める政治経済的な構造変動をもたらした。

高橋蔵相による金本位制停止と為替統制、円の急落の下で、インドや東南アジアを初め世界各地に集中豪雨的に輸出された繊維製品や雑貨等の軽工業製品は、英国等との通商摩擦を引き起こした(4)。このため高橋は、輸出拡大による日本経済回復に対する自負を示しつつも、通商摩擦の深刻化を回避する必要性を国民に訴えかけた。

世界経済の不況は依然として深刻の度を加へ、最近欧米諸国の貿易は逐年減少の一路を辿りつゝあるの際、本邦の輸出貿易が世界各方面に目覚しく進出し来つた為、諸国中その競争に耐へず、正当の通商取引に対して、種々の障碍を設けるのみならず、更に我国を目して、或は好戦民族なりとし或は文明程度の劣等なる国なりと云ふが如き非難を流布するものの鮮くないことは、之れまた実に遺憾の事と謂はねばならぬ。故に吾等は此の際世界に向つて、斯る誤解を一掃せしむると共に、我国経済の実力に就て精確なる認識を与へることに努力する要がある(5)。

しかし高橋財政下における日本経済浮上は、軽工業製品輸出にのみよるものではなく、急速な重工業化によるものでもあった。この景気浮揚の評価をめぐっては、かねてより議論がある。ファシズム化・軍国主義化の性格を強調した大内兵衛らに対して、近年は、高橋財政期に高まったとされる軍事費の割合も日清戦争・第一次世界大戦の終了直後や日中戦争期よりは低かったことや(6)、後期高橋財政における軍事費抑制政策への転換等を根拠に(7)、恐慌脱出のための緊急避難的な需要創出の側面が強調されることが多い。高橋財政下で進められた重化学工業化は軍事化のみならず機械類の輸出促進を結果し、機械輸出額は一九二九年から三六年にかけて二倍に拡大した(8)。重化学工業製品の輸出先の多くは、満州・朝鮮・台湾であった。これら植民地への輸移出のうち重化学工業品が占める割合は一〇%以上も増加し、三六年には満州で四一%、朝鮮で四二%、台湾では四九%となり、日本からの重化学工業品輸入の六割以上を占めた。英仏両国と比べても三〇年代日本による植民地への輸出増は驚異的であった。機械・鉄鋼製品等の重化学工業品は外貨獲得には役立たなかったが(9)、その多くは植民地の工業化やインフラ整備に使われた。日本の重化学工業化は機械や鉄鋼等の生産財輸出を通じて植民地の工業化と直結し(10)、帝国内需要を創出したのである。植民地工業化進展の背景には、高橋財政下内地で進められた重要産業統制法や為替統制等の経済統制を嫌って資本や工場が自由な植民地へと移動したこと、内地のための産米増殖政策が内地の米余剰で維持できなくなり代替措置として植民地に工業化が認められたこと、などもある(11)。

一方、日本による軽工業製品輸出増大の結果、三三年四月インド政庁によって通告された日印通商条約廃棄を契機として、日本国内では繊維業者を中心に反英気運が盛り上がった。ラーシュ・ビハーリー・ボース、ラージャ・マヘーンドラ・プラタープ、A・M・サハーイ、ソハン・シン、A・M・ナイルといった亡命インド人の大々的な宣伝活動もあって、従来ほとんど目の向けられていなかったインド独立問題が注目を浴びるようになった。そして亡命インド人らの反英・反帝国主義の論理を汲み上げる形で、汎アジア主義が展開した。これを「インド要因」と呼ぶこととする(12)。汎アジア主義をもたらした要因のうち「インド要因」について詳しくは別稿に譲るとして、本稿では、高橋財政下における景気回復と帝国経済再編とが、朝鮮・台湾等の植民地や内地に汎アジア主義の昂揚をもたらした政治過程を検討する。それらは、世界大恐慌下でのアジア通商圏再編と交錯しながら、印僑・華僑・台湾籍民らの通商ネットワーク及び経済力や、華中・華南、東南アジア、さらにはアジア、アフリカ等の市場をも争奪の対象とする英国等との通商戦争へと日本帝国を引き込んだ。そして、日本帝国を「陸の帝国」から「海の帝国」へと転換させ(13)、新たな政治経済的磁場の中に置いたのである。この過程は、従来からの「陸軍の北進」対「海軍の南進」という通説的図式では説明できない。日本を南進させ「大東亜戦争」へと向かわせることになった汎アジア主義という思想の実像に、高橋財政による経済効果の側面から迫ること、それが本稿の目的である。

## 二　世界大恐慌・高橋財政下における経済構造変化と植民地工業化

### 宇垣総督下朝鮮の政治経済的変化

満州事変後の朝鮮における工業化が進んだのは宇垣一成朝鮮総督時代（一九三一年六月―三六年八月）であるが、推進されたのは単なる軍需工業化ではなく、「農工併進政策」であった。朝鮮総督府には工業化推進のための資金・技術・経営能力等が十分になかったため、大規模な電源開発を行った他は、行政措置により統制排除・工場法適用除外等の経済特区を設定し、野口遵の日本窒素に代表される化学工業・軽工業の内地民間資本を誘致した程度である。日本本国と総督府の間で朝鮮工業化に関する明確な戦略についての合意はなく[14]、堀和生氏の言うように「各植民地において工業まで含めた生産力の増強をはかり、日本帝国全体として世界的な地位の上昇をはかっていくという戦前期日本の戦略的志向[15]」が日本帝国全体の統一的政策としてあったようには思われない。本稿では、高橋財政下での経済政策による帝国経済の再編、及び宇垣以下植民地当局者等の間に共同心性として共有されていた汎アジア主義の結果、こうした方向性が生まれたと考えている。

宇垣朝鮮総督には、汎アジア主義的な発想があった。四一年一二月三〇日、彼は日記にこう記している。

余は昭和七、八年（満州事変最中）頃日本の産業貿易の興隆の実情を見て、此の勢を以て日本が今後五年か八年辛抱し努力すれば必ずや国力が英米と同一水平線に達し、物によりては彼等を超越することも出来得る、此間支那を手撫づけ親しき友邦となし、彼と協同して蘇国を東亜より後退せしむべきである、而して日本海を名実ともに日本の内海たらしむべきである、日支両国が堅く提携し国力さへ充実すれば此仕事は手荒き手段に出なくとも成熟すると思惟するが、夫れが不可能ならば武力を以ても決行する、其後数年間に更に国力の充実拡充を図ると同時に他方アングロサクソンを漸次東亜より後退せしめ、十五年乃至二十年後には亜細亜は完全に亜細亜人の亜細亜たらしむへき見透しの下に、昭和十一年在鮮中国是国策に関する私案を立案したりしが、爾来幾変転今日の情勢に立ち至れり(16)。

すでに満州事変期から宇垣の日記にはこうしたシナリオが書かれ、東アジアにおける日本の覇権強化を中心としたアジア人によるアジアの平和(17)、互譲・平等に基づく大亜細亜主義による日中共存共栄(18)が論ぜられ、インド・フィリピンの独立も将来の視野に入っていた(19)。「露国共産党の帝国攪乱は膺懲せねばならぬ。支那軍閥の利己的虐政は是正せしめねばならぬ。米国の資本主義的金権的の世界制覇は折伏せねばならぬ、英国の自己本位有色人種搾取は打倒せねばならぬ。如上の企図遂行の為には結局戦争は不可避となる事なしとせず、又決して回避すべきにあらざるなり。而して其戦争は必ず勝たねばならぬ。日本の敗退は日本民族の衰頽を意味し、亜細亜の後退を結果し有色人種の萎靡を余儀なくせらるるに至るべし矣」(三四年八月一九日)(20)と言い切る彼の立場は、短期的には漸進的な東アジア(モンロー)主義、長期的には汎アジア主義と言うことができるであろう。

ここで重要なのは、宇垣が、大恐慌からの景気回復の曙光を日本に認め「我邦は世界の内にて他の多くよりも恵まれたる立場に置かれてある」(三三年七月三〇日)(21)、「日本の勢いは産業も着々と興り、貿易では世界を圧倒する。南洋、濠洲、インドは勿論のこと、南米からアフリカにまで勢力を伸し、英国を始め米国ですら悲鳴をあげてゐる。日本が安い製品をどん〳〵市場に送り出して、外国は日本品と競争ができぬといふ時代である」(「宇垣内閣流産の経緯」[22])と誇りに感じると同時に、日印会商・日蘭会商という通商摩擦を英国等によるアジア民族圧迫と捉え、それへの対抗の急務を論ずるようになって(八月二日[23])初めて、日本による植民地統治方式は欧米人とは異なるべきであると確信するに至っていることである。一九〇二(明治三五)年以降三三年半ばに至る宇垣の日記を仔細に検討すれば、中国・インド等アジアの植民地化に関する憂慮[24]や第一次世界大戦後のアジア・アフリカにおける欧米「モンロー主義」への反感[25]、人種差別に対する反発[26]、欧米による一方的な門戸開放・機会均等要求に対する批判[27]、アングロサクソン民族台頭に対する警戒[28]、朝鮮をポーランド・アイルランドやインド・エジプトのように征服地として扱うべきではないという自戒[29]等汎アジア主義の萌芽となり得る記述は認められるものの、先に紹介したほどの攻撃的な汎アジア主義的記述を見出すことはできない。三一年七月八日には、「内鮮一体」のような精神的結合の必要性を論じるにあたって、第一次世界大戦に際して統治国に協力的であったインド等の英国植民地を、本国との精神的・物質的結合が強かった成功例として挙げているほどである[30]。

しかるに、日本経済の回復やそれに伴う英国等との通商摩擦以降、例えば、

英蘭等の先進国が自国資本家を保護し救済する為に関税障壁を作り輸入制限を行ふたりして夫れの属領たる被統治民族の印度人や馬来人に重き負担を課し、夫れの力によりて日本民族の伸展を阻止せんとして居るのが現状である。亜細亜民族の負担によりて亜細亜民族の発展を妨害せんとして居る。支那を指嗾して日本に楯付かしむるのも同一筆法である。亜細亜民族に同志打ちを為さしめ、同民族の潰滅を招来して白人天下の夢を継続せんとして居るのである。這辺の消息は全亜細亜民族に認知せしめ其の覚醒を促し其の結束を図ることが目下の急務である!!(三四年九月二五日[31])

欧米人の新領土、殊に有色民族の領土に対する意識、政策は所謂搾取である。新領土の繁栄、新附民の幸福よりも母国の興隆、母国民の福祉の為に彼等を犠牲にするも辞せ〔ざ〕る底のものである。……欧米人の遣り方は旧式である、永遠に生きて行く道でない。断じて夫れは採りて進むべき路ではない。須らく今日迄余が採りし共存共栄、母国と浮沈栄辱をともにすべ〔き〕大道に依らねばならぬ（三四年九月二七日）[32]

といった、欧米流植民地支配を批判してこれに自身の朝鮮統治方式を対置する記述が、宇垣の日記を埋めるようになる[33]。英国によるアイルランド統治、インド統治を現地の経済発展を抑制する方式として批判し、朝鮮ではこれとは異なる方針をとらなければならないと主張する[34]宇垣の主観においては、朝鮮での資源開発・工業化の新統治政策は英国等西洋帝国主義の植民地支配と対置され、汎アジア主義の心情と結びついていたと言えよう。宇垣の中に、帝国全体の工業化を進め経済発展を均霑させる日本の植民地体制は、欧米諸国による搾取的植民地体制に優越しているという意識が生まれてきたのである。

しかしこのような「汎アジア主義者」宇垣の像は、当時から現在に至るまで流布している、軍部に対抗した「リベラル」のイメージ[35]とは隔絶しているし、後に日中戦争期の外相として日英会談を行い、中川融や牛場信彦ら外務省「革新派」から「親英派」として指弾された宇垣の行動[36]ともずれている。しかし、自己イメージと外部による認識にはギャップがあることが多いし、政治家自らが虚像を利用して行動することは往々にしてある。宇垣自身は有色人種団結の必要性を認めていたが、大亜細亜協会の結成に参加を要請された際、「日本全体を小さくするの恐ある」としてこれに参加しなかった[37]。

宇垣総督期の朝鮮経済が一九二〇年代の停滞から一転して成長へと転じたことは、近年の経済史研究ですでに統計的に実証されている[38]が、同時代人の印象もこのことを裏付けている。当時の代表的エコノミスト高橋亀吉によれば、満州事変後、朝鮮の政治社会は安定に向かった。それは、満州国独立により朝鮮から満州への植民・経済進出が確保され、発展する日本工業との分業関係が成立し、宇垣総督による農村振興政策を含む政策転換(いわゆる「宇垣イズム」)の結果民生が安定し、鉱工業産品の輸出が拡大し「ゴールド・ラッシュ」とまで言うべき状況が生じたためである。こうした朝鮮の安定化を、宇垣のみならず総督府当局もまた十分自覚していた。[39] 京紡(京城紡織株式会社)財閥等一部の朝鮮人資本はすでに総督府や日本政府と朝鮮財界との密接な関係の中に組み込まれていたが、満州事変以後、満州市場の確保によって内地産業との競争を回避した分業体制を実現し、綿業を中心として著しい経済発展を遂げた。[40] 三六年に総督府が主催した朝鮮産業経済調査会で、津田信吾鐘紡社長は個人主義に基盤を置く西洋資本主義の行詰りを必然とし、家族主義に基づく日本の卓越性を誇る演説を行い、朝鮮人に対しても日本統治体制の優越を強調した。[41] こうした朝鮮経済発展の果実が朝鮮人全体の生活向上に果たして実際に結びついたのかという議論はここでは措くとして、宇垣総督ら植民地当局の下で朝鮮経済が成長し、日本帝国の植民地経済が世界不況の中で例外的に好転したことは、日本側当局や日本人資本家の間で西洋型植民地帝国とは異なる日本型帝国の優越性の証左と見なされ、汎アジア主義的意識を強める根拠となったと思われる。

### 満州における政治経済的変化

満州における汎アジア主義には、関東軍・満州国及び日本の民間右翼らにより政治的に作り出された面と、経済的に作り出された面との両面があった。一九三四年二月一一日に大連ヤマトホテルで開かれ、アジア民族連盟結成や被圧迫民族解放のための日本による努力の促進等を決議した第三回アジア民族大会には、五・一五事件に関わり拘置中の大川周明の代理である弟周三(大連商工会議所)、二六・二七年の長崎・上海におけるアジア民族大会を中心として担った元政友会代議士今里準太郎、アフガニスタン国籍のラージャ・マヘーンドラ・プラタープ、神戸在住のインド国民会議派日本支部長A・M・サハーイ、京都帝大卒のA・M・ナイル、香港在住のD・N・カーン、上海在住のO・アースマーンらのインド人らが参加し、これを頭山満や大亜細亜協会の中谷武世法政大学教授ら民間右翼が後援していた。しかし事務局長を南満州鉄道株式会社(満鉄)庶務課長石原重高が務め、会長に鮑観澄元満州国駐日代表、顧問に十河信二満鉄理事が就任していることに見られるように、背後には満州国・満鉄があった[42]。この前後にプラタープやナイルらの行った華北や内蒙古における反英運動や対英羊毛輸出妨害運動を、関東軍や満鉄は支援していた[43]。当初、孫文の王道主義や五権憲法、国家組織等に依拠していた満州国は、関東軍のイデオローグとなった中国研究者橘樸を含め、その後孫文の作り上げた中華民国との対抗に重点を移動させた。そして帝制実施と共に日本モデルへの従属化を進め、孫文が二四年一一月に神戸高等女学校で行った大アジア主義演説や三民主義をも批判するようになった[44]。中国ナショナリズムと対抗する強い指向を伴った汎アジア主義は、満州帝国を確立し華北分離工作を進めて中国大陸に「陸の帝国」を根付かせようという政治的論理の帰結であった。

一方、関東軍司令部の置かれた政治首都長春(新京)ではなく満鉄本社の置かれた満州経済の中心大連から、即ち政治的側面からではなく経済的側面から見ると、満州における汎アジア主義は「海の帝国」としての色彩を濃くする。大連は元来、三国干渉後ロシアが租借し、大英帝国に対抗するための拠点として建設した、巨大な港と東清鉄道の終着駅とを併せ持つ商業都市ダリーニーである。それを日露戦後東清鉄道及び鉄道附属地等と共に日本がそのまま引き継ぎ、満鉄が経営した。満鉄には大連を東アジア通商圏のハブ拠点化しようという発想があり、大阪・神戸からの大連海路、東京―下関の東海道線から関釜連絡船(下関―釜山)及び朝鮮鉄道から安東(丹東)・奉天(瀋陽)経由で大連に至る鉄路、大阪―大連の空路という三ルートによって日本と満州とをつないだ。そして、満州国内の大豆・豆油・豆粕の大豆三品を中心とする貨物を、大連港から、あるいは東清鉄道や南満州鉄道を通じて、欧州市場や台湾、華北等の世界市場へと輸出した。この結果、大連は貿易額で牛荘や広東を抜き、天津に追いつき[45]、上海を中心とする「上海ネットワーク」[46]に対抗する「海の帝国」日本の重要拠点となったのである。かつて中国人が作り上げた、中国市場のすべての金融・流通・海運・情報を上海に集中する「上海ネットワーク」は、アヘン戦争以降次第に英国等西洋帝国主義による中国通商圏支配のネットワークへと転化したと考えられ、日本の「大連中心主義」はこれに取って代わることを目指した。満鉄による「大連中心主義」自体、清国政府下における遼河水運を背景とする営口の繁栄への対抗を目的とするロシアの政策を受け継ぐものであったが[47]、満州事変後大連はさらに、英国による上海・香港中心の通商ネットワークに対抗するものとなったのである。

元来、高橋是清蔵相の財政経済政策の根底には日本を中心とする経済圏確立の発想があった。例えば、一九〇七(明治四〇)年に横浜正金銀行頭取として中国及び朝鮮を視察した高橋の報告書は、アジアにおける上海中心の金融ネットワークに対抗するため大連を銀の、神戸を金の決済センターとし、両港を自由港として東洋における貨物集散地とすべきであると論じていた[48]。また高橋は二一(大正一〇)年五月原内閣の蔵相時代、一部に配布した秘密意見書「東亜経済力樹立ニ関スル意見」において、英米二大経済力に対抗するために、日中経済提携による東亜経済力を確立することを説いた。さもなければ、「英米ノ経済力ハ忽チ侵入シ来リテ容易ニ東亜ノ支配権ヲ掌握シ、支那及日本ハ其ノ勢力下ニ屈服スルノ外アル可カラズ」、即ち、非侵略的・非軍事的な経済力こそが国力を決する時代であるにもかかわらず、日本は対外経済発展も国内需要創出もままならぬ進退両難の状態にあり、「帝国将来ノ隆替興亡」の打開には日中提携による第三勢力の創出しかないというのである[49]。このように高橋は、大連を神戸と共に、英米の経済勢力と対抗して「東亜経済力」を確立するための拠点と考えていた。そして後に岡田内閣の蔵相となると、軍部の圧力を排除して満州国から日本円や朝鮮銀行券を撤退させ、満州国の独立性を保つために独自通貨を発行させる一方、これを三五(昭和一〇)年管理通貨である日本円と等価でリンクさせるのに成功した[50]。

なお、同じ三五年英国が中国幣制改革への協力を要請した際、高橋ら大蔵省は中国が自力更生すべきであり、日本は財政的余裕がないので英国に協力できないと断った。しかしこれは、津島寿一や重光葵らが戦後の回想で弁明するように軍部の圧力に屈したためのみでは必ずしもない。高橋蔵相は同年八月原田熊雄に対して、対中共同借款を行うのならば、他国からの借金を前提に参加した一三年の五国借款団のようなまねはすべきでなく日本が盟主となって行うべきであるという意見を披露し(51)、また九月には、英米資本が華北への共同投資を提議してきた場合に備え、東洋の盟主としての面目のためにもこれに対応できる準備をしておくべきであると閣議で述べたと伝えられている(52)。英米との五国借款団による金融提携を担い対英米協調を最重要視した銀行資本家出身の井上準之助(53)であったならば、あるいは対英協調を最優先に進めようとしたかも知れない。しかし当時の高橋は、満州国通貨を確立し「東亜経済力」としての日満経済ブロックを完成することで精一杯であった。そのため、資金の乏しい状況で経済的ナショナル・プライドを保つためには、中国幣制改革への参加は見送るしかないという政策判断を行ったと考えられる(54)。

なお近年の研究によれば、満州経済は、一九二〇年代大豆三品が世界商品として順調に発展しモノカルチュア的地位を占めていたが、その後世界恐慌の打撃と満州事変以降の中国市場喪失や混乱・水害等のために停滞した。そして満州国期になると日本の要求に基づいた経済計画がなされ、大豆を中心として二〇年代の活況を取り戻すことはなかった。また鉱工業については、三七年以降満州産業開発五ヵ年計画が行われ生産増強がなされたものの、日本の戦時体制に奉仕するものとして終わったという(55)。満州の中心産業である大豆商品の不振は、中国ナショナリズムによる抗日運動と共に満鉄の経営悪化を招き、満鉄及び大連商工会議所等に大きな危機感を与えた。このため、大連商工会議所を中心とする在満邦人はいわゆる「植民地帝国主義」の担い手として、満州事変及びその後の満蒙進出を積極的に支持し、満州と日本帝国とを結びつける経済圏の再編強化を訴えたのである(56)。大連アジア民族会議がアジア経済連盟結成を決議したのも(57)、また十河満鉄理事が満州の大豆製品を媒介とした台湾や華南との経済提携構想に積極的に関与していくのも(58)、陸続きの中国市場から切り離された満州が市場を必要としたためであった。朝鮮・台湾と異なり、満州経済は必ずしも良くなかったが、それ故に台湾や華南、東南アジア等とも結びつき「海の帝国」の一翼を担う方向へと向かうモメントを持っていた。そして大連は、第三回アジア民族会議の開催地に選ばれたことに象徴されるように、神戸及び基隆・高雄と並ぶ日本帝国の汎アジア主義的膨張の拠点と考えられていた。

### 台湾における政治経済的変化

台湾の場合には、朝鮮や満州以上に、汎アジア主義や南進の主動力となるだけの政治経済的要因があった。台湾における米・砂糖モノカルチュア中心構造から工業化への転換は、朝鮮より大きく遅れた。一九三四年の台湾電力による日月潭第一発電所完成、三七年の第二発電所完成が契機となって工業化が積極化し始めたのは日中戦争以降で、電力に依存する化学・窯業(セメント)・金属工業・機械器具工業等に台湾銀行から資金が貸し付けられ、その成果が出始めたのは四二年以降であるとされている(59)。三〇年代における台湾経済の発展は、高橋財政下での日本からの資本流入やインフレ波及、三六年度から始まった軍事費負担による歳出増加によるインフレ等が新興工業を刺激し(60)、満州事変後における日本帝国経済再編の結果台湾貿易が伸張したことなどの結果であると言われる。しかし台湾の経済発展は、工業化によるものというよりも、むしろ三〇年代末まで台湾の産業構造が依然米・砂糖の農業中心であったことによる。このことは、台湾での汎アジア主義を考える上で重要である。

満州事変後に起こった日本帝国の経済構造変動の中でも、台湾経済が経験した変動はとりわけ大きく、その影響は重大であった。三一年度の段階では、東京政治経済研究所の発行した年鑑が台湾について、「農業収穫の点では良好であるが、農産物価格が低落してゐるので農民の困窮は依然として甚しい」と指摘し、自作農でも小農が多く、小作慣行も不良のため生活状況が著しく低下しており、「従って農業恐慌の打撃は他の地方に増して深刻である」と憂慮し、しかも輸移出減少により農業恐慌はますます先鋭化していくと予測していた。これは、朝鮮についても同様であった。[61]

ところが英国の淡水領事館が台湾について作成した一九三三年の報告書は、台湾が政治的・通商的・地政学的に活性化し重要性を増してきたことを指摘している。即ち、台湾の対岸である華南情勢の変化だけではなく、砂糖・石油資源・金を含む鉱物・熱帯的産物(平時戦時を問わず役立つ)の供給地として台湾は注目を集めており、その成長・発展は目覚ましい。観光客も増え、日本の新聞社は台湾に大きな関心を示し、海外の通信社も台北に駐在員を置くようになった。日本の国際連盟脱退後ナショナリズムが昂揚する中で、ある政治家は台湾を日本から南へ向かって引き絞られた矢に喩え、陸海軍は台湾を防衛の最前線だと論じるようになった、と。[62] さらに淡水領事館が三六年に出した「台湾年次報告書」でも、台湾経済のその後の目覚ましい成長ぶりが指摘されている。三三年から輸出額は二億四八〇〇万円から三億八八〇〇万円へ、輸入は一億八五〇〇万円から二億九三〇〇万円へと伸び、四年間で五五―六〇%の成長を記録した。経済成長の中心は農業生産物であり、主に日本帝国の圏内向けである。日月潭第一水力発電所が三四年に完成してからは、日本からの工業生産への投資も継続して増加している、と。[63]

この間における台湾経済の急成長は台湾銀行の誇りとするところであった。その『台湾金融経済月報』三五年二月号の「最近台湾に於ける住民生活の向上」と題する報告書は、こう述べている。

近来本島に於ける産業の開発と文化の発達に伴ひ、全島住民の生活向上の跡著しく、都市と曰はず、村落と曰はず、旧来の生活様式は全く一変されたかの観がある。今より十数年以前にあつては、一歩市街を踏み出せば、其処には一様に頭上に頭布を巻き、淡青色一色の綿布を纏ふた裸足の住民を見たのであるが、今日ではその頭布が帽子に代り、淡青色の綿服は洋服に代り、裸足は地下足袋、又は靴と変じ、竹の長煙管を銜へた悠長な態度は、敷島を燻らし、両切を口にする「スマート」な住民となつてゐる。……従前は十里の長途も徒歩を普通としたが、今は汽車やバスを利用し、百姓の野良行きにも自転車が利用されてゐる。

エコノミスト高橋亀吉によれば、当時の台湾の農家所得は内地並みである上に、土地投下資本や生活費、教育負担も少なく、公課・兵役もない。しかも米等農作物価格は騰貴しているために、生活程度は著しく好転し、農民の貯金や土地投資は増大し、土造家屋から煉瓦家屋への建替えが行われ、建築ブームすら起こっていた(64)。

世界大恐慌中における台湾の著しい経済・社会変動は、近年の台湾経済史研究者も統計指標で跡づけている。呉聡敏氏の研究によれば、世界的にも高水準にあった台湾人の平均GDP成長率は三〇年代には上昇し続け、特に三四年頃からピークとなった(65)。消費者物価指数、台北市小売物価、そして大工や小作人の賃金率から見ても、特に三〇年代台湾経済は好況と言うことができた(66)。こうした台湾経済発展は、日本帝国内部の産業再編成によるものであった。林満紅氏が解明したように、満州事変後日本帝国経済における台湾の位置は大きく変動した。三二年から三八年までに台湾から満州への輸出は倍増し、満州からの輸入は一〇倍となり、台湾の対外貿易(対日本貿易を含む)に占める満州との貿易は八倍になった。満州との結びつきを急速に強めることで、台湾は旧来の中国大陸との交易の縮小を補ったのである。台湾から満州への輸出品は砂糖・茶・米・果物・蔬菜等であり、これらは従前は満州が中国本土から調達していたものを代替した。こうした農業振興策を指導したのは、台湾総督府であった。一方、満州から台湾への輸出は大豆が中心であり、特に豆粕は家畜・魚類の飼料となり、肥料として使用されることとなって、台湾の農作物生産率を著しく向上させた(67)。さらに朝鮮で発展した化学工業からは硫安が台湾に輸入され、満州からの硫安輸入とあわせて、台湾の農業生産力を増大させたのである。朝鮮に対しても、台湾からは砂糖・果物・農産加工品等が輸出されている。なお、満州から朝鮮へは高粱・粟・大豆等の農産物、動植物製品、鉱物・金属等が輸出され、朝鮮から台湾へは軽工業品が輸出された。日中戦争後は、こうした各植民地の分業関係に華北が組み込まれることになる。軍需を含む先端機械で日本で生産できないものについては、米国からの輸入が増大した。このように満州事変後の日本帝国では、英米等との貿易を維持しつつも、植民地相互の分業化と結合強化が進められ、アジア市場から化学製品・農産物・軽工業品等のドイツ・英国等欧米製品を駆逐しつつ、自給自足的な東アジア経済ブロックが構築されていった。そのことは堀和生氏が実証している通りである(68)。

このように帝国内部で産業構造の転換が起こり、各植民地間に補完・分業関係が発生したのは、満州事変によって、日本にとって最も重要な中国市場の多くが失われたことと、従来の台湾・満州等の中国中央部との密接な経済的連環が切断されたことによって、帝国通商経済の再編成が必要になったためである。十河信二によれば、特に排日運動の激しい広東に対しては、ひとまず日本製品を一度香港に輸出し、そこで商標を英国製に張り替え、手数料を英国に払って広東に輸出する方式がとられた。このため広東での日本品の輸入は〇・五%と言われていたが、実際には八〇%が日本品であったという(69)。また日本海軍の情報によれば、澳門においても日本品を多量に輸入し、そこで商標を付け替えて中国各地に再輸出していたという(70)。しかし、中国における排日貨運動や関税自主権回復による保護関税政策等(71)によって落ち込んだ対中国輸出は、冀東密貿易や日本商品の英国商標への偽装による輸出だけでは補うことができなかった。これをカバーし、同時に満州事変後の日本の孤立化と世界大恐慌下での英国等による経済ブロック化の動きに対抗し防衛するために、朝鮮・満州・台湾の各植民地を、あるいは工業化しあるいは農業製品の移輸出先を広域化することで、日本内地を中心とする雁行的経済発展に基づく分業体制へと深く組み込み、さらにその周縁を東南アジア、南アジア、アフリカ等にも広げ通商圏を確保しようとしたのが、汎アジア主義に基づく「大東亜共栄圏」建設への動きであった(72)。

こうした大日本帝国の経済的再編の中心となったのが台湾であり、その変化を担った一つの主体が、インド商人と共に、満州事変後の経済的活況の中で行動を活発化させた台湾商人であった。中国大陸との対岸貿易に従事する台湾商人の多くは福建省・広東省出身者であった。彼らは、同姓同族親戚関係を利用し華僑としての通商貿易ネットワークを活用して中国・台湾両方に活動拠点を置いた。そして台湾籍民として日本国籍を利用して治外法権を行使し、また別の場面では中国人と自称して国籍を使い分けることにより、自由に福建・広東等の間を往来し、さらにそこを拠点として南洋(東南アジア)との通商貿易にも活躍した。有力な台湾籍民の代表として、福州の林熊祥、インドネシアの郭春秧、広東の林麗生らが挙げられる(73)。籠谷直人氏によれば、日中戦争以後広東系を中心とする多くの華僑が反日意識から日本商品を扱う通商行為から退場する中、代わって日本製品を扱うビジネス・チャンスに参入したのが台湾商人を含む福建系や潮州系の華僑、あるいは神戸在住の広東系華僑らである。彼らは政治的には抗日運動を口にしながらも実際には日本帝国の通商活動を支える役割を果たしたという(74)。日本帝国は、台湾籍民及び彼らと密接な関係を持つ華僑の通商ネットワーク及び、台湾を取り巻く華南・東南アジアの経済権益を、国民国家建設を進める中華民国及び英米蘭等西洋諸列強と争奪したが、これこそが日本を汎アジア主義へと駆り立てた一つの要因であった。

当時日本の陸海軍は「一九三五・三六年の危機」を高唱し、台湾はその防衛の最前線として頻りに言及された。その際問題となったのは、日本の連盟脱退が効力を発し特に南洋諸島の委任統治問題が国際問題化する恐れのある三五年三月と、ワシントン海軍条約の失効する三六年一二月であった(75)。とりわけ海軍軍縮条約の失効により、台湾を中心に南洋及び華南において、英米両国との深刻な競争・角逐が行われると考えられたことが重要である。海軍軍縮条約失効によってもたらされる「国家的危機」により海軍の重要性が高まり、海軍の主張する南進政策の結果、台湾総督の地位が朝鮮総督よりも重視されるようになった。このため中川健蔵総督が更迭されて一七年間の文官統治に幕が下ろされ、後任には三六年九月に小林躋造海軍予備役大将が就任した。英国側では、三六年に成立した台湾拓殖株式会社に見られるように南進は経済的で平和的なものであり、「一九三五・三六年の危機」も海軍の予算獲得のキャンペーンとしての性格を持つもので、すぐに英米との軍事的対立を招来するわけではないと観測していた(76)。

しかしながらこの経済競争は、通商圏をめぐる英米等との熾烈な囲い込み競争を意味した。三四年三月当時、華南銀行常務の竹藤峰治は、松井石根台湾軍司令官や和知鷹二広東駐在武官らと連携し南支那台湾銀行設立構想を模索していた。竹藤が「要之所謂一九三五、六年ノ危機将ニ眼前ニアリ　南支ニ於ケル列強ノ角逐ニ備フルタメ諸般ノ準備毫末ノ遺漏アル可カラズ　南支沿岸ヲ責任区域トスル我台湾ハ帝国南端ノ鎖鑰トシテ特ニ深甚ノ関心ヲ必要トスルガ故ニ実力ノ背景ヲ以テ歩武堂々画期的経済活動ヲナサシメン為メ」に新銀行が是非とも必要であると述べた際に、「将来日英米列強ノ経済争覇戦ノ行ハル可キ地域」として想定されていたのは福建・広東両省であった[77]。かねてより台湾と密接な関係を持ち日本の影響力の強い福建省には日本から密輸出も行われており[78]、福建の陳儀政権を巻き込む形で、福建商人・南洋華僑・台湾籍民らの通商ネットワークと満州とを結びつける貿易公司構想も浮上した。また、福建と深い関わりを持ち国民党西南派が強い力を持つ広東・広西両省との間でも、和知広東駐在武官を軸に、台湾銀行・華南銀行・満鉄や、在台日本資本、台湾現地資本、さらにはタイの蕭仏成ら南洋華僑による南支台湾銀行(西南銀行)設立構想が持ち上がった[79]。満州事変後における台湾の通商経済活発化の中で台湾籍民及び彼らと密接な関わりを持つ華僑らの経済力及び通商ネットワークが重要視され、台湾及びその対岸地域である福建・広東・広西各省、東南アジア及び日本・満州を舞台にその争奪が行われたのである。そして日本側がその取り込みのための旗印としたのが、汎アジア主義(大亜細亜主義)であった。但し台湾・華南地域では、日本側が反蔣介石を掲げ孫文の正統な後継を自認する国民党西南派との提携を模索したこともあって、満州における汎アジア主義とはその内容は若干異なった。

この台湾における汎アジア主義運動を強力に推進したのが、松井石根である。松井は参謀本部第二部長(情報部長)やジュネーブ一般軍縮会議全権委員、軍事参議官等を歴任後、三三年八月から一年間台湾軍司令官に就任した。先にも引用した三三年の英国淡水領事館による政治報告書は、台湾軍司令官のポストが二八年以降、菱刈隆、渡辺錠太郎、真崎甚三郎、阿部信行、そして松井と、帝国南端の基地台湾の重要性を示す要職となり、類い希なる「支那通」

松井の台湾軍司令官就任は日本による福建省介入への可能性を示すものと噂されていることを記している[80]。また翌三四年の報告書では、松井は過去の台湾司令官中最も有名で、ジュネーブ会議にも代表として参加した政策通、しかも有数の「支那通」であるが、その発言はしばしば羽目を外すことがあると評されていた。彼は欧米優位の思想に対しては反駁せずにはおられず、防空と航空交通の充実を熱心に主唱し、司令官としての執務の合間をぬっては、大亜細亜主義運動と国防協会組織化を進めるため宣伝啓蒙活動を熱心に推進した。台湾人は日本の支配と保護の下に暮らせることを感謝すべきでありその恩恵に対して進んで報いるべきだというのが松井の持論であった。しかし他の軍人同様、台湾人に参政権を認めることには否定的だったという[81]。彼が台湾軍司令官の職を去るに際し行ったとされる演説は、以下の通りである。

台湾は内地のお蔭を蒙るのみで、内地へは何等寄与して居らぬ　即ち砂糖は消費税を負担するのが内地人で、寧ろ安い爪哇糖を買った方がよい。蓬萊米は内地農村を圧迫する。台湾の陸海軍費は一千万円だが島民は軍事費を負担せず兵役の義務も持たぬ。中央政府から一文の補助も受けぬ事を自慢するなどは非常な了見違ひだ。世界的不況に超然たり得る島民は母国の恵沢を感謝し、此国難に際し大なる反省と覚悟とを以て報恩を期せ云々[82]。

すでに台湾赴任以前、松井はある新聞社主催の講演会で次のように述べていた。

もう一つの問題は日本は今日かくのごとく満州においてやつてをるけれども将来日本の経済状態の転化が久しきにわたる満州の経営に堪へないであらう、やがて日本の経済の逼迫がこの政策を行詰らせてやむなく根本政策を日本は自ら転換するか、或は放棄するのやむなきに至るであらうといふのであります、かくのごときは申すまでもなく非常な誤解であります、御承知の通り支那では先年来日本に対してボイコットをやりまして日本の経済は没落すると支那人は考へてをつたのであります、しかし十有余年間の支那の日本に対するボイコットは何ら日本の経済界に影響を与へなかつたのみならず、日本の貿易、殊に大阪地方の貿易は支那を越ゑて南洋、印度洋方面に非常なる発展をしたのであります、今日欧米諸国になほかくのごとき馬鹿者が存在してゐることは笑ふべきであります(83)

満州国建設の成功と高橋財政下での東南アジア・インド等への通商的発展、さらにその下での植民地台湾の発展は、松井のナショナル・プライドの裏付けとなり、松井は台湾人にその見返りとして日本への忠誠・貢献と、その表現としての大亜細亜主義への帰依を求めたと見ることができよう。なお、恐らくは松井の台湾離任時の発言が一つの契機となって、台湾は三六年度から日本のために軍事費分担金を負うこととなった(84)。駒込武氏や近藤正己氏が指摘したように、三四年以降台湾軍及び在郷軍人会を中心として台湾での「右翼的活動」が活性化した(85)が、これは松井による大亜細亜主義運動の結果であった。台湾における「国家的危機」意識の緊張が、三五年四月の蘭船ジュノー号事件のスパイ騒動、台湾軍備増強要求、三六年度からの日本のための軍事費分担金負担開始、英国キリスト宣教師迫害、軍部による内政干渉という結果をもたらしたことは、三六年六月の淡水領事館報告も指摘している(86)。このうちジュノー号事件や英国キリスト教会への攻撃は、日蘭会商や日印会商等日英通商摩擦に対する反発という側面も強く、英蘭両国との経済戦争という側面を持っていた(87)。

三三年三月の発会以来松井が中心となって活動していた大亜細亜協会は、松井の台湾軍司令官赴任を「天意実に深甚」と歓迎した(88)。時あたかも台湾の通商経済及び軍事における重要性が高まっており、同協会の大亜細亜主義は原理日本主義や「インド要因」に加え、華南・東南アジアや華僑を含む「台湾要因」を組み込むことになった。そして、松井や和知に加え、竹藤峰治、佐藤佐（台北高商教授）、竹井十郎といった台湾関係者が、現地における同協会の中心的活動メンバーとして汎アジア主義を鼓吹していったのである。

## 三　高橋財政下日本におけるナショナリズムの昂揚

これまで、朝鮮・満州・台湾の各植民地における高橋財政下の政治経済変動が汎アジア主義の浸透と結びついたことを見てきたが、日本国内でも、高橋財政下の景気回復はナショナル・プライドと結びつくこととなった。日本列島では東北・北海道や養蚕地帯の農村で依然厳しい不況が続いていたが、これと対照的な朝鮮・台湾等植民地での好況や、内地に比べて緩やかな経済統制等に吸引され、汎アジア主義は日本帝国の外縁へと膨張していった。そしてこの汎アジア主義は、内地にも逆流し染み渡っていった。ここでは当時の代表的エコノミスト高橋亀吉の議論を紹介することで、当時の主流的な認識を説明したい。

高橋亀吉によれば、満州事変及び、国際連盟脱退まで賭しての満州国独立は、満州のみならず東洋全体の浮沈を賭けたものであった。もし屈すれば日本は次いで朝鮮を失い、永久に二流国家以下に没落し、欧米による東洋制覇を永久的に確認することになったであろう。しかし満州事変は成功し、しかも日本は満州建設に必要な物資を十分自給自足し得る工業段階に到達していたため、中国・米国・国際連盟等の予想に反して経済力を発展させた(89)。三四年以降は中国における排日貨運動も緩和したために日本の対中貿易は回復基調に転じ、一方英国は凋落したという(90)。対中国を含む日本の対外輸出回復は正当な日本の努力によるにもかかわらず、英国等は不当な経済ブロック化によって日本の輸出増加を阻み、これを非難した。三六年米国のヨセミテにおいて開催された第六回太平洋会議に出席し、英米側に反駁した高橋の議論は、通商摩擦問題は英米側の主張するソシアル・ダンピングのような経済問題ではなく、重工業を中心とする日本経済の発展・大恐慌脱出が白人文明への脅威と感じられ政治問題化したものであるというものであった[91]。

高橋亀吉の議論は、正当なはずの日本の経済成長が認められず阻害されることに対する怒りを、人種問題、さらに植民地経営体制の優位競争論へと止揚する。高橋によれば、政治的には独立国だが経済的には低賃金・低生活水準で植民地並みであった「日本は、政治的にも、経済的にも、従来白色人種の搾取の対象となって居った植民地(広義の意味)の利害を代表する位置にある」。欧米は日本の低賃金・低生活水準を非人道視し「ソシアル・ダンピングと誣ひる」が、これこそ「欧米の東洋に対する植民地的搾取の犠牲に外ならぬ」。低賃金の結果競争力が高まり技術が進歩した結果、日本は経済的に欧米の優位を脅かし、政治的に安定するに至った。しかし日本は独伊やアメリカのハウス大佐の植民地再分割論と異なり、欧米諸国の経済鎖国主義を否定し、日本以外の東洋諸国の発展をも約束するというのである[92]。即ち高橋によれば、植民地を専ら本国の経済的搾取の対象とのみ見なし原住民の生活向上に無関心な「欧米の植民地開発公式論」と異なり、日本は植民地を工業化し、内地と植民地との間で精粗各工業段階や農工業を重層化することにより、帝国全体の総合的・同化的発展を図っている[93]。西洋帝国主義に対して、帝国内の雁行式分業発展論に基づく日本帝国の植民地体制優位を主張する高橋の議論は、宇垣や松井らにおける汎アジア主義と経済成長との関係にも通じると同時に、近年堀和生氏が解明した、植民地を工業化しつつ極度に包摂する日本の帝国経済の特異性を十分に説明している。

なお高橋亀吉は、他の汎アジア主義者らと同様、蔣介石による中国の国民国家形成を敵視してその破壊を論じ、その上で中国に対しても日本を中心としたアジア通商圏への編入を主張した。高橋は日中提携を熱心に論じたが、その提携とは、中国が日本経済の成功に学び欧米依存を放棄し、日本から低廉かつ優秀な人材と機械その他建設材料等の提供を受けることであった。日本には中国に提供するだけの資金の余裕はないが機械等の現物援助ならできるし、英米依存を絶てば中国は外国による特権の圧迫に苦しむこともなくなる、というのである[94]。また高橋は、欧米諸国のアジアにおける集散地であるシンガポール・香港・上海に依存している中国経済の現状破壊こそ、中国を欧米帝国主義に組み込まれた状況から解放することになるとした。そして、欧米製品のアジア経済における支配力を打破し、代わって日本がアジア通商の優越的位置を占めることで、欧米側集散地の仲介を経ることなく、神戸・大阪と中国や東南アジア各地との直接交易を実現し中間搾取を排除できると説くのである[95]。さらに高橋は、蔣介石政府は揚子江を中心として買弁的に発達した英国経済力と結びつく形で国家建設を進めており、本来「従来帝国主義的搾取を一番多く受けてゐるイギリス」に向けるべき排外運動の鉾先を、「以夷征夷政策」に基づき「帝国主義的搾取と言ふ点から言へば比較的に極めて少い日本」に向けていると批判する。そしてその典型を英国の援助により中国が実現した幣制改革に見、これを金融の中央化、華北の対中央従属であると考え、新通貨の法幣を破壊すべく金融における天津軍の華北分離工作に協力していった[96]。高橋の議論の根底には、日中関係悪化の根本には日英経済抗争があるという認識があり、高橋は、日本との通商貿易及び海運・保険業における競争で衰退しつつある英国から鉄道借款等の不当な政治的特権さえ除去すれば、日本は英国との経済戦争に勝利できると考えていた[97]。かつて高橋は三浦銕太郎や石橋湛山らと共に満州放棄論を唱えた自由貿易主義者であったが、自由貿易を支える国際通商秩序が崩壊した以上、満州・華北の日本経済ブロックへの編入はやむを得ないというのが当時の高橋の主張であった[98]。

## 四　おわりに

高橋亀吉においてそうであったように[99]、当時多くの日本人にとって日中問題とは、基本的に中国を中心とするアジアにおける日英間の通商圏及び海運覇権の争奪戦であった。また、大亜細亜協会の掲げる汎アジア主義的主張も、その機関誌を通観すればわかるように、英国等西洋帝国主義との経済圏・通商権競争を中心的論点としており、彼らの主張は時流となりつつあった。高橋財政下に行われた日本の急激な対外経済進出や帝国全体での経済構造変動、経済回復は、満州事変やその後の国際連盟脱退と共に、帝国のイデオロギー的側面において不可逆的な構造変化をもたらしたように思われる。

一九三五年には天皇機関説事件や国体明徴運動が起こり、万邦無比の国体が広く強調されるようになった。また満州国皇帝溥儀の訪日もあり、二人の皇帝が並び立つことを回避する必要が生じた。こうした結果、三五年一〇月から外交文書における正式な国号は、明治初期以来混在して使われてきた「日本国」「日本帝国」「大日本国」から「大日本帝国」に統一されることになり、翌三六年二月からは天皇の称号も、明治以来使い続けた「皇帝」の使用が廃され「天皇」に変わった(100)。条約の日本文のみならず外国文においても、これらの呼称をそのままローマ字表記することに決まった。この変化の裏には、日本が国際標準の「皇帝」や「帝国」にあらゆる意味で優越する「超(スーパー)帝国」になったという自負があった。その背景には高橋財政下の経済発展でもたらされた経済的ナショナル・プライドがあり、そしてそれは汎アジア主義と密接に結びついていたように思われるのである。こうした理解は、世界大恐慌以後疲弊し没落した農村を基盤とする青年将校らが、政党・財閥・重臣らの腐敗・癒着に憤り、国内改造によるファシズムと対外侵略を進めていったという従来の「常識」と大いに異なっている。

本稿で検討してきた汎アジア主義には、三つの側面があった。一つは、英国を代表とする西洋帝国主義陣営との通商経済抗争(「冷戦」)及び体制間優位競争の側面である。日本経済の強靭さに対する確信や、植民地工業化に見られる開発主義、そして重層化された分業体制の下での雁行的経済発展が、日本帝国の優位意識を支えると共に「共存共栄」イデオロギーの根拠となった。二つめは、蔣介石政権による中国国民国家統一を中華帝国の復活と見てこれに対抗し、満州・内蒙古・華北・華南西南地域といった地域を分離しようという指向であった。それは、中国統一が西洋帝国主義の掌握するアジア各地域における通商・金融・サービスのネットワークの上に行われているという意識の下に進められ[101]、これに代わる日本を中心とした東亜新秩序を構築すべきであるという主張を伴った。そして三つめが、天皇を頂点とする日本盟主論である。宇垣一成や高橋亀吉ら以外にこうした汎アジア主義意識を強烈に持ち、展開したのが大亜細亜協会であった。当初その会頭に擬せられ、日中戦争に際しては首相であった近衛文麿及び、その初代会頭となりその後日中戦争の現地最高司令官として派遣された松井石根らの政治行動が、汎アジア主義に基づく日中戦争処理を主導し、日本を「大東亜戦争」へと導くこととなるのであるが、その政治過程については稿を改めたい[102]。

（1）坂野潤治『近代日本の国家構想』（岩波書店、一九九六年）第四章。他に、酒井哲哉『大正デモクラシー体制の崩壊――内政と外交』（東京大学出版会、一九九二年）第一部、井上寿一『危機のなかの協調外交』（山川出版社、一九九四年）、松浦正孝『財界の政治経済史――井上準之助・郷誠之助・池田成彬の時代』（東京大学出版会、二〇〇二年）第五章等も参照。
（2）原田熊雄述『西園寺公と政局』（岩波書店、一九五一年）四巻、三一三―三一五頁。
（3）佐藤尚武『回顧八十年』（時事通信社、一九六三年）、三七一―三七三頁。松浦、前掲『財界の政治経済史』第五章第三節。
（4）三和良一『戦間期日本の経済政策史的研究』（東京大学出版会、二〇〇三年）、二七一―二七四頁。
（5）高橋是清「我が経済の実力を確認せしめよ」（木田開編『非常時国民全集　経済篇』（中央公論社、一九三四年）の巻頭論文）。
（6）三和、前掲『戦間期日本の経済政策史的研究』第九章。
（7）松浦、前掲『財界の政治経済史』第四章。
（8）伊藤正直「対外経済関係」社会経済史学会編『一九三〇年代の日本経済』（東京大学出版会、一九八二年）、五三―七六頁。大石嘉一郎編『日本帝国主義史2　世界大恐慌期』（東京大学出版会、一九八七年）、一二七、一四五頁。
（9）堀和生「植民地帝国日本の経済構造」『日本史研究』四六二号（二〇〇一年）、四一頁。本稿の議論は、この論文や「日本帝国の膨張と植民地工業化」(秋田茂・籠谷直人編『一九三〇年代のアジア国際秩序』渓水社、二〇〇一年)、「日本帝国と植民地関係の歴史的意義」(堀和生・中村哲編『日本資本主義と朝鮮・台湾』京都大学学術出版会、二〇〇四年)等の堀氏の一連の研究に大きな影響を受けている。

(10) 中村哲・安秉直『近代朝鮮工業化の研究』(日本評論社、一九九三年)第一章、堀和生「戦間期東アジアにおける工業的分業」(中村哲編著『東アジア近代経済の形成と発展』日本評論社、二〇〇五年)。

(11) 平沢照雄『大恐慌期日本の経済統制』(日本経済評論社、二〇〇一年)第三部。

(12) 松浦正孝「高橋財政下の帝国経済再編とディアスポラによる反英の論理――汎アジア主義における『インド要因』」(石田憲編『帝国の膨張と拡散――第二次世界大戦をめぐる日本とアジア』(仮題)、東京大学出版会、近刊予定)。なお、松浦正孝「書評：秋田茂・籠谷直人編『一九三〇年代のアジア国際秩序』」(『史林』八五巻三号、二〇〇二年)も参照。

(13) 「陸の帝国」「海の帝国」については、山本有造編『帝国の研究』(名古屋大学出版会、二〇〇三年)の山本論文、並びに白石隆『海の帝国』(中央公論新社、二〇〇〇年)、その転換については、松浦正孝『「島国」、そして『陸の帝国』から『海の帝国』へ――長崎・大連・神戸」(『国際政治』一三九号、二〇〇四年)を参照。

(14) 金子文夫「資本輸出と植民地」(大石編、前掲『日本帝国主義史2』、平沢、前掲『大恐慌期日本の経済統制』一九五、一九八頁。金洛年『日本帝国主義下の朝鮮経済』(東京大学出版会、二〇〇二年)、七九頁、第五章、同「植民地台湾と朝鮮の工業化」(堀・中村編、前掲『日本資本主義と朝鮮・台湾』)。

(15) 堀、前掲「日本帝国の膨張と植民地工業化」一〇七頁。

(16) 宇垣一成『宇垣一成日記』(以下宇垣日記)三巻(みすず書房、一九七一年)、一四八五頁。

(17) 同二巻(一九七〇年)三二年四月一九日・三四年三月三〇日の項(八四三・九五二頁)。

(18) 同上、三五年四月二日の項(一〇一一頁)。

(19) 同上、三六年一月一日の項(一〇四一頁)。

(20) 同上、九六八―九六九頁。

(21) 同上、九一一頁。
(22) 同上、一一三一頁。これは宇垣の後の回想であるが、三三・三四年当時の認識をも示しているように思われる。
(23) 同上、九一一頁。
(24) 「第二回渡欧中の所感」同一巻(一九六八年)、四四―四五頁。
(25) 一九一七年一月の記述(同一巻一二五頁)、一九二〇年の記述(二四三頁)。
(26) 一九一九年の記述(同一巻二二一頁)、一九二〇年の記述(三〇二頁)、二八年一月一七日の記述(六三九頁)。
(27) 一九二七年一〇月九日の項(同一巻六一六―六一七頁)、二八年八月三日の項(六七四頁)。
(28) 一九二〇年の記述(同一巻、二七四・二七九頁)。
(29) 一九二七年七月一二日・八月二〇日の項(同一巻、五八四頁・五九六頁)。
(30) 同二巻、八〇三頁。
(31) 同上、九七〇頁。同上九七一―九七二頁の一〇月八日の項にも同様の記述がある。
(32) 同上、九七〇―九七一頁。
(33) 宇垣は、一二月一〇日に朝鮮を来訪した満州国上級将校に対しても、同様の演説をし、朝鮮統治方式を自讃している(同上、九八三―九八四頁)。
(34) 同上、三四年一二月二四日の項(九八五頁)。
(35) 最近の成果として、坂野潤治『昭和史の決定的瞬間』(筑摩書房、二〇〇四年)。
(36) 「『対支和平工作』の経過」、「会談覚」(宇垣日記二巻、一二四五―一二四九頁、一二五三―一二五六頁)。
(37) 宇垣日記一九三八年一月二一日の項(同二巻、一二一四頁)。
(38) 山本有造『日本植民地経済史研究』(名古屋大学出版会、一九九二年)、一五四―一五八頁。
(39) 高橋亀吉『現代朝鮮経済論』(千倉書房、一九三五年)、特に一九三五年一月の東京商工会議所における穂積総督府殖産局長の講演(六九一―七一一頁)を参照。また高橋亀吉『満州経済と日本経済』(千倉書房、一九三四年)も参照。

(40) カーター・J・エッカート『日本帝国の申し子』(草思社、二〇〇四年、原著は Carter J. Eckert, *Offspring of Empire—The Koch'ang Kims and the Colonial Origins of Korean Capitalism, 1876–1945* [University of Washington Press, 1991])。

(41) 同上、一〇四頁。

(42) 第三回アジア民族大会(大連)については、中谷武世『昭和動乱期の回想』上巻(泰流社、一九八九年)、一九七—二一二頁、後藤乾一『昭和期日本とインドネシア』(勁草書房、一九八六年)三章、A・M・ナイル『知られざるインド独立闘争』(風濤社、一九八三年)、一三二—一三九頁、『神戸新聞』一九三四年二月一日付、『大阪朝日新聞』一九三四年二月三日・一二日付、『神戸又新日報』一九三四年二月一三日付等を参照。

(43) ナイル、前掲『知られざるインド独立闘争』一三七—一七四頁。

(44) 山室信一『キメラ』(中央公論社、一九九三年)二・三・四章、駒込武『植民地帝国日本の文化統合』(岩波書店、一九九六年)第五章、酒井哲哉「アナキズム的想像力と国際秩序——橘樸の場合」山脇直司他編『ライブラリ相関社会科学7　ネイションの軌跡』(新世社、二〇〇一年)。孫文の王道主義論が華夷秩序・朝貢体制を中心とする中華帝国体制論であったことについては、王柯「『帝国』と『民族』」(山本編、前掲『帝国の研究』)、大アジア主義演説については、陳徳仁・安井三吉編『孫文・講演「大アジア主義」資料集』(法律文化社、一九八九年)を参照。

(45) 西澤泰彦『図説　大連都市物語』(河出書房新社、一九九九年)、一四—一六・六〇—七四頁。

(46) 古田和子『上海ネットワークと近代東アジア』(東京大学出版会、二〇〇〇年)。

(47) 北岡伸一『日本陸軍と大陸政策』(東京大学出版会、一九七八年)一章一節・三章一節。

(48) 古田、前掲『上海ネットワークと近代東アジア』一八六—一八八頁。

(49) 小川平吉文書研究会編『小川平吉文書2』(みすず書房、一九七三年)、一四四—一四九頁。

(50) 藤村欣市朗『高橋是清と国際金融』下巻(福武書店、一九九二年)、二六七—二八八頁、岩武照彦『近代中国通貨統一史』上巻(みすず書房、一九九〇年)二篇五章。

(51) 原田、前掲述『西園寺公と政局』四巻、三一三—三一五頁。

(52)『東京日日新聞』一九三五年九月四日付。

(53) 三谷太一郎「日本の国際金融家と国際政治」(佐藤誠三郎・R・ディングマン編『近代日本の対外態度』東京大学出版会、一九七四年)、同「国際協調の時代から戦争の時代へ」『国際政治』九七号(一九九一年)。

(54) 松浦正孝「再考・日中戦争前夜」『国際政治』一二二号(一九九九年)。

(55) 山本有造『「満州国」経済史研究』(名古屋大学出版会、二〇〇三年)二・三・四章。

(56) 柳沢遊『シリーズ日本近代からの問い2　日本人の植民地体験』(青木書店、一九九九年)三・四章。

(57)『大阪朝日新聞』一九三四年二月一二日付。なお、三四年夏の満鉄附属地行政権の満州国返還に反対した大連市及び同商工会議所は関東軍と対立し、前者の「大連イデオロギー」は後者の「新京イデオロギー」に抑圧されたが(同上書、二六三―二六六頁)、日中戦争で大連は好況を取り戻し、新潟や朝鮮の各商工会議所による日本海経済連盟結成に引き続いて(木村健二「朝鮮における経済統制の進行と経済団体」(柳沢遊・木村健二編著『戦時下アジアの日本経済団体』日本経済評論社、二〇〇四年)神戸、京城、天津、青島等の商工会議所に黄海経済連盟結成を呼びかけ、日満支経済ブロックの軸を形成しようとしたという(『中外商業新報』一九三八年一〇月五日付、『満州日日新聞』一九三八年一一月一七日付)。柳沢遊「大連商工会議所から関東州経済会へ」(柳沢・木村編著、前掲『戦時下アジアの日本経済団体』)も参照。

(58) 松浦正孝「汎アジア主義における『台湾要因』――両岸関係をめぐる日・英中間抗争の政治経済史的背景」『北大法学論集』五五巻三号(二〇〇四年)。

(59) 涂照彦『日本帝国主義下の台湾』(東京大学出版会、一九七五年)、一二七―一五八頁、山本有造『日本植民地経済史研究』(名古屋大学出版会、一九九二年)、一七二―一七七頁、北波道子「植民地における電源開発と電力需要」(堀・中村編、前掲『日本資本主義と朝鮮・台湾』)。

(60) 涂、前掲『日本帝国主義下の台湾』一二七―一五八頁。

(61) 東京政治経済研究所『日本政治経済年鑑(昭和七年版)』(岩波書店、一九三二年)、一一五―一一六・一一八―一二一頁。

(62) Sir F. Lindley to Sir John Simon, 12 Feb. 1934, Kenneth Bourne and D. Cameron Watt generally (eds.), *British*

*Documents on Foreign Affairs, Part II, Series E* (University Publications of America, 1992［以下 *BDFA* と略記］), Vol. 13, 添付の Annual Report on the Island of Formosa for the year 1933, pp. 113–114.

（63）Sir R. Clive to Mr. Eden, 16 Feb. 1937, *BDFA*, Vol. 15, 所収の Annual Report on Formosa for 1936, pp. 381–382.

（64）高橋亀吉『現代台湾経済論』（千倉書房、一九三七年）二編二章。『台湾金融経済月報』の引用も、同書からの再引用である。

（65）呉聡敏「従平均毎人所得的変動看台湾長期的経済発展」（二〇〇三年。呉氏のホームページ http://ccms.ntu.edu.tw/~ntut019/ltes/ltes.html 掲載PDF版論文）八・二二頁。統計指標の分析等にあたって王珊珊氏のご協力を得た。記して感謝する。

（66）同「日治時期台湾実質工資率之変動」（二〇〇二年、同上）、同「台湾的消費者物価指数：一九〇二—一九四〇」（二〇〇三年、同上）二一—二五頁等。

（67）林満紅「日本植民地期台湾の対満州貿易促進とその社会的意義（一九三二—一九四一年）」（秋田・籠谷編、前掲『一九三〇年代のアジア国際秩序』）。特に、『台湾日日新報』一九三四年五月一七日付「躍進又躍進！　台湾からの輸出　満州、支那、南洋向に」、同六月一九日付「台湾より満、支、南洋向輸出大飛躍」、同七月二一日付「上半期中　満、支、南洋と台湾の貿易入超尻著しく改善さる——総督府税関調査」等の記事を参照。台湾から南洋への輸出増は主に包種茶による。

（68）堀和生「日本帝国の膨張と植民地工業化」（秋田・籠谷編、前掲『一九三〇年代のアジア国際秩序』）。

（69）有賀宗吉『十河信二』（十河信二伝刊行会、一九八八年）、三五八—三五九頁、同別冊五三頁。

（70）一九三五年七月二二日付第五水雷戦隊司令官電「澳門情報」（『本邦ノ地方政府及個人ニ対スル借款関係雑件　広東省ノ部』E. 1.6.0. J 6–9、所収、外交史料館所蔵。以下、『広東ファイル』と略称）。

（71）久保亨『戦間期中国〈自立への模索〉』（東京大学出版会、一九九九年）を参照。

（72）資源獲得のための東南アジア進出が本格化したのは第二次大戦開戦後のことである（安達宏昭『戦前期日本と東南アジア』［吉川弘文館、二〇〇二年］二部）。

（73）「南支ニ於ケル台湾籍民ニ関スル調査」（昭和五年一一月調）（『台湾人関係雑件在外台湾人事情関係』A. 5.3.0.3–2、所収、外交史料館所蔵）。台湾の土着族系資本について涂、前掲『日本帝国主義下の台湾』第五章、林満紅「『大中華経済圏』概念の一考察」（飯島渉編『華僑・華人史研究の現在』汲古書院、一九九九年）、郭春秧について林満紅「華商と多重国籍」（『アジア太平洋討究』三号、二〇〇一年）を参照。

（74）籠谷直人『アジア国際通商秩序と近代日本』（名古屋大学出版会、二〇〇〇年）第九・一〇章。華僑の抗日性のみならず対日開放性の側面を解明した籠谷氏の功績は大きい。

（75）岡村健「所謂三五・六年の国際的危機に就て」（『大亜細亜主義』三巻二一号、一九三五年一月）。

（76）Sir R. Clive to Mr. Eden, 25 August 1936, *BDFA*, Vol. 15, 1992 の Political Report on Formosa for June Quarter, 1936, pp. 154–156.

（77）「南支金融機関調整ヲ論ジテ南支那台湾銀行設立ニ及ブ（未定稿）」（『広東ファイル』所収）。

（78）高橋亀吉『支那経済の崩壊と日本』（千倉書房、一九三六年）、四〇三頁。

（79）松浦、前掲「汎アジア主義における『台湾要因』」。

（80）Annual Report on the Island of Formosa for the year 1933, pp. 113–114, *op. cit.*

（81）Sir R. Clive to Sir John Simon, 20 Feb. 1935, *BDFA*, Vol. 14, 1992 の Annual Report on the Island of Formosa for the year 1934, p. 102.

（82）「国防費を負担せぬ台湾」（『台湾』五巻八号、一九三四年八月）、二三頁。なお、『台湾』（台湾通信社発行）は駒込武氏の特別のご厚意で閲覧することができた。

（83）「本社主催特別大講演会の松井中将の熱弁（二）」（『大阪毎日新聞』一九三三年三月一日付）。

（84）涂、前掲『日本帝国主義下の台湾』一二八―一二九頁。

（85）駒込武「一九三〇年代台湾におけるミッション・スクール排撃運動」（小森陽一他編『岩波講座　近代日本の文化史7　総力戦下の知と制度』岩波書店、二〇〇二年）、近藤正己『総力戦と台湾』（刀水書房、一九九六年）第一章。

（86）Sir R. Clive to Mr. Eden, 25 August 1936, *BDFA*, Vol. 15, 1992, pp. 155–156.

(87) 例えば、竹井十郎「和蘭の暴戻を認識せよ」(『台湾』六巻八号、一九三五年八月)、同「社説　台湾海峡の重大性を認識せよ」(『台湾』七巻一号、一九三六年一月)。竹井は南方産業調査会常務理事・台湾通信社顧問で大亜細亜協会の会員として『大亜細亜主義』にもしばしば投稿しており、台湾における汎アジア主義運動の中心の一人である。彼はこれらの論文で、日本の通商経済・文化における核を台湾海峡が握っていること、台湾は対岸の英国資本主義(香港・広東省)や米国資本・飛行機(福建)、蘭印と対峙し、南洋諸島の国防的重要性を担保していることを強調して、幣制改革まで実現した英国資本主義との対決や国際スパイの防止、愛国的結束を主張している。なお、新聞『日本』一九三五年六月一九日付「南方の護り台湾をスパイの跳梁に委すな」も参照。

(88) 「巻頭言」(『大亜細亜主義』一巻五号、一九三三年九月)。このことはすでに後藤乾一が『昭和期日本とインドネシア』一六六頁で指摘している。中谷武世「南方国策の重要性再論」(『大亜細亜主義』二巻一〇号、一九三四年二月)も参照。

(89) 高橋、前掲『支那経済の崩壊と日本』一編二章二節。

(90) 同上、二編三章四・五節・四章。

(91) 高橋亀吉『日本工業発展論』(千倉書房、一九三六年)。高橋の東アジア経済論を扱ったものとして、酒井哲哉「東亜新秩序の政治経済学」(『国際政治』九七号、一九九一年)がある。

(92) 高橋、前掲『支那経済の崩壊と日本』一編一章、特に二四―二五頁。

(93) 高橋、前掲『現代台湾経済論』一編一章三節。

(94) 高橋、前掲『支那経済の崩壊と日本』一編四章・二編三章。

(95) 同上一編五章一節。

(96) 同上六章、松浦、前掲『財界の政治経済史』五章三節。

(97) 高橋、前掲『支那経済の崩壊と日本』一編六章四・五節。

(98) 同上一編三章三節。

(99) 大阪商船社長で日本船主協会会長を務めた村田省蔵が、大亜細亜協会評議員や興亜院委員会委員であったことは、その一つの傍証と言えるかも知れない。田中彌十郎『興亜人物論』(遠藤書店、一九四二年)二〇五頁は、村田省蔵について「彼は英国海運の打倒を終生の目的として来た積極論者である。関西財界で英国綿業の圧倒を念願として来た津田信吾とこの点いゝ取組であった」と記している。大阪商船は三九年九月に、英帝国海運委員会の第三八回報告書『東洋に於ける英国海運』を翻訳出版したが(非売品)、その序言で英国綿業及び英国海運の衰退と日本の新興とが特記され、日本海運が東洋唯一の海運国として「日英海運争覇戦」のために邁進しなければならないことが宣言されている。アジアにおける日英間の熾烈な海運競争については、李宇平「二つの帝国主義とアジア国際経済秩序」(中村編著、前掲『東アジア近代経済の形成と発展』)に詳しい。

(100)　山口修「昭和初期における君主の公称(下)」(『聖心女子大学論叢』四九集、一九七七年六月)、同「『天皇』称の系譜」(『仏教大学総合研究所紀要第二号　アジアのなかの日本』[一九九五年三月]一一六頁)。なお、三四年三月、文部省国語調査会は国号を「ニッポン」とし、「ジャパン」を廃することを決定した(『台湾日日新報』三四年三月二三日付)という。

(101)　戦後冷戦との比較を含め、杉原薫「近代国際経済秩序の形成と展開」(山本編、前掲『帝国の研究』)が示唆に富む。

(102)　松浦正孝「なぜ日中戦争は南下したのか」(『北大法学論集』近刊予定)。

[付記]　本稿は、日本学術振興会科学研究費補助金の平成一二―一五年度基盤C(2)「『対抗文明』としての『大東亜共栄圏』の政治経済学的・外交史的研究」、平成一四―一七年度基盤A(1)「地球市民社会の政治学」、平成一六―一八年度基盤B「植民地台湾をめぐる中国ナショナリズム、日本の汎アジア主義、台湾ナショナリズム」、平成一六―一七年度三菱財団人文科学研究助成「一九三〇年代・四〇年代日本『汎アジア主義』の政治経済史的研究」の成果である。

# 第9章　憲政の中の「内閣官僚」

牧原　出

## 一　はじめに

二〇〇一年四月に成立した小泉純一郎内閣は、四年を超える予想外の長期政権の下で、日本の内閣史の中で特筆すべき実験を継続していった。それは、小泉内閣が二〇〇一年一月に施行された新しい内閣制と省庁制を初めて実質的に運用し、それぞれの制度としての可能性を追求しはじめたからである。

一九九七年に省庁再編に関する最終報告書を提出した行政改革会議は、『行政各部』中心の行政(体制)観と行政事務の各省庁による分担管理原則」を克服するため、内閣機能の強化として、第一に閣議における実質的意思決定、第二に内閣総理大臣の指導力の強化、第三に内閣及び内閣総理大臣の補佐・支援体制の強化を提言した。

一般に、内閣制度の論理からは、合議体としての内閣は、懸案に応じてさらに下位の合議体として閣僚委員会を組織し、少数閣僚間の緊密な討論によって、問題の処理を図る。他方、省庁組織論の論理からは、行政組織の単位としての省庁によって施策が決定され、複数省庁に及ぶ懸案については最低限の省庁間の交渉によって処理が図られると想定される。英国などウェストミンスター・システムにおいて、前者は内閣政治(cabinet government)、後者は大臣責任制（ministerial responsibility）の原理に対応している。ドイツでは、政府の内部関係を規定した基本法第六五条解釈として、合議制原則、宰相原則、所轄原則の三つがあるとされており、前二者がここでいう内閣制度論、後者が省庁組織論に位置づけられるであろう。

ところが、双方において正面から議論されていない問題が、行政改革会議が提示した第三の論点すなわち内閣及び内閣総理大臣の補佐機構である。実際に、小泉内閣の政策が、その決定と執行を与党議員団ではなく大臣・官僚集団に求め、その結果この過程が官邸の肥大化によって特徴づけられていることからすれば、小泉内閣は、内閣機能の強化という命題を、理念的には総理大臣の権限強化として、実務的には内閣の補佐機構の強化として解釈してきたことになる。確かに、内閣の補佐機構が、単に内閣を事務的に支えるにすぎないのであれば、それは内閣制度論の枠内におさまることになる。また、省庁の出先にすぎないのであれば、省庁組織論の中に融解するであろう。だが、この内閣の補佐機構が、合議体としての内閣の意思を事実上代行し、また各省からも自立性を保つ機構として活動しているとすれば、それは、内閣制度論からも、省庁組織論からも十分には議論され得ない問題となる。本稿は、この内閣・内閣総理大臣の補佐機構とそこに所属する人的集団の性格を再検討することで、この問題を憲政論の中に位置づけ直そうとするものである。

戦前・戦後を通じて、この補佐機構で勤務する官僚集団は、概ね各省からの出向者であった。それは補佐機構独自の任用人事でもなければ、政治的任命の職員集団でもない。さらに戦後に限って言えば、内閣官房・総理府の職員は、常勤か兼任か、兼任の場合はどの職に常駐しているかで多様な労務形態をとり、その形態自体が調整様式の特質を表現してきた。よって本稿は、まずは出向という派遣形態の成立過程に着目した上で、派遣が繰り返されることによって、省庁レヴェルと言うよりは、内閣レヴェルで政策決定を行う経験を積んだ官僚集団が析出しはじめた点を分析対象とする。この集団を「内閣官僚」というならば、本稿は、この「内閣官僚」に対して、以下に述べる方法で接近することを試みる。

第一に、内閣官房、内閣外局、総理府内局、総理府外局といった制度機構の形成過程をたどる。第二に、その上で、戦前については、人事配置の型としての出向手続の制度化過程を跡づける。第三に、戦後については、出向人事の形態・趨勢を長期的観点から検討する。重要局面での出向人事の意図は何か、またその意図に込められた出向人事方針がどのように継続するかをここでは検討する。

確かに、行政の要諦は人事であるが、人事は行政そのものではない。特に内閣の補佐機構に配属される官僚人事の場合、その目的は政治的リーダーシップの補完でもあり代替でもある。さらにまた、そうした効果を狙った人事方針は、それ自体が内閣と派遣元省庁間の政治的交渉の産物である。しかも、出向人事の方針は、個々の人事によって現れる場合もあるが、その蓄積としての趨勢によって、構造的な出向人事形態が明らかになる場合もある。本稿の目的は、制度史にこの構造的な出向人事の趨勢を重ね合わせることによって、近代以降の日本がいかにして内閣・内閣総理大臣の補佐機構を制度化させたかを検討し、内閣政治の質を官僚制の側から同定することにある(1)。それはまた近年ヨーロッパを中心とした政治学・行政学で発達しつつある執政集団 (core executive) の比較研究への素材をも提供することになるであろう(2)。

## 二　大臣官房と内閣官房の成立

現在では、各省に大臣官房が設置され、そこに人事・会計・文書の主要三課が配置されて、省を総括管理していることは自明の前提である。しかしながら、歴史的起源をたどると、一八八五年に各省官制が成立するまで、省に統一規格はなかった。この点は、「官房」にほぼ該当する組織名称と形態に表れる。すなわち、外務省では本局—庶務局、内務省では内局、大蔵省では本局、司法省では上局、文部省では内記局、農商務省では書記局といったように名称の統一性はなく、分課も省によって大きく異なっていたのである。

だが、統一的な各省官制を定めるに当たって、一八八四年一〇月から一一月にかけて、制度設計者の井上毅は、政府の顧問であったH・ロエスレルからいくつかの助言を受けている。これらを通じて、ロエスレルは、内局としての書記課と秘書課とを区別し、前者は省全体の文書処理業務をつかさどり、後者の業務を卿の意思決定の準備作業に限り、(一)各局の専管に非る或事務の取扱、(二)卿の名を以てする文書の往復、特別なる指命の施行、卿の旅行出張の際に於ける随従、とするよう主張した(3)。いずれの組織もその職務を強く限定し、各局の所掌に委任すべきであると述べたのである。

内局ハ純然タル書記課ニシテ省中ノ書記ニ関スル事件ノ全体ヲ主ルモノナリ且ツ内局ハ各局ニ於テ取扱ヲ経タル事件ヲ再ヒ取扱フヘキ局ニアラス而シテ官房秘書課《カビ子ツト》トハ自ラ異ナリトス秘書課トハ即チ省卿ノ自ラ担当スヘキ事件ノ準備ヲ為サシメ或ハ之ヲ処置セシメルモノナリ内局ハ諸省中ニ生シタル事件ノ取次ヲ為スニ過キス故ニ稍駅逓ノ中央局ニ似タルモノナリ。

これを受けて井上は、山縣有朋内務卿に次のような書簡を送って注意を促した(4)。

ロスレル氏秘書官ニ付、答議為御参考奉供清覧候、同氏ノ意見ニ従ヘハ、官房秘書官ヲ置クハ、仏蘭西・白耳義等ノ職制ニシテ、独乙之職制ニハ無之相見ヘ候、又総務局ヲ置キ、一省ノ中点トナシ、各般ノ省務ヲ総理セシムルハ、陸軍省ノ特別制置ニ係ルトノ事ニ見ヘ候、要之独乙ニテハ主トシテ各局分任法ヲ用ユルモノヽ如シ、秘書官ハ公私ノ事務ヲ弁スルモノヽ如シ、故ニ勢権アル長官ニシテハ、極メテ必要ノモノニシテ、又便利ノモノナリト雖、将来ノ末弊ニ於テハ慮ルヘキモノナシトセズ、即チ嵯峨帝以後の非蔵人、朝廷ノ大権ヲ握リ、旧幕ノ奥右筆、各藩主ノ請謁ノ門タリシカ如キ是ナリ、今日ニ於テ是等ノ流弊アルヘクモアラスト雖、官制ハ後世ニ垂ルヽモノナレハ可成防慎ヲ加フヘキ歟……(中略)……故ニ小生ハ可成官房ニ事権ノ帰セサル事ヲ冀望致候

すなわち、内局の肥大化を可能な限り抑制し、日常的な文書業務を省卿の下から切り離す方針が示されたのである。この方針は一八八五年の各省官制通則に結実し、省においては共通して官房と総務局が各々設置され、大臣官房に秘書課が、総務局に文書課が置かれた。また、内務省をはじめほとんどの省では会計局がこれらと並んで設置された。

ロエスレルの書簡はプロイセンの制度をモデルにしており、そこでは政党政治家が大臣に就任する事態を想定していない。しかしながら、初期議会における内閣と政党の対立の中、政党員を大臣・各省幹部に任用する事態が増えるにつれて、政党との親和性を強める場合には、官房に文書課と政治的任命職を設置し、肥大化させる方針が次第にとられるようになった。一八九一年の各省官制通則改正で総務局が廃止され、一九〇〇年に第二次山縣内閣が総務局を再設置したが、一九〇三年の第一次桂太郎内閣の各省官制通則改正によって総務局が再廃止され、文書課が大臣官房に置かれたのである。

こうした過程を経て、一九二四―二五年の政党内閣制の確立期に、大臣官房の定着と並行して内閣官房が成立する。

第一に、各省において大臣官房の三課体制が普及していく。第一次桂内閣以後、大臣官房の組織編成から見ると、中央省庁は次の三カテゴリーに区分できる。

一つは、内務省型で、人事、会計、文書のいわゆる官房三課を継続的に配置するものである。内務、農商務、文部省がここに該当する。二つは、現業型とも呼べるもので、逓信、鉄道省が含まれる。これらは官房の変遷が大きく、また、会計課を大臣官房ではなく、経理局の下に置いた点も重要な特徴であった。三つは、その他の省、いわゆる古典的五省のうち内務以外の四省である。これらは組織目的に応じて官房も変遷しており、どれもが大臣官房以外に特色ある局を抱えている。すなわち、大蔵省主計局（大臣官房は大きく変遷）、外務省政務局（大臣官房には、人事、文書、会計課が一貫して置かれる）、陸軍省・海軍省の軍務局と人事局、司法省の法務局・監獄局の二局制である。

これに対して、一九二五年以後、大蔵省が内務省型の官房を整備し、さらには農商務省が農林省と商工省とに分かれ、ともに農商務省と同様、官房三課の体制を整備する。以後、官房三課は省の組織編成の標準とされるようになるのである。

第二に、一九二四年一二月の勅令をもって内閣に内閣官房が設置された。太政官制から内閣制へ移行する一八八五年の段階では、内閣は内閣書記官局、第一局、第二局、文書局、会計局、賞勲局、恩給局、会計検査院よりなっていたが、内閣制への移行に伴い、第一局、第二局、文書局、恩給局を廃して、記録局、会計局、官報局を新たに設置し、内閣書記官局の名称を内閣書記官室へと改めた。名称の変更は官制ではなく通牒によって行われており、新官制が局では局長及び次長を置くと定めているのに対して、書記官局においては書記官長と書記官によって構成されているために局の名称をとるのは不適切であるという意見が通り、「内閣書記官室（或ハ支室）内閣書記官房（或ハ別房）」といった名称によるべきことが主張されたのである(5)。当初、書記官室は、機密文書の保持、公文の査閲・起草・浄写・授受といった文書業務を所掌した。だが、これは、一八九一年に会計局を、一八九三年に記録局を吸収し、省の大臣官房と同様に規模を拡大させていく。そして、一九二四年に内閣所属職員官制が内閣所属部局及職員官制へと全面的に改正され、官制上の機構としての内閣官房が設置されたのである。新官制の特徴は、各省官制の規定形式にならって、従来のように書記官の事務としてではなく、内閣官房の事務として、人事、会計、文書管理、官印の管守などを列挙していることである。ここに、内閣官房は各省の大臣官房と同型の機構に位置づけ直されたと言える。

## 三　出向の制度化

### 省内の兼任人事と「被仰付事務官」の誕生

以上のような機構の変遷の上で、内閣と大臣の官房にはいかなる人的集団が形成されたのであろうか。各年の『職員録』を利用しつつ、諸々の口述記録をもとに、人的集団の形成過程を明らかにすると以下の構図を描くことができる。

大正期までの大臣官房では、しばしば省内他局との間で兼任人事がとられている。初期の例として次のケースがあげられる。

翌二十五年八月、内閣は、また更迭して、第二次伊藤内閣が成立し、大蔵大臣渡邊国武、次官田尻稲次郎、主税局長加藤高明となった。床次氏は、此の年十月二十日、大蔵書記官(高等官七等十級俸)に進み、大臣官房第三課勤務、主税局、預金局兼務を命ぜられた。即ち、兼務として、加藤高明の部下となったわけである(6)。

〔明治四五年に——引用者注〕入省後私の所属した参事官室というのは大臣官房にあって、今日でいえば文書課のようなもので、大臣、次官への回議書類は全部(人事を除き)回付され、ここで審議されたのであるが、今日の文書課よりも、もっと大仕掛けで、専任に勅任参事官、奏任参事官一人の外に各局及び官房等の先任課長連が大体

一名くらい兼任参事官として任命されており、一種の各局の合同審議室のような役割をもつておつたものである。(7)

大正十四年三月、農商務省が農林、商工両省に分離されるのを機会に、私は大臣秘書官をやめさせてもらった。……(中略)……すでに四年間も勤めたのであり、三十そこその若僧は早く本業につかなければならぬと思った。最初に配属されたのは商工省工務局の工務課、一言にいえば業界の組合等を管掌する所である。同時に書記官として大臣官房文書課に兼務となり、各省との連絡調整の仕事を担当させられた。(8)

このような省内で官房の職員が局の職員と兼任する体制は、内閣の重要な審議機関委員と各省幹部ポストとの間においても同様に見られた。たとえば、一八九三年三月に設置され、この年の官制改革を成し遂げた臨時行政事務取調委員会では、構成員は伊藤博文首相を長とし、内閣書記官長(伊東巳代治)、内務省県治局長(江木千之)、大蔵次官(田尻稲次郎)、外務省通商局長(原敬)、農商務省農務局長(藤田四郎)、司法次官(清浦奎吾)、逓信省郵務局長(田健治郎)、文部省普通学務局長(木庭貞長)、陸軍次官(児玉源太郎)、海軍主計大監(村上敬次郎)など、ポストも様々で、この時期には適当な人物を、兼任のまま各省から任用していたことがうかがえる。さらに時代を下って、一九二五年五月に加藤高明内閣が設置した行政調査会では、委員は大臣、政務次官、次官であるが、実質審議を担当した幹事は、法制局長官、内閣書記官と局長に限定されており、(9)人ではなくポストに応じた兼任人事へと変化していることが読み取れる。

ところが、審議機関ではなく、局編成をとる内閣部局の場合には、ごく少数の専任職員に加えて、兼任職員が企画調査業務を担当するという形態をとった。当時『官報』で発令を表す時に用いられた字句に由来する用語でいえば、

「被仰付事務官」が登場するようになったのである。

　そのごく早い例は、一九一七年、第一次世界大戦下で総動員態勢を準備するために設置された軍需局である。その特質は「専任職員の数が非常に少なく、各庁からの事務官がかえって多いことであろう。これは、軍需局の事務処理の主体をなすものはこの各庁事務官にあったことを示し、また工業動員というものの特色の一面を物語っている」というものであった[10]。軍需局はその後国勢院へと統合された後、大戦終了とともに廃止される。しかし、ここでとられた少数の専任職員と兼任職員による編成は、資源局、内閣調査局といった「内閣調査機関」の制度化によって定着していく[11]。

　一九三〇年に設置された資源局について、その設置をリードした法制局参事官の松井春生は次のように回顧している[12]。

　私もゆかん積りだったけれども、どうしてもゆかなければならんということであったものですから、当分兼ねてやれということで、そんな変ちきりんはいかん、ゆくならばさっぱりゆきましょう。仕事の残りがあったものですから法政《ママ》局を暫く兼ねておったが、それでゆこうということに言いました。それには何も条件はなかったけれども各省の一番いい人を出してくれなければ、組織なんて言うものは出来るものではない。ということを話しまして、……(中略)……閣議でも皆話をつけてくれたらやりましょうという大体一つの条件をつけました。それで四条さん〔商工次官——牧原注〕には植村君〔原文は「三村君」であるが速記作成時の聞き誤りと解釈——引用者注〕、岸君という二人に来て貰いたいという話をした所が二人以外の別の人の実は提供がありましてそんならばやめだというような話をしまして四条さんと二、三日談判をして、植村君自身にもお願いをしたこともあったのですが、それで植村君に来て貰って、事務官をその下につければいいということにしたのであります。

『職員録』を見ると、「事務官」の欄に、吉野信次商工省大臣官房文書課長が、数年後に岸信介が名を連ねている。松井は別の回顧談でこの人事の特徴を次のように述べている[13]。

さらに参与とか「仰せつけられ事務官」というものを創作しまして、軍人として来るのでは困る、だから内閣の「資源局参与被仰付」とか「資源局事務官被仰付」とかいうんで、簡単に言えば、委員みたいなものですよ。だけどその方々には、補職《マヽ》の事務官とはちがつて、俸給を出さないんですから、幾人きても困ることはないんです。……(中略)……この参与及び仰せ付けられ事務官は、陸海軍に限らず、各省局、部長、書記官等からも随分数多く出してもらつて、調査、保育の事務にもいろいろと貢献して頂きました。

松井は設置当初にヨーロッパの産業合理化運動について調査したとも述べており、吉野・岸ら商工省からの協力があったことをうかがわせている。植村甲午郎の下に、吉野・岸が次々に被仰付事務官に就任する理由の一端がここに見られるのである。

しかし、松井にせよ、松井が商工省から呼び寄せた植村にせよ、専任職員となることには強く抵抗を示している[14]。つまり、明治以来の日本の官僚制は、大臣官房・内閣官房を中心とした兼任人事によって、新規の政策立案に対応していたのである。

**専任の「内閣官僚」の登場**

以上のように、兼任人事を中心に「内閣官僚」がいわば原資蓄積されていたとすれば、「出向」人事によって「内閣官僚」が本格的に登場するのは一九三七年に企画院が設置された後である。そして、このときも中核となる職員は当初は兼任書記官、やがて専任書記官へ配置換えとなるという段階を経ている。広田弘毅内閣以降に登場し、経済新体制の樹立を唱えた「革新官僚」とは、このようなプロセスを経て、官界・言論界に華々しく登場した官僚集団を指している。大蔵省出身の代表的な革新官僚であった迫水久常の言葉は、この間の事情を率直に描き出している(15)。

> 企画院というところは、革新政策を立案するという看板を出して、それを推進するために各省から兼任書記官を出せということです。いわば、企画院総裁のブレーントラストのようなもので、もっぱら次長のところに集まって雑談をしたりするのが主で、あまり仕事したとは思わないね。……(中略)……とにかくわれわれは本務をもっているんだから、その本務のほうでも革新官僚という名前をフルに使われたと思う。どこかへ行くと革新官僚がきたというもんで、ちょっと予言めいたことをいうと、だいたいそうなっちゃうんだ

ここに現れるように、「革新官僚」とは、兼任人事を活用して、二重の役割意識を徐々に身につけていった官僚である。そして、彼らが企画院専任となった後、出向者がいかに出向先の発想に染まっていくかは、次の回顧の中で赤裸々に語られている(16)。

> ぼくは動きたくなくてしようがなかったんだけれども、どうしてもというし、当時は賀屋さんが大蔵大臣だったかな、まあ、行ってこいよ、一年ぐらいたったらおまえを局長にかえしてやるからと、こういう話で行ったんです。……ぼくが企画院の一部一課長になったときに、なんとか予算をこっちにとれないかという鈴木貞一さん〔企画院総裁――引用者注〕のお話さ。人間ってのはおもしろいもんで、ぼくが大蔵省にいたらそんなことはできませんよというんだけれども、企画院一部一課長だとやってみようかなと思う。こいつをひとつとってやろうと思っ

た。……(中略)……各省は大蔵省に予算要求書を出すと同時に、全部のうつしを企画院に提出すべし、企画院ではいちおうその説明をずっと聞いて、それに◎、◯をつける。またなにもつけないものもある。それから不急というものには△をつけるという作業をしよう。庁内で若干の増員をいたしまして、受入体制をととのえた。◎はやれ、◯はできるならやれ、△は不適当と認めると……(中略)……それを主計局に送りつけるわけだ。ときの主計局の予算課長が植木庚子郎なんだ。植木が怒ってね、「なんだってきみ大蔵省からいったやつが、こういうことをするんだ」というんだけれども、そこは企画院だよね

こうして、出向人事が兼任人事を凌駕するようになり、出向者を中核にし、その周囲に兼任官僚が案件に応じて庁舎に出たり入ったりする――こうした緩やかな人的結合が、「革新官僚」独特の改革志向を生み出していったと言えるであろう。そして、この執務形態は、「革新官僚」たちの部下として勤務していた世代の官僚が公職追放を免れる中、占領期にも受け継がれていった。

まず、各省から多くの職員が専任として出向していた経済安定本部に大蔵省から兼任として出向した谷村裕は、当時安定本部に勤務していた矢野智雄に対して、次のように語っている(17)。

谷村「私は安本の直接の仕事はしていない」
矢野「しかし、何かしょっちゅう来られていたようですが」
谷村「ただ、物価庁の第一部の首席課長補佐として、安本本部部員を命ずということになっていた。さっきの兼務職員として」
矢野「相互乗り入れの……(中略)……確かに、谷村さん、その後は安本におられないけど、何か大分……」

谷村「いないけどいたんだよ(笑)」

……(中略)……

矢野「そう。だから、大蔵省じゃ谷村さんとか石野さんとかが、始終安本にいたような感じを受けた」

この「いないけどいた」という兼任人事の状況は、兼任していない官僚が他部局で重要政策を企画立案するという事態をも当然と受け止めていく状況を生み出していった。次の大蔵官僚石野信一による、一九四八年の中間安定計画策定をめぐる回顧談はそれを雄弁に物語っている(18)。

この中間安定という計画について、私が幹事役というか、推進役を勤《ママ》めることになったのは、当時私は理財局の為替第三課長をしておりましたが、外資の導入とか、貿易の拡大とかいろいろなことが言われてはいたのですけれども、実際上経済の安定なくしては、外資の導入も何も問題にならない。……(中略)……これは為替の問題だけではなくて、経済の安定という問題を先づ取上げる必要があると痛切に考える状態にあったからです。で、もちろんそういう意味での経済安定の問題は安定本部で行われるべき問題でありますから、そういう考え方について安定本部の人達とも話をしたわけです。それから日本銀行にも連絡をとりました。当時の記憶に残つている人達は、安定本部の官房長が山本高行さん、次長が稲葉秀三さん、企画課長が徳永久次氏だったと思います。それから大蔵省の佐竹浩君が安定本部の企画課におりました。その他、当時の安定本部の各局の課長、事務官(調査課長の大来佐武郎氏、資金課長の福田久男君、後藤誉之助氏、農林省から来ていた斉藤誠氏、商工省から来ていた今井善衛氏、井上亮氏、高島節男氏等)が参加していました。日本銀行では、私は吉野俊彦君と連絡をとって、一緒にいろいろ案の相談をしたのです。二十三年の三月頃から、そういう意味での案をつくり、安定本部の官邸に夜たびたび会合いたしまして、その案を練ったわけです。

名前を挙げられた人物は、著名なエコノミストと後に各省庁の事務次官などに就任する官僚とであり、各省の幹部候補の集結する場であったことが理解されるであろう。こうして、内閣からみると、兼任と出向という二段階の手続を経て、「内閣官僚」が形成されていく。また、各省からみると内閣官房または大臣官房でキャリアを蓄積したことによって、現場のたたきあげとは異なる発想を身につけた一群の官僚が生成する。こうしたタイプの官僚は、一九六〇年代までは大蔵、通産、農林省には確実に存在しており、「主計局官僚」・「民族派」・「農政派」という本省でキャリアを蓄積した官僚集団とは肌合いの異なる集団として、「官房調査部官僚」・「国際派」・「物動派」といった色分けをされていたのである。

## 四　内閣官房と総理府

太平洋戦争後、新しく制定された日本国憲法にもとづいた内閣制度・省庁制度が設計された。これによって、「内閣官僚」の土壌となる制度は大きく変化し、それによって新たに登場する「内閣官僚」にも質的な変容が生じていった。本節以降は、内閣制度の再編過程を概観した後、[19]「内閣官僚」の変容過程を分析する。

第一に、内閣官房の簡素化と総理庁の設置である。旧憲法下の内閣官房は、内閣書記官長の下、総務課、人事課、会計課、監査課、審議室によって構成されていたが、新憲法施行後、内閣官房は閣議事務の補佐業務に特化し、その職員は総理大臣を補佐する機構として新設された総理庁と兼任した。総理庁には、総務課、人事課、会計課、監査課、審議室が移管され、賞勲局、恩給局などの部局が総理庁内局に、その他の外局が総理庁の外局に移管された。内閣官房長官は、内閣官房とともに総理庁の大臣官房も監督する。そして、以後これらのうち外局が整理の対象となっていったのである。

第二に、一九四九年に各省設置法が制定されたときに、総理庁は総理府へと名称を変える。総理府設置法では、「各行政機関の施策及び事務の総合調整」を任務とし、大臣官房は内閣法第一二条に定める内閣官房の所掌に属する事務をも所掌するとされたのである。この時期の内閣官房は、長官と副長官しか置かれず、彼等の補佐業務は総理府の大臣官房が担った。従来の内閣官房の職員を受けついだ総理大臣官房には、総務課、人事課、会計課、監査課、審議室が置かれた。そして一九五二年には調査室が設置された。

ところが第三に、第三次鳩山一郎内閣における「トップ・マネージメント」の改革にもとづいて、一九五七年に内閣法・総理府設置法が改正されたとき、内閣官房と総理府の関係が整理される。すなわち、内閣官房の所掌事務に「閣議に係る重要事項に関する総合調整その他行政各部の施策に関するその統一保持上必要な総合調整」が加えられるとともに、内閣参事官室、内閣審議室、内閣調査室が設置され、組織の拡大強化が図られた。他方で、総理大臣官房は、担当大臣を内閣官房長官から新設の総理府総務長官とし、総務副長官がその補佐の任に当たる。そして総理府の任務から「総合調整」が削除されて、「各行政機関の事務の連絡」に改められたのである。これによって、内閣官房は内閣の補佐のため総合調整を行うが、総理大臣官房は内閣総理大臣の補佐として連絡調整に限定した事務を行うこととなった。

こうして、内閣官房・総理大臣官房が「内閣官僚」の制度的基盤となった。本節では、これらのうち、内閣官房三室の長を焦点として分析を加えていく。その理由は、第一に、総理大臣秘書官、官房長官秘書官ほど政治的任命の性格が強くないが、一九八六年の内閣官房の改革、二〇〇一年の省庁再編によって本格的に確立する補佐機構の原型であったからである。第二に、後述するように、審議室には様々な対策室、担当室が付置されており、内閣のプロジェ

表1　内閣総理大臣官房総務課長・首席内閣参事官経験者リスト

| 氏　名 | 在職年 | 事務次官 | 内閣官房副長官 | 内閣参事官 | その他の内閣・総理府での就任ポスト等 |
|---|---|---|---|---|---|
| 山本浅太郎(1) | 4 | | | | 総力戦研究所研究生 |
| 梅本純正 | 4 | 厚生事務次官，環境事務次官 | ○ | | |
| 小池欣一 | 6 | | ○ | | |
| 翁久次郎 | 3.5 | 厚生事務次官 | ○ | ○ | 行政管理庁行政管理官 |
| 藤森昭一 | 6 | 環境事務次官 | ○ | ○ | |
| 加藤陸美 | 3 | 環境事務次官 | | | |
| 森　幸男(2) | 4 | 環境事務次官 | | ○ | |
| 古川貞二郎 | 3 | 厚生事務次官 | ○ | ○ | 総理大臣官房公害対策室 |
| 多田　宏 | 3 | 厚生事務次官 | | ○ | |
| 羽毛田信吾 | 3 | 厚生事務次官 | | ○ | |
| 太田義武 | 3 | 環境事務次官 | | ○ | |
| 江利川毅 | 3 | 内閣府事務次官 | | ○ | |

(注1)　山本は総理大臣官房総務課長に通算4年間在職した．在職2年目の1957年8月に首席参事官が設けられ，そこに就任した．
(注2)　森が総理大臣総務課長に就任したとき，加藤は首席内閣参事官であった．在職年は森が両ポストを兼任してから，古川に交替するまでを算出した．

クト・チームの中核に位置しているからである。そして第三に、総理府外局や審議会事務局とは異なり、この三室に繰り返し出向する官僚は、閣議を頂点とする内閣での事務手続に習熟する点で「内閣官僚」の典型と考えることができるからである。

一九五七年以前において、内閣官房は、内閣官房長官と内閣官房副長官からなる簡素な組織であったが、一九五七年の改正によって、従来総理大臣官房に置かれていた参事官室、審議室のうち、参事官室、審議室については同名の室が内閣官房にも置かれ、室長及び室員は内閣官房の職員を兼任することとなった。また調査室は内閣官房に移管された。首席参事官は厚生省から、審議室長は大蔵省から、調査室長は警察庁から派遣されており、一九五七年から二〇〇一年の省庁再編までのそれぞれの在職者は［表1］から［表3］の通りである。(20)これら室長は事務次官・内閣官房副長官等のキャリア・パスとなっているため、それを確認するとともに、これらの室に複数回出向したかどうかもあわせて提示した。ま

表2　総理大臣官房審議室長・内閣審議室長(内政審議室長)在職者リスト

| 氏　名 | 在職年 | 事務次官等 | 内閣審議室 | その他の内閣・総理府での就任ポスト等 |
|---|---|---|---|---|
| 吉田信邦 | 1.5 | | | |
| 大島寛一 | 1 | | | 企画院事務官，企画院調査官 |
| 飯田良一 | 1 | | | 総力戦研究所研究生，宮内事務官，内蔵寮主計課長兼財務課長 |
| 江守堅太郎 | 2 | | | 経済安定本部財政金融局財政課長，警察予備隊本部経理局会計課長 |
| 松永　勇 | 2 | | | 特別調達庁経理局予算課長，保安庁経理局会計課長 |
| 高柳忠夫 | 2 | | | 物価庁第1部事務官，行政調査部公務員部事務官，警察予備隊本部総隊総監部経理官室事務官 |
| 橋口　収 | 2 | 国土事務次官，公正取引委員会委員長 | | 経済安定本部財政金融局産業金融課事務官，総理大臣官房総務課事務官 |
| 青鹿明司 | 2 | | ○ | |
| 小田村四郎 | 1 | 行政管理事務次官 | | 防衛庁経理局会計課事務官，防衛庁防衛局防衛第1課事務官，防衛庁経理局長，行政管理庁行政管理局長 |
| 亘理　彰 | 2 | 防衛事務次官 | ○ | 経済安定本部財政金融局財務課事務官，臨時行政調査会事務局資料課事務官，防衛庁経理局長 |
| 原　　徹 | 1 | 防衛事務次官 | | 防衛庁防衛局長 |
| 渡部周治 | 2 | 国税庁長官 | | |
| 清水　汪 | 3 | 環境事務次官 | | 環境庁企画調整局長 |
| 石川　周 | 2 | 国土事務次官 | ○ | 経済審議庁調整部物価課事務官，経済企画庁長官官房企画課主査，国土庁官房長 |
| 禿河徹映 | 2 | 総理府次長 | | 経済企画庁官房長 |
| 吉居時哉 | 1 | 国土事務次官 | | 国土庁官房長 |
| 的場順三(1) | 4 | 国土事務次官 | | |
| 公文　宏 | 2 | 国土事務次官 | | 国土庁官房長 |
| 伊藤博行 | 2 | | | 経済企画庁物価政策課課長補佐 |
| 藤井　威 | 3 | 会計検査院検査官，スウェーデン大使 | | 経済企画庁官房長 |
| 田波耕治 | 1.5 | 大蔵事務次官 | | 経済企画庁調整局財政金融課長 |
| 竹島一彦(2) | 3.5 | 公正取引委員会委員長 | | 行政管理庁行政管理官，経済企画庁官房長 |

(注1)　的場在任中に審議室は内政審議室と外政審議室とに分かれ，的場は内政審議室長となった．在職年数についてはあわせて積算した．なお，的場以降は内政審議室長在職者を指している．

(注2)　竹島は2001年1月より内閣官房副長官補に就任したが，ここでは内政審議室長とあわせて在職年数を積算した．

表3　内閣調査室長(情報調査室長)在職者リスト

| 氏　名 | 在職年 | 事務次官等 | 内閣調査室 | その他の内閣・総理府での就任ポスト等 |
|---|---|---|---|---|
| 古屋　亨(1) | 7 | 総理府総務副長官 | | |
| 石岡　実 | 2 | 内閣官房副長官 | | 興亜院事務官 |
| 本多武雄 | 2.5 | | | |
| 大津英男 | 5 | | | |
| 川島広守 | 2 | 内閣官房副長官 | | |
| 富田朝彦 | 2 | 宮内庁長官 | ○ | |
| 渡部正郎 | 3 | | | 内閣広報室長 |
| 下稲葉耕吉 | 2.5 | 警察庁長官，衆議院議員 | | 総理大臣秘書官 |
| 森永正比古 | 1.5 | | | |
| 福田勝一 | 2 | 警視総監 | | 防衛庁防衛局運用課長 |
| 鎌倉　節 | 2 | 警察庁長官，宮内庁長官 | | |
| 谷口守正(2) | 3.5 | | ○ | |
| 大高時男 | 2 | | ○ | |
| 森田雄二 | 3 | | ○ | 官房長官秘書官事務取扱 |
| 金田雅喬 | 0.5 | | ○ | 官房長官秘書官事務取扱 |
| 大森義夫 | 4 | | | 総理府沖縄事務所法務係長 |
| 杉田和博(3) | 6 | | ○ | 官房長官秘書官事務取扱 |

(注1)　古屋は1955年より在籍しており，在職年はそこから計算した．
(注2)　谷口の在職中に内閣情報調査室が設置された．
(注3)　2001年の省庁再編により，杉田は危機管理監に異動となり，以後情報調査室長は外務省からの出向ポストとなっている．在職年数は危機管理監時代をも合わせて積算した．

た、その他の広義の省庁間調整を担う内閣官房・総理府外局ポストへの就任状況も概略ながら示している。

　三つの室について、まず、設置の趣旨と形態を略述しておきたい。総理大臣官房総務課長ポストは、一九四九年総理府の設置とともに設けられた。一九五七年以降は、内閣官房の首席参事官と総務課長が兼任となり、参事官の内、国会担当参事官と副参事官が内閣官房に常駐し、総理府人事課長及び会計課長と兼任する参事官は、総理府に常駐するという体制がとられた。他方、総理大臣官房調査室は、一九五二年に設置された。調査室は当初から内外の情報収集を任務として、規模も大きく、職務分掌が明確であったが、[21]一九五七年に内閣調査室へ移管された。さらに、審議室は、終戦直後一九四五年九月一日に設置され、「戦後経営」に関する調査・企画・調整を所掌する内閣調査局を起源とする。同年一一月に内閣官房が設置されると、調査局は廃止され、その業務はほぼ内閣審議室に移管された。これは経済安定本部の母体となるなど、戦時期の内閣調査機関の性格を色濃く持っていたが[22]、一九四七年の総理庁の設置によって、重要政策に関する総合調整を所管する総理庁官房審議室へと縮小する。さらに一九四九年の総理府設置によって総理大臣官房審議室と名称を変えた。これは一九五七年以降、内閣審議室としても存続していくが、中曽根康弘内閣下で内政審議室と外政審議室に分かれ、内政・外政の総合調整を担う組織として発展していく。

以上のような機構の制度的性格は、さらに人事の出向傾向と重ね合わせることで、その機能を抽出することが可能である。

第一に、在職年数を見ると、厚生省から首席内閣参事官ポストへの出向について、三年の出向というパターンが安定的に成立している。ここでは、池田勇人内閣期が転機となり、このときに出向していた梅本純正、小池欣一以降、内閣官房副長官への経由ポストとして定着した。小池は首席内閣参事官から直接官房副長官に就任したため、事務次官には就任していないが、梅本以降のすべての首席内閣参事官が、厚生省または環境庁の事務次官に就任している。さらに、藤森以降は内閣参事官―首席内閣参事官―事務次官―官房副長官というキャリア・パスが制度化されていることを見出せる。またそれは、宮内庁と近いポストであったという点も指摘できるであろう。

第二に、これと対極にあるのが、内閣調査室であった。二〇〇一年に至るまで出向期間が安定していない。一つの原因は警察の人事が地方の警察本部等への出向を伴うため、四月に行われる場合と七・八月に行われる場合とがあるためであるが、二つには、初期の古屋亨や佐藤榮作内閣下の大津英男のように長期にわたって留任するケースがあった後に、概ね二―三年の在任期間となるからである。また、古屋亨、石岡実、川島広守といった内閣官房副長官へ就任する官僚を輩出した時期、下稲葉耕吉、福田勝一、鎌倉節ら警視総監・警察庁長官という警察庁幹部を輩出した時期、内閣調査室・官房長官秘書官での勤務を経由して情報調査室長に就任する時期に区分されている。厚生省・大蔵省よりもはるかに地方への出向が多い警察庁の中でも、近年は、若年時に内閣調査室や官房長官秘書官取扱への出向経験を持たせた官僚を室長に据えることで、内閣官房への出向経験を繰り返す官僚を育成しはじめたと解釈すべきであろう。また、首席内閣参事官と同様、宮内庁との関係が深いのは、調査室長の特徴であろう。

第三に、審議室長ポストが重要ポストとして位置づけられたのは橋口収以降であった。橋口以前は一年で帰任するケースが散見されており、審議室があまり活性化されていないことを推測させている。大蔵省は、ほぼ一貫して内閣・総理府に数多くの出向ポストを持っていたことが読み取れるが、それをさらに詳しく見ると、亘理彰以前と以後で、内閣・総理府への出向の意味が変質していると解釈できる。すなわち、亘理以前の審議室長経験者は、経済安定本部、行政調査部、警察予備隊などへの出向経験を持つ者が多い。だが、亘理以降は、審議室長が、総理府外局の防衛庁、行政管理庁、国土庁の官房長・局長を経由して事務次官に就任するという経路をたどっており、若年時の内閣への出向経験は、戦中期・占領期と比べて全体として希少となる傾向にある。

以上のように、一方で、占領終結に伴い総理府外局が整理縮小されていくことにより、大量に出向者が登場する余地が狭まった。だが、他方で内閣官房の漸進的拡充によって、従来内閣への出向者が少なかった厚生官僚における内閣参事官―首席内閣参事官―官房副長官、警察官僚における内閣審議官―内閣情報調査室長というキャリア・パスが構築され、「内閣官僚」が生み出されている。とするならば、一貫して出向者を内閣に送り込んでいた大蔵省についても一九七〇年代前半を境に、橋口収、小田村四郎、亘理彰などの占領行政を経験した世代の「内閣官僚」が退場し、戦後の内閣官房・総理府に適応した新しい「内閣官僚」が登場しはじめたと考えられる。

この新しいタイプの「内閣官僚」は、さらに二つの制度機構によって、その基盤を形成していった。第一に石油危機以後の三木内閣を境に本格化する内閣レヴェルの臨時の審議会設置である。大平正芳内閣の政策研究会、鈴木善幸内閣の第二次臨時行政調査会の設置を経て、中曽根内閣は「審議会政治」を内閣の施策立案の特徴とした。この傾向は一九九〇年代の内閣では慣例となり、組閣についで審議会の新設が見られるようになった。

第二には総理府外局の増加とそれに伴う権限の強化である。一九七一年の環境庁の設置、一九七四年の国土庁の設置の際には、従来は例外的と見られ、科学技術庁にしか持たされていなかった担当大臣の総理大臣への意見具申権が付与された。それは国土庁設置と同時に、経済企画庁にも付与されて総理府外局の調整官庁の標準形態を形成し、八〇年代に、「総合調整」の強化を目的に総理府が再編され、行政管理庁等が総務庁へと統合されたときにも、やはりこの権限が付与された。その結果、二〇〇一年の省庁再編の際に、新設された特命担当大臣の権限は、これを直接継承した規定となったのである。

この二つの潮流は、ともに内閣・総理府の拡大を伴い、審議会事務局への各省からの出向や総理府外局の主要ポストへの出向を継続させていった。二〇〇一年の省庁再編はこれらの蓄積を無視し得ないのである。次節では、一九七〇年代以降の「内閣官僚」の変容について、内閣官房の制度改革との関係に留意しながら、素描することとしたい。

## 五　「内閣官僚」の再生

### 総理府外局の設置——環境庁の場合(23)

一九七一年の環境庁の設置は、一九六〇年の自治省の設置以降久しく変動のなかった省庁編成を、総理府外局に限り、流動化させた。以後、国土庁、総務庁といった組織が相次いで設置されるのである。また、これを基点に、内閣官房の変質が開始される点でも、リーディング・ケースとなっている。

一九七〇年九月一日、佐藤首相の自民党総裁四選が決定的になりつつある時期、秘書官の楠田實は日記にこう記している。(24)

午後、官邸の小池、翁、城戸氏らと一日内閣演説を整理

マスコミ出身の首相秘書官と、小池欣一内閣官房副長官、翁久次郎首席内閣参事官ら、主要な内閣官房職員による通常の演説原稿の作成作業にみえるが、もう一人の「城戸氏」が内閣官房に設置されていた公害対策本部の長城戸謙次であって、この「一日内閣」での佐藤の演説が四選に向けた事実上の所信表明であり、その内容が公害追放であったことを考慮に入れると、日記の記事は公害対策に向けた特別の内閣官房のラインによる原稿作成作業と見なせるであろう。そして、小池、翁、城戸の三人が厚生省出身であることをこの内閣官房のラインの上に重ねるならば、［表1］に示したように、内閣官房副長官が厚生省出身者であり、かつ内閣官房・総理府職員に厚生省出身者がいる場合、強固な意思決定ラインを形成しうることが理解できる。

このラインが形成される契機となった事件が、公害対策の本格的策定と環境庁の設置であった。一九六四年佐藤の首相就任以後、首席内閣参事官の小池欣一は演説原稿作成に尽力する。六七年より産経新聞記者から総理大臣秘書官に任命された楠田の日記には、内政のみならず外交も含めて、幅広く小池が演説原稿作成に影響力を与えていることが読み取れる。六七年から六九年にかけて内閣審議室長を務めた橋口収は、偽名による回顧録の中で、六九年の段階で小池が「内閣サイドの引きとめ引力がつよくて、ついに派遣元の原省に戻れなくなった立場にある」と記しているが、(25)逆に小池は異例の若さで一九七〇年一月に、局長・事務次官経験もないまま、厚生省出身者としては初めて内閣官房副長官に抜擢された。官房副長官としての小池は、年次の関係で直接の交渉相手となる各省事務次官に強い統制

力を発揮できなかったとも言われているが、公害問題が深刻化した一九七〇年において、この人事の持つ意味は大きかった。

七〇年一月の第三次佐藤内閣組閣に当たって、佐藤は山中貞則を総理府総務長官に抜擢して沖縄の本土復帰についての施策を委ねた。そして、公害への抜本的な取り組みが必要とされるに及んで、剛腕の山中に公害問題をも所掌させたのである。山中は、総理府ではなく内閣官房に対策本部を設置することで佐藤の了解を取り付け、七月末に、厚生省環境衛生局公害部長の城戸を長とし、一五名の本部員からなる公害対策本部を発足させた。そして、次国会に向けて公害対策基本法の改正を含む公害立法作業を推進したのである。

対策本部は、内閣官房に置かれることで総合調整権限を具備し、各省課長クラスの出向者一五名によって構成された。うち一一名が常勤であり、四名が非常勤とされたが、身分上はすべて各省との兼任であった[26]。また、その庶務として、一九名の職員が総理府公害対策室の配属となった。対策本部を中心に、迅速に公害関係の立法がとりまとめられ、一一月の臨時国会いわゆる「公害国会」において、公害対策基本法の改正による経済と環境との「調和条項」の削除など一四法案が提出され、可決・成立を見たのである。

この間、並行して行われていた予算編成作業の中で、佐藤首相は恒久的な公害対策の行政組織として環境庁の設置を裁断した。翌七一年四月には、予算年度の開始とともに、対策本部は正式に内閣付けとなり、本部員が各省から内閣へ出向した上で、そのまま総理大臣官房公害対策室兼務となって設置作業を続けた。そして七一年七月に総理府外局の環境庁として発足したのである。このとき、厚生事務次官として山中に協力した梅本純正は、自ら志願して環境事務次官へと横滑りする[27]。本部員の中では、城戸本部長が環境庁官房長となるのを筆頭に四名が課長に就任する。さらに、総理府公害対策室からは『職員録』で確認できる範囲で一二名が課長補佐・係長に就任するのである。

確かに、厚生省の中核である社会保障、年金行政などと比べて、公害行政は周辺的な職務である。だが、総理府外局の環境庁に厚生官僚が出向することは、一方で環境問題に特化する専門官僚を生み出すが、他方で政府全体の総合調整に関わる官僚を生み出す。この後者の官僚が、内閣官房への出向経験と重ね合わされた時に、強力な調整能力を具備する官僚集団へと成長する。次の梅本の回顧はこの事情を雄弁に語っているといえよう[28]。

昭和五十六年三月十六日臨時行政調査会が発足し、私は専門委員に任命された。どうしてお引き受けしたのか、私はいまでも吉村君の見事な計略にしてやられたと思っている。過去の例からみて、私にはちらっと打診しただけで、あとは専ら当社の小西会長に「二つ次官をやり内閣の首席参事官、内閣官房副長官も務めた人は、臨調にどうしても必要である。ぜひ引きうけて貰いたい。また、それが内閣の最高のところからの指令でもある。国家のため少々社業を犠牲にしてでも出して貰わねば困る」といった趣旨のことをいって説得したようである

### 派閥抗争と挙党態勢の中の内閣制度改革――福田内閣・中曽根内閣下の行政改革

環境庁の設置にひきつづき、一九七四年には田中角栄内閣の「日本列島改造論」を牽引する行政機関として、国土庁が設置される。このような総理府外局の設置は、一九七〇年代以降、内閣の総合調整機能について再検討を促していった。もちろん、内閣機能強化という改革課題は、すでに一九六四年の第一次臨時行政調査会答申「内閣の機能に関する改革意見」によって提起されており、総理府外局を統合する「内閣府」の設置、内閣官房のブレーンとしての「内閣補佐官」の設置などの構想が一九六〇年代後半の改革課題となった。一九六七年には内閣補佐官の設置を内容とする内閣法改正案が国会に提出され、一九七〇年には自民党行政調査会「内閣機能の強化に関する試案大綱」では、総合企画庁の設置が提案された。だが、いずれも佐藤内閣下では実現せずに放置されていた。

これに対し、田中内閣以降、派閥抗争が激化し、総裁のリーダーシップが質的に大きく変化する。これが内閣制度

の再編を漸進的に進める効果を果たしたのである。

自民党では、佐藤首相の後継総裁選挙で田中派と福田派が激しい選挙戦を行った後、田中、三木、福田、大平の各内閣下では、田中派対福田派の対立に加えて、ロッキード事件での田中逮捕の扱いをめぐってさらに三木派対田中派の対立も激しさを増し、複雑な派閥抗争が続いた。だが他方で、自民党内閣への支持率の低下が国政選挙で保革伯仲の状態を生み出し、自民党は挙党態勢の確立をも余儀なくされた。その結果、非主流派の領袖を閣内に取りこむ必要が生じたとき、総理府外局の環境庁、経済企画庁、行政管理庁の長官ポストが用いられたのである。田中内閣の三木武夫環境庁長官、福田赳夫行管庁、三木内閣の福田経企庁長官、鈴木内閣の中曽根行管庁長官、河本敏夫経企庁長官は、こうしたケースであり[29]、八〇年代になり、派閥対立の色彩が薄れると、総理府外局の長官は、専ら女性議員、参議院等のポストとされて、七〇年代にみられた人事は姿を消した。だが、七〇年代の長官人事が意味するのは、首相就任直前に、総理府外局での総合調整のあり方を模索する議論に触れた政治家が、自ら総裁に就任して組閣する際に、閣僚・内閣官房の人事配置に新しいスタイルを導入したことである。派閥政治の意図せざる効果がここに現れたと言えるであろう。

佐藤内閣から田中内閣への交替を機に、まず着手されたのは内閣官房の刷新であった。このとき、首席内閣参事官の藤森昭一、調査室長の川島広守は留任したが、審議室長は小田村四郎から亘理彰へ、副長官は小池欣一から後藤田正晴へと交替した。この件について佐藤榮作は日記の中で次のように記している[30]。

十一時に小池前副長官夫妻がこられたが、この人は今回の小生退任の際後に残る様な陣容にした積りだったが、意外に後藤田前長官の起用となり、その為退官する事となった。後進にみちをゆづる《(ママ)》のではなく、先輩(四年)に席をゆづる《(ママ)》と云ふハプニング、今後何かいゝ仕事をみつけてやりたいつまり、佐藤としては、官房副長官人事を変えずに次の内閣に移行させるはずであったのが、田中首相は後藤田を起用し、官邸の刷新を図ったのである。小池が首席内閣参事官から官房副長官に異動したのとは異なり、警察庁長官から副長官になった後藤田は、閣議了解による省庁幹部の人事権を武器に各省を統制し、結果として副長官ポストの重要性を高めた。

続いて、金脈政変で退陣した田中の後を引き継いだ三木首相は、田中内閣下で選挙に出馬した後藤田の後任であった川島広守官房副長官を留任させ、内閣官房の継続性を維持した。だが、三木首相退陣を求めた田中・福田・大平派による「三木おろし」の党内抗争が激しくなる一九七六年には、三木首相は川島を更迭し、田中内閣時代に環境庁長官であったとき事務次官として仕えていた梅本純正を官房副長官に据えた。環境政策・福祉政策に配慮する姿勢を打ち出したものと思われるが、これにより、後藤田、川島のように一時警察官僚に占められていた官房副長官ポストに小池以来再度厚生官僚が就任した。またこのときを境に現在に至るまで警察官僚は、副長官に就任していない。その意味でも、三木首相による人事は内閣官房のあり方を方向づけるものとなった。

さらに、七六年一二月の総選挙敗北の責任をとって退陣した三木の後に首相となった福田は、省庁再編と内閣制度の再編を同時に行おうとした。その際に伏線となっていたのは、一九七二年一二月に田中内閣の行政管理庁長官に就任した後に手がけた内閣法改正構想であった。当時福田は、長官就任直後の二七日に、行政管理庁の諮問機関である行政監理委員会から「内閣機能の強化に関する答申」を受け、内閣参与の設置、官房副長官の増員、内閣審議官等の職員定員の増員、室長の格上げを提言された。これを受けて、政府は第七一回国会では内閣参与の設置を内容とする内閣法改正案を提出し、第七二回国会では「経済協力の積極的推進」のための無任所大臣を置くことにより国務大臣の定数を一名増員し、内閣機能の機動性を図る内閣法改正案を提出したのである。国会ではともに実質審議に入らないまま、第七八回国会で廃案となった。前者は福田行管庁長官が担当であり、後者は二階堂進官房長官が担当となったが、ともに行政管理庁の関与があったことは疑いがなく、これらについて福田が内容を熟知していたと考えるべきであろう。

以上の視点から福田内閣の施策を見渡すならば、第一に、福田が自ら組閣したときに、その主要施策に位置づけたのは、省庁再編を骨子とする行政改革であった。西村英一行政管理庁長官を中心に、資源エネルギー庁の「エネルギー省」への再編や、建設省住宅局・都市局と国土庁を統合する「住宅省」の設置などを目玉とする行政改革構想が提示されたが、前者は通産省の猛烈な反対にあい[31]、また党もこれらに賛意を表せずに挫折し、審議会の整理統合が主たる成果とされた。確かに、前後の改革と比べても、一切審議会を設置しないまま行政管理庁によって作成された省庁再編案は、正統性がきわめて低く、失敗するのも当然といえるであろう。

そして第二に、省庁再編構想が挫折した七七年一一月に福田は内閣改造に踏み切り、建設・国土両省庁を一大臣で兼任することとし、さらにかつての外務省の「革新官僚」であった牛場信彦を対外経済担当大臣に任命した。第七二回国会では、さきの内閣法改正案とは別の議員提出の内閣法改正案が成立したことによって、特に所掌事務を明確にしないまま大臣の定数が一名増員されていた。田中首相はここに国土庁長官を割り当てたが、福田の組閣は、国土庁の再編を大臣兼任で代替することにより田中の国土庁設置構想を事実上否定し、増員した一名を、当初の内閣提出法案の通り、対外経済担当大臣に充てたものである。この時、牛場は「総合調整」を所掌するものと位置づけられたが、経済企画庁の権限と抵触するために、事実上の調整機能を果たす大臣とされた[32]。そして、牛場の下に秘書官室と並んで、内閣審議官による「対外経済担当大臣補佐官室」が設けられ、後に各省局長に就任する官僚が集結した[33]。補佐官室自体は内閣官房の「総合調整権」を持っていたが、外務省による外交一元化との調整は容易ではなく、また国内の経済政策との調整も必要である。福田首相から牛場大臣に出された指示を、補佐官室から各省に伝える際には、「『出しゃばった』ことをして総元締官庁の担当者の『顔を潰し』たり『やる気』をなくし」たりしないような配慮がなされたという[34]。

また第三には、七七年八月に、渡部正郎調査室長の後任に、従来の慣行とは異なって、警察庁以外からの出向を検討した。これに対して、警察庁は総理大臣秘書官経験者であり、省の幹部候補とみなされていた下稲葉耕吉を調査室長に充てることで、ポストの確保を目指した[35]。確かに、[表3]を見ると、下稲葉以後になると、福田勝一が警視総監に、鎌倉節が警察庁長官に就任しており、警察庁幹部へのキャリア・パスに調査室長を位置づけたことがうかがえる。

福田内閣の施策としての省庁再編構想は、当時からも注目されたものであるが、これは内閣制度の改革と連動したものであり、その直接の起源は福田が行政管理庁時代の執務経験にさかのぼるものだったのである。つまり福田内閣は、行政改革を各省に迫りつつ、新しい形式の大臣の任用や、内閣補佐機構の改革に着手していた。そして、これは総理府外局での執務経験を持たなかった大平の内閣においても、継承された。大平は、第一に、牛場の補佐官室のメンバーを残したまま、総理大臣補佐官室として、新たに設置した大規模な私的諮問機関であった「政策研究会」の事務局を所掌させたのである[36]。大平の下の補佐官室は長期的な政策構想をペーパーに纏め、首相の国会演説を担当する参事官室に提出し、また党の構想に反映させた[37]。さらには第二に、大平は牛場の例をみながら、七九年の第二次内閣発足時に、満州時代の盟友であった大来佐武郎を、経済協力を重視した外交の担い手としての外務大臣に任命した[38]。

このように、一九七〇年代の内閣史の上に立つと、大平の急死を受けて突如総裁に指名された鈴木善幸の下で、中曽根が行管庁長官に就任し、第二次臨時行政調査会の審議を主導する役割を演じたのは決して唐突ではない。そして、臨調での審議に深く関わった中曽根は、鈴木の後に首相に就任すると、官房長官に田中内閣時代に副長官を務めていた後藤田正晴を起用し、行政改革の総指揮を委ねた。

すでに第二次臨時行政調査会は、「行政組織及び基本的行政制度のあり方」を所掌する第二部会で、内閣制度についても検討を行い、一九八二年七月に「基本答申」を提出し、内閣官房副長官・総理大臣秘書官の定数の弾力化、顧問または参与の設置等と並んで、「内閣官房の充実強化」として、「内閣審議室について①室長等の年次・在任期間等についての人事運用の弾力化、②対外関係等対応体制が不十分と考えられる分野の充実強化を図る等、内閣官房の企画・調整機能の活性化を図る」ことを提言していた。また、省庁再編の中核として、総理府人事局と行政管理庁を統合し、「総合調整」のための機関として新たに「総合管理庁」の設置を提案した。

後藤田はまず総理府再編を指揮し、八三年一二月には行政管理庁長官に就任し、総理府関係者の抵抗を排除しつつ構想を具体化し(39)、再編後の総務庁の初代長官となった。次に内閣官房の再編については、第二次臨時行政調査会の後継機関としての第一次臨時行政改革推進審議会がより具体的に審議した。この過程では、中曽根首相は必ずしも積極的に賛成せず、後藤田の意向で室の再編が図られたという(40)。一九八五年七月に提出された答申では、内閣審議室を外政調整室と内政調整室に分け、国防会議を安全保障会議に改組した上で事務局を安全保障室として内閣に設置し、調査室の情報収集・分析機能を強化するため情報調査室に改組することが提言された。大韓航空機撃墜事件に対する政府の対応の不備が直接の原因であり、さらに対外経済摩擦の激化などの懸案における首相のリーダーシップが不可欠となったと認識されたためである。

行革審答申提出後、内閣官房には「内閣総合調整機能問題検討委員会」が設置され、藤森昭一官房副長官を委員長として、審議室長、調査室長、広報室長、国防会議事務局長等によって会議が続けられた。当初は外務省が「外交一元化」から反対し、新設の「内政」の審議室が対外関係事務を喪失することに対して、室長を派遣していた大蔵省が反発したが、外務省に対しては「外交一元化」を損なわないという首相の談話で、大蔵省に対しては予算編成過程とともに決着させるという手法で、合意に至った(41)。

結果として、一九八六年七月に新体制が発足し、審議室は内政審議室と外政審議室に分かれた。前者の室長は大蔵省から、後者の室長は外務省からの出向ポストとなった。また、調査室は情報調査室へと名称を変更した。さらに、国防会議事務局を安全保障室へと移行し、新たに内閣広報室が設けられた。各室長は、当初考えられた事務次官級ではないにせよ、審議官ないしは局長級に格上げされた。またこれらに伴い、内閣官房の定員が、一〇一人から一七六人へと大幅に増員されたのである。

これらは、出向ポストの意味を変えていった。まず、大蔵省はこの改革に備えて的場順三を審議室長に送り込んだ。的場は四年間ここに在籍して、中曽根内閣、そして消費税を導入した竹下登内閣を内政審議室から支えたのである。他方、警察庁は、情報調査室に庁の幹部候補者とは別経路のキャリア・パスを構築しはじめた(42)。総体として、大蔵省、警察庁はともに「内閣官僚」の育成に力を入れたといえるであろう。とりわけ的場は石原の後任の官房副長官候補とされていたと石原は回顧しているが(43)、それも大蔵省の長期的な人事方針の上に立ったものであった。

### 総理府担当室における「内閣官僚」の出現——総理府婦人問題担当室の場合

内閣官房の室再編を見る限り、内閣の主要施策は、外交・治安・経済といったハイ・ポリティクスの領域に限られているように見える。だが、実際には審議室には内政から外交にわたる様々な臨時の「対策室」・「担当室」が設置されており、各省からの出向者が課題解決に当たっていた。[図1]は、第二次臨時行政調査会での審議に供された資料であるが(44)、一九五七年以降内閣官房、総理大臣官房のそれぞれに「対策室」、「担当室」が設置されてきた。たとえば、先に環境庁の設置過程で記したように、一九七〇年に内閣官房に「公害対策本部」が設置されたが、年度途中であったため多くの職員は各省ポストと兼任する形をとった。それはさらに新年度とともに総理大臣官房の公害対策室となって、七月には環境庁へ移行していく。また、一九七七年に設置されたヴィエトナム難民対策室は、一九七九年にインドシナ難民対策連絡調整会議が設置されると、その事務局となり内閣官房へ移行する。このように、ポストの

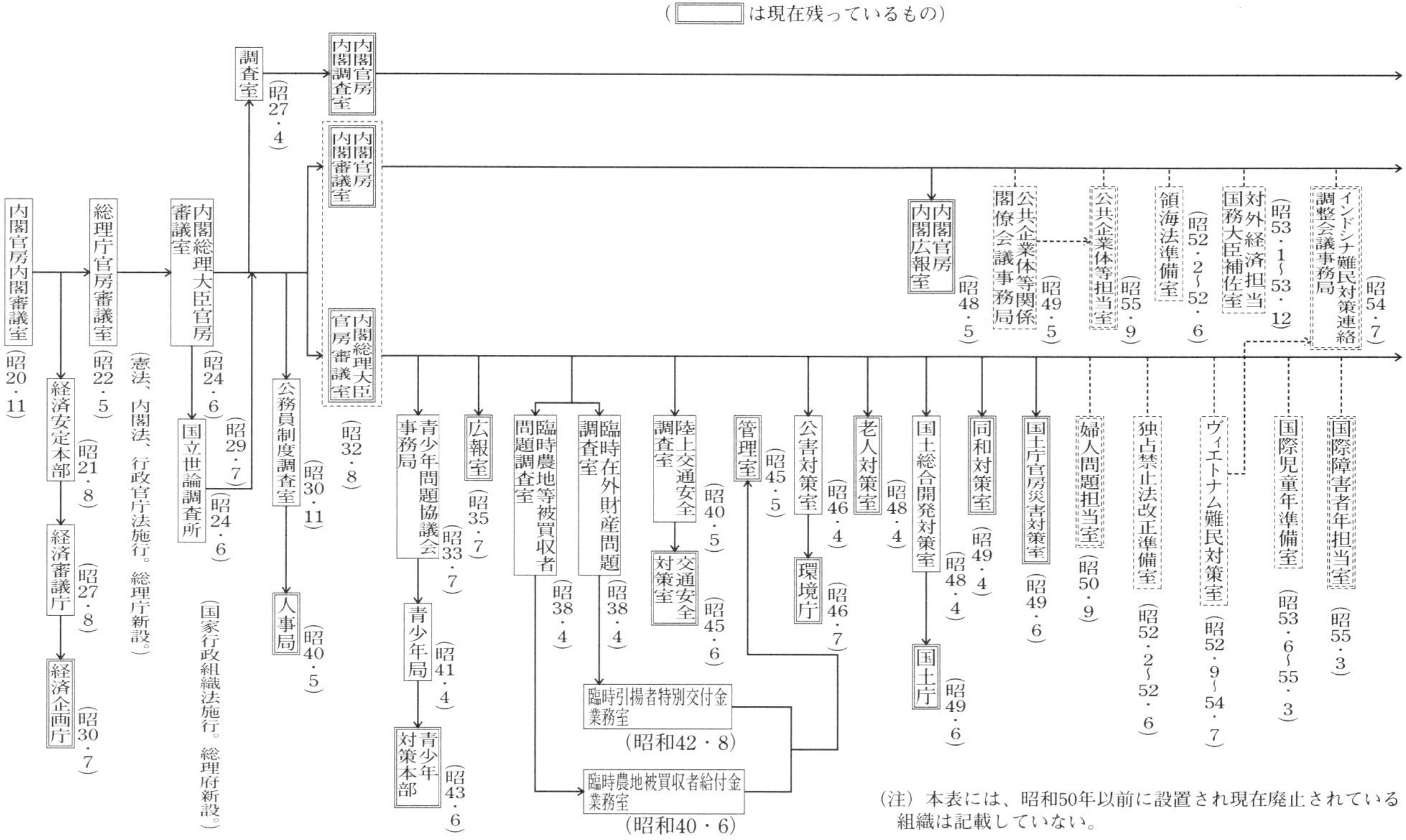


（注）本表には、昭和50年以前に設置され現在廃止されている組織は記載していない。

**図1**　「審議室」の沿革図

有無、案件の具体化される時期、内容の重要性に応じて、各省・内閣官房・総理大臣官房のいずれかにポストを振り分けていることがうかがえる。

これらのうち、一九七五年からほぼ継続して室を設置し、二〇〇一年の省庁再編の結果、ついに内閣府の局へと成長したものが、婦人問題担当室であった。公害対策本部が環境庁の設置に至るまで一年も経っていなかったのと比べると、三〇年近くにわたるこの組織の成長過程は、一方で一九七五年以降の国際社会での女性の地位強化と連動し、他方でこの時期の内閣官房と総理府の再編過程を体現している。これについてはすでに別稿で論じているので(45)、本節では、一九七〇年代以降の内閣官房の変容過程に、婦人問題担当室の成長過程を重ねつつ、論じていくことにしたい。

一九七五年の「国際婦人年」を受けて、三木首相は「総務長官が婦人問題担当大臣になって婦人問題に取り組むように」と植木光教総理府総務長官に指示し(46)、婦人問題への能動的対応を内閣の施策に取り上げた。その結果、同年には、関係省庁の事務次官によって構成される婦人問題企画推進本部、有識者によって構成される婦人問題企画推進審議会、その事務局としての総理大臣官房審議室婦人問題担当室があいついで設置されたのである。これらのうち、本部は、閣議決定にもとづいて設置された会議体であり、審議会は法令上の根拠のない私的諮問機関である。そして、婦人問題担当室は総理府組織令上の規定もない非公式の室にすぎなかった。

婦人問題担当室は、婦人問題企画推進本部を設置する閣議決定において、その庶務を担当する機関として総理大臣官房に置かれた。『職員録』を見る限り、設置当初は、室員は内閣官房の職員を兼任しており、以後少なくとも室長は一貫して兼任している。また、担当室の後継組織である男女共同参画室の設置規定には、所掌事務を「事務の連絡」と規定し、調整権を明示的に付与していない。つまり、総理府事務官としては、室員は調整権を持たないが、兼任している内閣事務官として、内閣法に規定された総合調整権を行使することが法律上認められる(47)。この人事配置によって、閣議決定の文言と現実に必要とされる調整活動との間に乖離が生じないように図られたのである。

担当室が総理府に置かれたため、当初の担当大臣は総理府総務長官であった。だが、一九八四年の総理府改革と総務庁設置によって、総理府総務長官・総理府総務副長官が廃止され、総理府担当大臣が内閣官房長官となると、婦人問題担当室の職員は、内閣官房・総理大臣官房の双方において内閣官房長官の指揮下に入った。さらに、一九九二年に宮沢喜一内閣は、河野洋平官房長官を婦人問題担当大臣として、これに秘書官を配置し、有識者会議にも出席させた。[48]以後、第二次橋本龍太郎内閣で武藤嘉文総務庁長官が担当大臣に就任したケースを除いて、官房長官が一貫して担当大臣となった。連立政権の時代には、官房長官が党との折衝を担当するケースが多く、概してその政治的調整能力は高かった。ここに女性政策担当部局の成長する政治的基盤が存在したのである。

それでは、なぜ担当室が法令上の機関とはならなかったのであろうか。それは、労働省との権限配分の問題を整理できなかったためである。労働省設置法第三条にその所掌事務として「婦人の地位の向上その他婦人問題の調査及び連絡調整」との規定があり、婦人問題担当室を法令に依って規定する場合、これとの差異を明示する必要があるからである。これは、先述の福田内閣の対外経済担当大臣補佐官室と経企庁・外務省との権限紛争と同様の問題であった。法令上の機関でないため、婦人問題担当室はきわめて不安定な組織であった。一九八二年に婦人問題担当室勤務となった名取はにわは、当時の状況を次のように回顧している。[49]

当時何て言っていたかといいますと、「国連婦人の一〇年、国連があるうちはまだ部屋があるよね、でも国連がなくなっちゃったら部屋がなくなっちゃうかもしれないね」なんていうような薄ら寒い状況だったんですよ。と申しますのは、この部屋を消すのはいとも簡単、まるで手品のようなものなんですね……新しい閣議決定をしてもう婦人問題企画推進本部はいらなくなっちゃったから解散するといわれれば、すぱっと消えてしまうような、暗いものでございました。当時国際婦人年連絡会の方々が、よく陳情に来て「部屋を強化して下さい、法令の下にあるようにして下さい、何とか担当大臣を置いて下さい」といつも内閣総理大臣が替わるたびに一生懸命陳情に来てくれたんです。それを見ながら、正直そんな夢みたいなことがあるのかなと思っていたこともありました。

このように、一九八五年に「国連婦人の一〇年」が終了する直前には、婦人問題担当室が継続的に設置されないのではないかという疑念が存在していた。だが、一九八五年にナイロビ世界会議が採択した「婦人の地位向上のためのナイロビ将来戦略」は、二〇〇〇年に向けた婦人の地位向上のための施策を講ずるよう各国に勧告した。これにより、一九八六年一月に婦人問題企画推進本部が拡充され、全省庁の事務次官が本部員となり、二月に婦人問題企画推進本部長決定により、婦人問題企画推進有識者会議が設置された。

法令化は、一九九四年の男女共同参画室と男女共同参画審議会の設置によって完成する。このときには、労働省との間で権限配分についての覚書が交わされ、参画室は労働省設置法の規定とは異なる事務を所掌するものであることが確認された(50)。そして行政改革会議の最終報告で男女共同参画の重要性が指摘されたことを受けて、二〇〇一年に内閣府男女共同参画局が発足した。これは、規模として拡大しただけではなく、局課制をとることで、従来の室とは異なり、国家行政組織法に準じた階統構造をとった。同時に、男女共同参画会議も、従来のように民間有識者によって構成される審議会ではなく、大臣と民間議員とが同数出席する会議体であり、諮問と決定とを同時に進行させる役割を果たした。並行して労働省は厚生省と合併し、女性局は雇用均等・児童局へと改組され、女性行政を正面から推進することを断念したのである。

回顧談によると、設置当初、担当室は、担当参事官と室員から構成されており、労働省からは担当参事官の久保田

表4　婦人問題担当室担当参事官・室長経験者の略歴

| 氏　名 | 出身省庁 | その後の主たる職 |
|---|---|---|
| 久保田真苗 | 労働省 | 国連婦人の地位向上部長，参議院議員（社会党） |
| 赤松　良子 | 労働省 | 労働省婦人少年局長・婦人局長，文部大臣 |
| 高橋　久子 | 労働省 | 労働省婦人少年局長，最高裁判所判事 |
| 柴田　知子 | 労働省 | 財団法人女性職業財団専務理事，帝京平成大学教授 |
| 松本　康子 | 労働省 | 労働保険審査会委員 |
| 川橋　幸子 | 労働省 | 参議院議員（民主党） |
| 藤井紀代子 | 労働省 | ILO 東京支局長，横浜市助役 |
| 堀内　光子 | 労働省 | ILO ジェンダー特別アドバイザー兼駐日代表 |
| 坂東真理子 | 総理府 | 埼玉県副知事，男女共同参画局長 |
| 名取はにわ | 法務省 | 内閣府大臣官房審議官，内閣府男女共同参画局長 |
| 大西　珠枝 | 文部省 | 岡山県副知事，文部科学省大臣官房行政改革総括官 |

真苗を含めて三名、文部、厚生、総理府出身者各一名で構成されていた。(51)一九八二年から八三年にかけて担当室に勤務した名取はにわによれば、当時は八名の体制であったという。(52)こうした小規模の組織体制は、婦人問題企画推進有識者会議の設置、内閣官房の定員増にあわせて、一九八六年に初めて明示的に室長が置かれたことから変化しはじめる。一九九五年には、男女共同参画審議会での審議と並行して、室長の下一〇名の主任が配置され、二〇〇一年の男女共同参画局の設置によって、職員はほとんど全員が専任となり、三五名を超える数にまで達して現在に至っている。また、［表4］のように、坂東以後の室長経験者は、労働省から総理府等へと移っており、労働行政の一環として女性政策の専門家となるタイプから、婦人問題担当室の主査を経て室長、さらには男女共同参画局長に就任するというタイプへと変化しつつある。特に坂東を室長に任命するよう働きかけた総理府審議官の高岡完治の回想は、労働省に対する総理府側の人事に対する主導権掌握の意図を如実に示している。(53)

縫田「歴代ずっと労働省のポストみたいでしたから、これは大変ではありませんでしたか。」

高岡「人事というものは権限をもっている役所の専断事項で、

総理府の人事として行うものですから、それはとくにありませんでした。ただ、せっかく総理府も女性行政に関与し、坂東君の仕事ぶりなども見ていましたから、いつまでも他所様から人を派遣していただくのではなく、実績もあり、熱意もある坂東君が適任と思い、発令すべきだと考えました」。

こうして現在男女共同参画の担い手は、特定政策の専門家から政府内全体の調整役へと移行しつつあるのである。第一に、坂東、名取はともに、室職員・室長を経験した後に男女共同参画局長に就任しており、他省からの一時的な出向者よりも調整業務を分厚く経験している。そして第二に、政府内の調整のみならず、審議会等で女性学者や女性運動家と接触する機会が多く、政策の推進に不可欠な社会運動の支援を得やすい立場にある。さらに第三に、室長経験者が地方自治体の助役・副知事に就任する傾向が見られ、女性政策を自治体において総合的に波及させる役割を果たしつつある。こうして、従来は政策単位とみなされてこなかった女性政策は、内閣における総合的施策を行う場となり、新しい「内閣官僚」を生み出しているのである。

## 六　おわりに

二〇〇一年一月の省庁再編によって、内閣官房と総理府は大きく再編された。内閣官房では、従来のような室編成がとられず、副長官の下に三名の副長官補が置かれた。また副長官補の下には、副長官補とは異なる出身の官僚が各省から出向するように配慮された。さらに総理府外局の調整官庁は姿を消し、経済企画庁、沖縄開発庁が内閣府へと吸収された。内閣官房・内閣府は、ともに「総合調整」権限に加えて「企画及び立案」権限を具備した。以後、内閣官房・内閣府に、諸々の「本部」や諮問機関が設置され、各省を主導しつつ政策形成が行われるようになったのである。規模を大幅に拡大した内閣官房・内閣府では、従来以上に多数の各省出向者が企画立案・調整業務に従事している。今後、本格的に「内閣官僚」が形成されていくことは、ほぼ確実となった。

　戦前の「内閣官僚」は、総動員体制の構築に伴って総動員関係機関に出向する「革新官僚」を典型としていた。これに対して、戦後の場合、占領期には物資需給計画に従事する経済官僚が「内閣官僚」としての役割を果したが、占領終結と経済の自由化に伴い、この種の官僚集団は省庁官僚に復帰していった。だが、一九七〇年代以降、総理府外局、内閣官房の拡大に伴って、新しい「内閣官僚」が登場しはじめる。その性格は、以下の三点に要約できるであろう。

　第一に、安全保障、通商政策、マクロ経済政策等の高度な政治的性格を帯びた政策決定に従事していることである。一九七〇年代までは、官房副長官に警察庁ＯＢが就任したり、調査室長経験者が警察庁長官などの要職へのキャリア・パスになっていた。一九八六年の内閣官房再編を機に、警察官僚が調査・危機管理に特化し、他方で外務官僚が本格的に内閣官房で勤務しはじめる[54]。以後、ＰＫＯ協力法[55]、テロ対策特措法・有事関連法[56]など、外務省と防衛庁との共管事項は概ね内閣官房外政審議室・外務担当副長官補が所掌することとなった。これらの分野は、「革新官僚」の遺産を濃厚に継承した官僚集団を生み出していった。

　第二に、総理府外局である宮内庁ひいては天皇と密接な関係に立つことである。総理府内においては、部局間の会合が定期的に開催され、情報連絡を行っており[57]、「内閣官僚」は、憲法第七条の天皇の国事行為における内閣と天皇・宮内庁との間の事務連絡など、象徴天皇制を支える制度的基盤となっている。宮内庁が所掌する天皇の国事行為は、憲法第七条第九項(大使・公使の接受)、第十項(儀式を行うこと)に限られており、その他の多くの国事行為については、官房副長官・首席内閣参事官の打ち合わせといったルーティン的な処理に委ねられるだけではなく[58]、昭和から平成への改元に当たっては、内閣官房が、宮内庁、内閣法制局と調整しつつ、新元号を定め、皇位継承の儀式を進めた。[59] 天皇の在位期間が長大であった昭和期とは異なり、社会が安定化し、少子高齢化が皇室にも及びはじめた平成以降、皇位継承規定の整備やその準備作業に要する事務は量的質的に増大している。つまり、内閣の交替にかかわらず、内閣官房が継続的に進めなければならない業務が増えてきているのである。

第三に、社会運動の高揚を背景とする政治的要求に応えるための新しい政策領域の開拓である。こうしたタイプの官僚をもっとも包括的かつ精密に理論化したものは、女性政策における「フェモクラット（femocrat）」概念であろう。「フェモクラット」とは、フェミニズム（feminism）と官僚（bureaucrat）とから作られた新造語とされる。これは、一九七〇年代のオーストラリアにおける連邦・州で政権を掌握した労働党内閣の諸改革の中から誕生し、比較研究の中で次第に他国へも適用されるようになった分析概念である。[60]

オーストラリアの「フェモクラシー」は一九七二年の総選挙によって成立したウィットラム労働党内閣のアドヴァイザーであったピーター・ウィレンスキー、エリザベス・リードによって開始された。しかし、二三年間の保守系内閣の後に成立したウィットラム内閣は議会基盤が脆弱であり、改革への官僚制からの抵抗も強く、一九七五年に崩壊する。だが、この年から「国連婦人の一〇年」が始まることによって国際的に女性政策への関心が高まるにつれ、ウィットラム内閣の遺産は、連邦レヴェルでは首相府女性局（Office of Women's Affairs）の定着として、またタスマニア、ニュー・サウス・ウェールズなど州労働党政権への政策波及としてオーストラリアの新しい政治文化を形成していったのである。[61]

「フェモクラット」の特質はその二重のアイデンティティにある。第一には、フェミニストとしてのアイデンティティであり、女性の地位向上・機会均等・差別撤廃を掲げるグラスルーツの女性運動への自己同一性である。第二には、官僚として「行政の中立性」の下、依然として男性優位の制度機構である国家の一員であり続けることである。[62] この二重のときに相矛盾する役割を背負った官僚は、保守派から攻撃を受けるのみならず、フェミニズム運動からも非難を浴び、矛盾するアイデンティティ間での内的葛藤に苦しまざるを得ない。だが、官僚たちの経年的かつ周到な「戦略」の結果として、長期的・漸進的に政策革新が進行していく。そこでは、国レヴェルの機構の設置、女性団体の制度化、フェミニズムについての政策・プロジェクトへの補助金、社会におけるジェンダー問題への引証枠組みの変化などが「フェモクラット」の戦略の結果として解釈されるのである(63)。

日本でも、この「フェモクラット」の登場は指摘されはじめている。男女共同参画審議会で『男女共同参画ビジョン』の作成に尽力した大沢真理は、次のように語っている(64)。

各省庁の課長補佐とか、企画官とか、参事官補とか、そういう役職についている四〇代の前半ぐらいの女性の官僚は、本人が自分についてどう言うかは別として、フェミニストでない人を探すのが難しいという状況です。私はオーストラリアで言うような意味でのフェモクラットが登場していると思います

この傾向は、環境庁が二〇〇一年の省庁再編で環境省に昇格したこととも軌を一にしている。「フェモクラット」ほどの理論化はされていないが、環境問題の専門官僚を「エコクラット（ecocrat）」と呼ぶことがある。日本において彼ら・彼女らが政策専門家にとどまらず、「内閣官僚」となっていったのは、第一に、その所属組織の特性からである。ともに、二〇〇一年までは、内閣官房または総理府の機関であった。第二に、国際的潮流に大きく影響を受けている。環境庁の設置は、一九六八年の国連人間環境会議の開催やアメリカの環境保護庁（Environmental Protection Agency）をはじめとする欧米諸国での環境担当省庁の設置に強く影響を受け、男女共同参画局の設置は、国連など国際会議での検討と各国の動向に大きく影響を受けた。そして第三に、その政策上の特性である。環境政策も女性政策も、「公害」概念や「ジェンダー」概念を再定式化し、従来の政策の発想を超えた調整を必要とする。二〇

○一年以後環境庁は省となったが、この高度な調整の発想を持続する限り、彼ら・彼女らは総理府外局時代と同様、「内閣官僚」の母体となりうると考えてもよいであろう。そして第四に、政策の漸進的発展とともに政府内に定着していったことである。この時期を観察して、女性団体の活動家は次のように回顧している[65]。

今思えば、中曽根臨調、そして橋本総理の六大改革と、女性行政にとっての危機が逆に功を奏したと、実に不思議な結果になったと思います。

確かに、女性政策が政府の政策に取り入れられる一九七〇年代以降は、能率重視の行政改革が進行した時期と重なっており、新保守主義的な諸改革に女性政策担当部局や環境保全省庁が巻き込まれているのは、ほぼ先進諸国に共通している。ところが、逆説的ではあるが、効率追求を特徴とする諸改革の中で、女性政策・環境政策は効率を超えた価値をもつものとして、やはり先進諸国に共通して成長を遂げてきたのである。

経済テクノクラートである「革新官僚」として本格的に生成した「内閣官僚」は、現在では、「革新官僚」の伝統上に立つ外交・治安等の官僚集団や、象徴天皇制と親和性の高い官僚集団や、環境政策や女性政策など社会運動と結びついた官僚集団の混然とした集合体である。確かにこれらは相互に異質な集団である。たとえば、一九八六年に初代の安全保障室長に就任した佐々淳行は、旧来の「内閣官僚」と新しい型の「内閣官僚」との邂逅を次のように表現している[66]。

内閣安全保障室が総理府の六階に入ることが決ったとき、総理府の人たち、とくに守衛さんたちの間で若干の拒否反応があったという。……(中略)……ハイジャック担当など治安警備上の任務が新たに加えられたことから過激派テロリストの火炎ビン攻撃や小包爆弾などの攻撃対象に変質したから問題になったのだ。総理府は、迎賓館、公文書館、婦人問題対策室《(ママ)》、賞勲局などといった〝平和官庁〟の寄り合い所帯で、いわば〝開かれた〟役所だった。その六階に内閣情報調査室とならんでアメリカの国家安全保障会議(ＮＳＣ)に相当する内閣安全保障室が店開きしたのだから、雲雀の巣に鷹の雛が棲みついたような違和感の小波が起こったのも無理はないしかも、難民保護対策を所掌していた総理府の施策の一環として、総理府の清掃作業員に「ベトナム難民」を充てていたため、彼等が仕事柄安全保障室の鍵をも預かっていた。

　どこの国に国家秘密を扱っている内閣調査室や安保室を、セキュリティ・チェックもしていない外国人難民に無人の土・日曜日に鍵をもたせて立会いもせずに掃除させる政府があるか、国の秘密を守るため直ちに中止すべきである……と私たち新任の安保室員たちは官房副長官や庁舎管理の会計課長に申し入れた。だが、その結果は、先住者である雲雀の勝ちに終った。総理府は「開かれた役所」で、後からきた安保室は文句があるならよそに移れということで、鷹たちは当直を強化して自警せよという結論になったのだった

二〇世紀の内閣が戦争と計画のための「男性的な」内閣であったとすれば、二一世紀の内閣はエコロジーを漂わせた「女性的な」内閣ともなりつつある。しかも、佐々の回顧によれば、マルチ・カルチュラリズムの領域にさえ足を踏み入れた時期もあった。よってそれは、政権の縮図であるのみならず、政治社会そのものの縮図でさえある。

　とするならば、内閣に求められるのは、一方で国民の支持の上に立つ高次の政治的決断であるが、他方で経済・外交・治安・象徴天皇制・社会運動のそれぞれに対して感受性を持ち、均衡を保ちながら政策的な判断を下すことでも

ある。内閣の性格は、閣僚の顔触れや与党綱領だけではなく、「内閣官僚」の性格によっても規定されている――それが日本国憲法下の内閣制度の特徴なのである。

(1)　筆者は別稿で「官房型官僚」と「原局型官僚」という類型を提示したが、これは省庁組織論からみた官僚類型である。だが内閣制度論からみると、「官房型官僚」は、「内閣官僚」と「内閣官僚」予備軍としての各省官僚からなるととらえられる。その点で前著を近代以降の内閣制度論から再検討することが本稿の課題である(牧原出『内閣政治と「大蔵省支配」』中央公論新社、二〇〇三年)。

(2)　R.A.W. Rhodes and Patrick Dunleavy (eds.), *Prime Minister, Cabinet, and Core Executive* (Macmillan, 1995) を嚆矢とする一連の研究があるが、国際比較を明示的に意図したものとして、Klaus H. Goetz, "Executives in Comparative Context," in Jack Hayward and Anand Menon (eds.), *Governing Europe* (Oxford University Press, 2003), Jack Hayward and Vincent Wright, *Governing from the Centre: Core Executive Coordination in France* (Oxford University Press, 2002) をあげておく。

(3)　「卿輔ノ関係」(一八八四年一〇月二一日)、「諸省内局ヲ設クルノ利害」(一〇月二四日)、「秘書課ノ利害」(一〇月二四日)[『梧蔭文庫』c-22]。

(4)　一八八四年一一月七日付山縣有朋宛井上毅書簡(井上毅伝記編纂委員会『井上毅伝　史料篇第四』國學院大學図書館、一九七一年、六二四―六二五頁)。

(5)　『法規分類大全　官職門　官制　太政官内閣』二三八―二三九頁。

(6)　前田蓮山『床次竹二郎伝』(一九三九年)、一四七頁。

(7)　津島壽一「調査月報と私の思い出」『大蔵省調査月報』第四〇巻第一号、一〇三頁。

(8)　植村甲午郎伝記編集室『人間・植村甲午郎』(サンケイ出版、一九七九年)、五二九頁。

(9)　幹事のポストは、大正十四年七月の段階で、内閣拓殖局長、内閣統計局長、法制局参事官、外務省条約局長、内務省地方

局長、大蔵省主計局長、陸軍省軍務局長、海軍省軍務局長、司法省刑事局長、文部省専門学務局長、農林省水産局長、商工省商務局長、逓信省電務局長、鉄道省運輸局長であった。
(10) 防衛庁防衛研修所戦史室『陸軍軍需動員〈1〉計画編』(朝雲新聞社、一九六七年)、六九頁。
(11) 局課制をとった資源局に対して、内閣調査局は調査官制をとったが、調査官のうち数名は各省の兼任であった。さらに、内閣調査局の後進組織である企画庁の場合は、その調査官は、資源局事務官と同一人物であるケースが多い。
(12) 松井春生談(『商工行政史談会速記録　第一分冊』産業政策研究所、一九七五年、三九頁)。
(13) 松井春生談(「座談会　日本行政の回顧」『行政と経営』一九六二年三月号、九―一〇頁)。
(14) 前掲『人間・植村甲午郎』五三二頁。
(15) 迫水久常談(中村隆英・伊藤隆・原朗編『現代史を創る人びと3』毎日新聞社、一九七一年、六九頁)。
(16) 迫水久常談(同上、七一―七二頁)。なお、文中で「増員」の結果、大蔵省から派遣された者に後の法制局長官林修三がいる。
(17) 経済企画庁編『戦後経済復興と経済安定本部』(一九八八年)、一六六―一六七頁。
(18) 石野信一談(同「中間安定政策について」大蔵省官房調査課金融財政事情研究会、一九五三年二月一〇日、五―六頁[東京大学社会科学研究所図書館所蔵『戦後財政史口述資料　理財』、五―六頁])。
(19) 以下の記述は、臨時行政調査会第二部会第三三回会議審議資料「内閣官房及び総理府官房の機構の変遷」(『臨時行政調査会第二部会審議資料　第九巻』、一九八二年二月二三日[財団法人行政管理研究センター所蔵])に依拠している。
(20) 表の作成にあたっては、『職員録』、『日本官界名鑑』、『全国官公界年鑑』、秦郁彦編『日本官僚制総合辞典　一八六八―二〇〇〇』(東京大学出版会、二〇〇一年)、大蔵省百年史編集室『大蔵省人名録』(一九七三年)を主資料とした。しかし、本来ならば公開を期待しえない人事の原簿を確認しない限り、正確な兼任・出向の状況は把握できない。出向の全貌を把握した上でそのパターンを分析することが事実上不可能とすると、出向の反復状況を確認するための確度の高い指標は、同一室への再出向の有無であるとここでは判断しており、その点に着目しつつ、付随的に他の出向ケースを記載している。よって、あくまでもこの表は、概括的な傾向を示すにとどまっていることを断っておきたい。なお、日比野勤「内閣補佐機構の一考察——内閣官房を中心として」(藤田宙靖・高橋和之『憲法論集』創文社、二〇〇四年、所収)は、審議室の定員などの重要な資料を含んでいるが、本稿はこうした各年の定員ではなく、継続的な出向のパターンに注目することにより、内閣官房をどのように変容させ、その政治的機能を規定しているかを分析するものである。

(21)　この時期の調査室の機構については、吉原公一郎「内閣調査室を調査する」『中央公論』一九六〇年一二月号。

(22)　審議室長を経験した小田村四郎は、審議室を「もともと企画院の後身だそうです」と述べている(『小田村四郎オーラルヒストリー』政策研究大学院大学、二〇〇四年、二一六頁)。

(23)　本節は、牧原出「戦後日本の『内閣官僚』の形成」(『年報政治学二〇〇四　オーラル・ヒストリー』)をもとに、行論の必要から摘記したものである。

(24)　一九七〇年九月一日の項(楠田實『楠田實日記』中央公論新社、二〇〇一年)。

(25)　境光秀『郵一君物語　上』(財経詳報社、一九九五年)、二八二頁。

(26)　『日本経済新聞』一九七〇年七月三一日では、常勤・非常勤とを区別しているが、『官報』一九七〇年八月一日号では、各省との兼職としており、うち官房等「付」三名、官房参事官・審議官・各局参事官・監察官七名となっている。これが意味するのは、年度途中の設置であったため、予算上増員は不可能であり、実態としては「常勤」でも、ポストとしては兼職であったことである。

(27)　小池欣一「環境庁設置について」(総理府史編纂委員会『総理府史』二〇〇〇年、四六二頁)。

(28)　梅本純正「追悼——冥福を祈る」(吉村仁さん追悼集刊行会『吉村仁さん』ぎょうせい、一九八八年、一二二頁)。

(29)　鈴木内閣組閣の際に、中曽根は大蔵大臣ポストを要求したが、「バランス・オブ・パワーで、河本敏夫さんと私のバランスをとるために、河本さんを企画庁に持っていって私を行管庁にした」という(中曽根康弘『天地有情——中曽根康弘回顧録』文藝春秋、一九九六年、三三六頁)。

(30)　一九七二年七月二六日の項(『佐藤榮作日記　第五巻』朝日新聞社、一九九七年、一六一頁)。このとき首席内閣参事官であった翁久次郎は、田中内閣発足時「留任も噂された」小池が退任し、「総理秘書官も誰が誰やら分からない状態」であったことを記している（同『思い出の人びと』中央法規出版社、一九八三年、一〇〇―一〇七頁）。
(31) 小田村四郎談（前掲『小田村四郎オーラルヒストリー』二九三―二九四頁）。
(32) 牛場信彦・原康『対談　日本経済外交の系譜』（朝日イブニングニュース社、一九七九年）、九〇頁。
(33) ここには、外務省から中平立（後の国際連合局長、カナダ大使）、大蔵省から長富祐一郎（後の関税局長）、農林省から瓜生瑛（後の農林水産技術会議事務局研究総務官）、通産省から照山正夫（後の国土庁審議官）、経済企画庁から吉川淳（後の調整局長）が赴任した。
(34) 長富祐一郎『近代を超えて　上巻』（大蔵財務協会、一九八三年）、一三九頁。
(35) 『日本経済新聞』一九七七年八月二三日。
(36) 補佐官室には、長富、照山の他、外務省から内田勝久、厚生省から大塚義治・桜井正人、農林省から澤井義雄、通産省から高橋はるみ、総理府から関口康弘が着任していた。
(37) 前掲『近代を超えて』二六三―二七一頁。
(38) 大来佐武郎『エコノミスト外相の二五二日』（東洋経済新報社、一九八〇年）。
(39) 後藤田正晴談（同『情と理――後藤田正晴回顧録　下巻』講談社、一九九八年、一一一―一一四頁）。
(40) 中曽根康弘談（前掲『天地有情』、五六八頁）。後藤田正晴談（前掲『情と理　下巻』一七〇頁）。
(41) 『日本経済新聞』一九八五年一〇月三日（夕刊）。『毎日新聞』一九八六年六月二六日。
(42) 安全保障室長の佐々淳行と情報調査室長の大高時男は宇野宗佑内閣末期の一九八九年六月三〇日付で辞職しており、佐々の回顧によれば、二人に加えて的場内政審議室長、藤田公郎外政審議室長とで「連袂辞職」の願いが出されていたという（同『わが上司後藤田正晴』、文春文庫版、二〇〇二年、三八九―三九〇頁）。宇野首相の退陣にまつわる「危機管理」・「情報調査」の責任問題と連動した人事方針であった可能性が高い。
(43) 石原信雄談（御厨貴・渡邉昭夫『首相官邸の決断』中公文庫版、二〇〇二年、二三八頁）。

(44) 臨時行政調査会第二部会第四回会議(一九八一年一〇月二日)の審議資料(『臨時行政調査会第二部会審議資料　第一巻』)。
(45) 牧原出「日本の男女共同参画の制度と機構」(辻村みよ子・稲葉馨編『日本の男女共同参画政策――国と地方公共団体の現状と課題』東北大学出版会、二〇〇五年)。
(46) 植木光教談(縫田曄子編『あのとき、この人――女性行政推進機構の軌跡』ドメス出版、二〇〇二年、二二頁)。
(47) 古橋源六郎委員長発言(男女共同参画審議会基本問題部会基本法検討小委員会第七回議事録、一九九八年一〇月一四日)。
(48) 高岡完治談(縫田編、前掲書、九八―九九頁)。
(49) 名取はにわ談(東北大学二一世紀ＣＯＥプログラム「男女共同参画社会の法と政策」における公開研究会での発言、二〇〇四年七月一六日)。
(50) 『朝日新聞』一九九三年一二月一一日(夕刊)。
(51) 久保田真苗談(縫田編、前掲書、三四頁)。
(52) 名取はにわ談(前掲東北大学二一世紀ＣＯＥプログラム公開研究会での発言)。
(53) 高岡完治談(縫田編、前掲書、一〇〇頁)。
(54) 翁久次郎「内閣官房の総合調整機能について」(『年報行政研究二一　内閣制度の研究』一〇〇―一〇一頁)。
(55) 石原信雄談(前掲『首相官邸の決断』八九―九一頁)。
(56) 信田智人『官邸外交』(朝日新聞社、二〇〇四年)第二章。
(57) 小田村四郎談(前掲『小田村四郎オーラルヒストリー』二二五―二二六頁)。
(58) 古川貞二郎『霞が関半生記』(佐賀新聞社、二〇〇五年)、一四九、一五六頁。
(59) 石原信雄談(前掲『首相官邸の決断』三四―四五頁)。古川、前掲『霞が関半生記』一五八―一六五頁。
(60) Marian Sawer, “Femocrats in Glass Towers?,” in Dorothy McBride Stetson and Amy Mazur (eds.), *Comparative State Feminism* (Sage Publications, 1995), pp. 22–23.
(61) Hester Eisenstein, *Inside Agitators: Australian Femocrats and the State* (Temple University Press, 1996).

(62) Anna Yeatman, *Bureaucrats, Technocrats, Femocrats: Essays on the Contemporary Australian State* (Allen and Unwin, 1990), p. 65.

(63) Joyce Outshoorn, "Furthering the 'Cause': Femocrat Strategies in National Government," in Jet Bussemaker and Rian Voet (eds.), *Gender, Participation and Citizenship in the Netherlands* (Ashgate, 1998).

(64) 大沢真理談(上野千鶴子他『ラディカルに語れば…』平凡社、二〇〇一年、五二頁)。

(65) 山口みつ子談(縫田編、前掲書、五〇頁)。

(66) 佐々、前掲『わが上司後藤田正晴』一六一—一六二頁。

# 第10章　憲法政治と国民保護法制
## ——著しい政治空間の萎縮

新藤宗幸

## 一　はじめに

一九九九年の第一四五通常国会における国会法の改正によって衆参両院に憲法調査会が設置された。以来、現行憲法の「改正」論は具体的政治日程にのぼってきた。憲法「改正」とはいうものの、焦点が第二章第九条にあるのは明白である。それをどのように改めるのかは、依然として議論のまとまりを欠いているが、国軍たる自衛隊の機動性を高めることが憲法「改正」推進論者の狙いであることは否定しようがない。それだけに、憲法第九条の「改正」を批判し阻止しようとする活動の行方も注目される。

ところで、憲法「改正」問題が議論されるなかで、これと密接な関係をもちつつも、ほとんど社会的関心をよばずに成立した法律等がある。二〇〇四年六月一四日に第一五九通常国会で可決され六月一八日に公布された、国民保護法をはじめとした七法律・二条約・一協定である。およそ、これほどの重要法案が国会審議五八時間で成立し、マスメディアの関心すらよばなかったことが戦後日本政治にあっただろうか。これらの法律等は自民・公明の政権党と

「政権交代可能な政党」を標榜する民主党との「大連立」によって成立した。政治的空間の萎縮をみるばかりか、近い将来の日本の政党政治を暗示していよう。

「大連立」によって成立した七法律等に先立ち、二〇〇三年六月に有事法制三法(武力攻撃事態対処法、安全保障会議設置法改正法、自衛隊法改正法)が制定された。小泉純一郎政権はこのうちの武力攻撃事態対処法を有事法制のプログラム法であると位置づけ、武力攻撃事態の対処法制を総合的かつ計画的に整備するとした。具体的には①国民の生命等の保護、国民生活等への影響を最小とする措置、②自衛隊の行動を円滑かつ効果的なものとするための措置、③米軍の行動を円滑かつ効果的なものとする措置、について法制度を整えるとした。

そして、この方針にもとづき二〇〇三年に制定された三法律にくわえて、先に述べたように、国民保護法をはじめとして以下の六法の制定と国際条約・協定の批准が可決された。それらは①米軍に弾薬や民有地を提供する米軍行動円滑化法、②公海上で民間船舶に対し攻撃を伴う「臨検」を可能とした外国軍用品等海上規制法、③港湾、空港、電波の利用に関し自衛隊と米軍に優先利用権を認めた特定公共施設利用法、④災害対応や在外邦人輸送に従事する米軍に物品提供する自衛隊法改正法、⑤ジュネーブ諸条約順守のための捕虜等取扱法、⑥国際人道法違反罰則法であり、国際条約・協定としては改定日米物品役務相互協定(ACSA)、ジュネーブ第四条約追加第一・第二議定書である。

ジュネーブ第四条約追加第一、第二議定書の批准・加入の意義を否定するものではないが、これら二〇〇四年通常国会での一連の法制を全体としてみれば、それは自衛隊と米軍との「協調態勢」を高めた戦争準備法であるといわざるをえない。たとえば、米軍行動円滑化法は武力攻撃があった際ではなく、それが予測される段階において米軍に弾薬の提供が可能であり、また自衛隊と共同行動のための陣地構築に民有地の提供が可能とされている。さらに改定ACSAや自衛隊法の改正も物品役務の相互提供に関する制約を大幅に緩和するものである。一九九九年に制定された周辺事態法にもとづくACSAを越える「無限定」な物品役務の相互提供が条文上可能とされている。

国民保護法それ自体については、武力攻撃事態の予測、発生および大規模テロの発生に際した国民の避難をはじめとする保護法制であると説明されている。だが、二〇〇三年の有事法制三法と二〇〇四年に成立した先の法律の大半との関連でみるならば、国民保護法は避難方法と手続きをさだめたものというよりはむしろ、武力攻撃事態対処法や米軍行動円滑化法、自衛隊法改正法などが想定する戦時体制をもとにした、後方支援法ないし国民動員法であるといったほうが適切ではないか。

憲法「改正」議論の行方はここで論じる対象ではない。しかし、一連の有事法制は憲法「改正」論者が「観念的」に想定している事態を先取りするものといってよい。本稿においては、国民保護法を基本としつつ有事法制の中身を検討するが、そこにとどまらずにこのような法制が生み出す社会情況を考察していきたい。

## 二　有事法制の虚実——何が主眼なのか

二〇〇一年九月一一日のニューヨーク世界貿易センターやワシントンの国防総省などを標的とした大規模テロ事件は、世界中を震撼させた。ブッシュ政権はテロとの闘いや大量破壊兵器を備えたテロ支援国家の掃討を掲げてアフガニスタン、さらにイラク戦争へと突っ走った。アフガニスタンのタリバーン政権そしてイラクのフセイン政権を打倒したものの、両国ともに社会は泥沼状況にある。アメリカは大規模兵員を送りつづけざるをえなくなっているばかりか、新たな報復のテロに日々脅え尋常ならざる社会管理の強化を余儀なくされている。このような事態を目の当りにしつつも小泉政権は、アメリカのイラク侵攻を当初より支持し、復興支援さらに多国籍軍の一員として陸海空自衛隊をイラクに派遣した。

アメリカのイラク侵攻が「大義なき戦争」であり、国家的規模での他国に対するテロ行為であるかぎり、報復のテロなる暴力の連鎖を絶ち切ることは難しい。そして、ブッシュ政権の行動を支持し続けるイギリスや日本などの国々においても、スペインやイギリスの列車、バスなどの爆破事件にみるように、大規模テロ事件が発生する可能性は誰にも否めない。このような社会不安にくわえて特殊日本的条件として北朝鮮(朝鮮民主主義人民共和国)の脅威が、一部のマスコミや政治・社会運動によって強調されている。治安警備体制が強められるとともに、自衛隊内に特殊部隊の設置も進められている。

有事法制は一九六五年の三矢研究の発覚以来政治的に封印され、防衛庁内での検討にゆだねられていた。ただし、一九七六年に起きた旧ソ連のミグ25戦闘機による亡命事件に際して、旧ソ連軍が機体奪還のために侵攻するのではないかとの危惧が政権部内に高まり、有事法制の研究に本腰が入れられたともいわれる。ともあれ、二一世紀初頭になって有事法制が一挙に政治の表舞台に登場し制定された背景として、大規模テロへのいい知れぬ社会不安を指摘することは簡単である。だが、国民保護法の法案作成過程において大規模テロへの対処が付け加えられているものの、国民保護法をふくめて有事法制は、歴史的検討経緯に照らすとき、大規模テロを想定したものではない。法制のタテマエとして強調されているのは、日本に対する武力侵攻に武力で対処し、国土と国民を護ることである。しかし、それだけに有事法制の主眼はいったい何かを、みえづらくさせている。

後に詳しくみるが、武力攻撃事態対処法や国民保護法などは、日本国土内での戦闘状態を想定し、戦車等の戦闘部隊移動の円滑化、陣地構築のために民有地の収用、医薬品や食糧の確保、病院等の民間施設の徴用などを法制化するとともに、主として都道府県知事を実務上の責任者とする住民の避難、救済方法などをさだめている。そして国会においては、こうした国内での戦闘とそれに付随する住民の保護を当然の前提として、一連の法案についての審議がすすめられた。与野党を超えて国会議員の「想像力」の欠如も、はなはだしいといわざるをえない。

仮に、日本に対して大規模な武力侵攻を企てる国があったとしよう。六〇年前の沖縄戦を想起すればわかるように、はじめから戦闘部隊を上陸させることなどありえない。大規模な空爆が展開されよう。しかも、湾岸戦争、イラク戦争にみるように、空爆の手段や規模は沖縄戦当時とは比べものにならないほど、精緻化し高度化している。くわえて日本の国土構造はきわめて歪であり、国土のわずかに四・五パーセントの土地(東京、神奈川、埼玉、千葉の一都三県)に全人口の二五パーセント以上が集中し、しかも政治・行政、経済の中枢管理機能が高度に集積している。この地域をハイテク兵器で集中的に空爆すれば、「国家」はひとたまりもなく瓦解する。すでに戦前期において桐生悠々が「関東防空大演習を嗤う」において喝破したように、首都への大規模空爆を高射砲や戦闘機で迎撃できないのは自明であり、「阿鼻叫喚」の惨劇が生じた。もっといえば、今日、市民の大半は兵器の高度化を知っている。武力攻撃事態の発生が警告された段階で、一大パニックが生じる。とりわけ、三三〇〇万人の居住する東京都市圏、一七〇〇万人の居住する京阪神都市圏において社会システムは完全に崩壊し、戦う態勢など採りようがない。

この程度の事実認識はふつう共有されているはずである。たしかに、ミグ25戦闘機の亡命事件以降、北海道北部への旧ソ連軍の侵攻を想定した日米軍事訓練が繰り返された。だがそれが歴史的事実として生じなかったこと以上に、そのような局地戦の想定自体がリアリティを欠いていよう。ましてや今日、戦車の通行円滑化や陣地構築のための民有地収用といった対処方針の「時代錯誤性」を、桐生悠々ならずともわらいたくなる。廃墟のなかで白兵戦を展開する余裕がわずかに残っていたとしても、国土防衛に役立つはずもない。そしてまた、武力攻撃事態が生じた際に国民を避難させるといい、そのために食糧や医薬品を事前に確保し、また医療施設などを整えておくという。しかし、沖縄戦、広島・長崎への原爆投下はもとより東京、横浜大空襲を想起すれば、これまた容易に想定されるように、国民保護の司令塔など木っ端微塵に吹き飛んでいよう。いったい、どうして国民保護が可能となるのか。

法案等の審議にあたった国会議員の頭のなかでは、武力攻撃事態と特定施設へのテロ、そして震災などの災害との区分ができていなかったとしても、政権中枢(文官、武官の双方をふくむ)には、ここに述べてきたような事態は、おそらく想定されていよう。それにもかかわらず、歴史の歯車を一〇〇年以上も逆転させたような「戦争準備法制」を制定した意図は何なのか。問題の核心はまさにここにあるといわねばならない。それを考えるためにも、国民保護法が想定する社会管理体制について筆をすすめることにしよう。

## 三　国民保護法の枠組み――はたして機能するのか

国民保護法(正式名称は「武力攻撃事態等における国民の保護のための措置に関する法律」)は、二〇〇四年九月一七日に施行された。そして政府は「国民の保護に関する基本指針」を二〇〇五年三月に閣議決定した。これは武力攻撃事態等に備えて、国民保護のための措置に関する基本的な方針をさだめるとともに、中央政府、自治体、「指定公共機関」、「指定地方公共機関」がさだめねばならない「国民の保護に関する計画」および「国民の保護に関する業務計画」の基準を明示したものである。この基本指針は法律上、閣議決定後に国会への報告がさだめられているが、国会承認を必要とするものではない。

保護計画および業務計画を策定する自治体には、都道府県と市町村がふくまれるが、これにくわえた「指定公共機関」とは「独立行政法人、日本銀行、日本赤十字社、日本放送協会その他の公共機関及び電気、ガス、輸送、通信その他の公益事業を営む法人で、政令で定めるもの」(武力攻撃事態対処法第二条第六号)とされている。また「指定地方公共機関」とは、「都道府県の区域において、電気、ガス、輸送、医療その他の公益事業を営む法人、地方道路公社その他の公共的施設を管理する法人及び地方独立行政法人で、あらかじめ当該法人の意見を聴いて、都道府県知事が指定するもの」(同第七号)である。

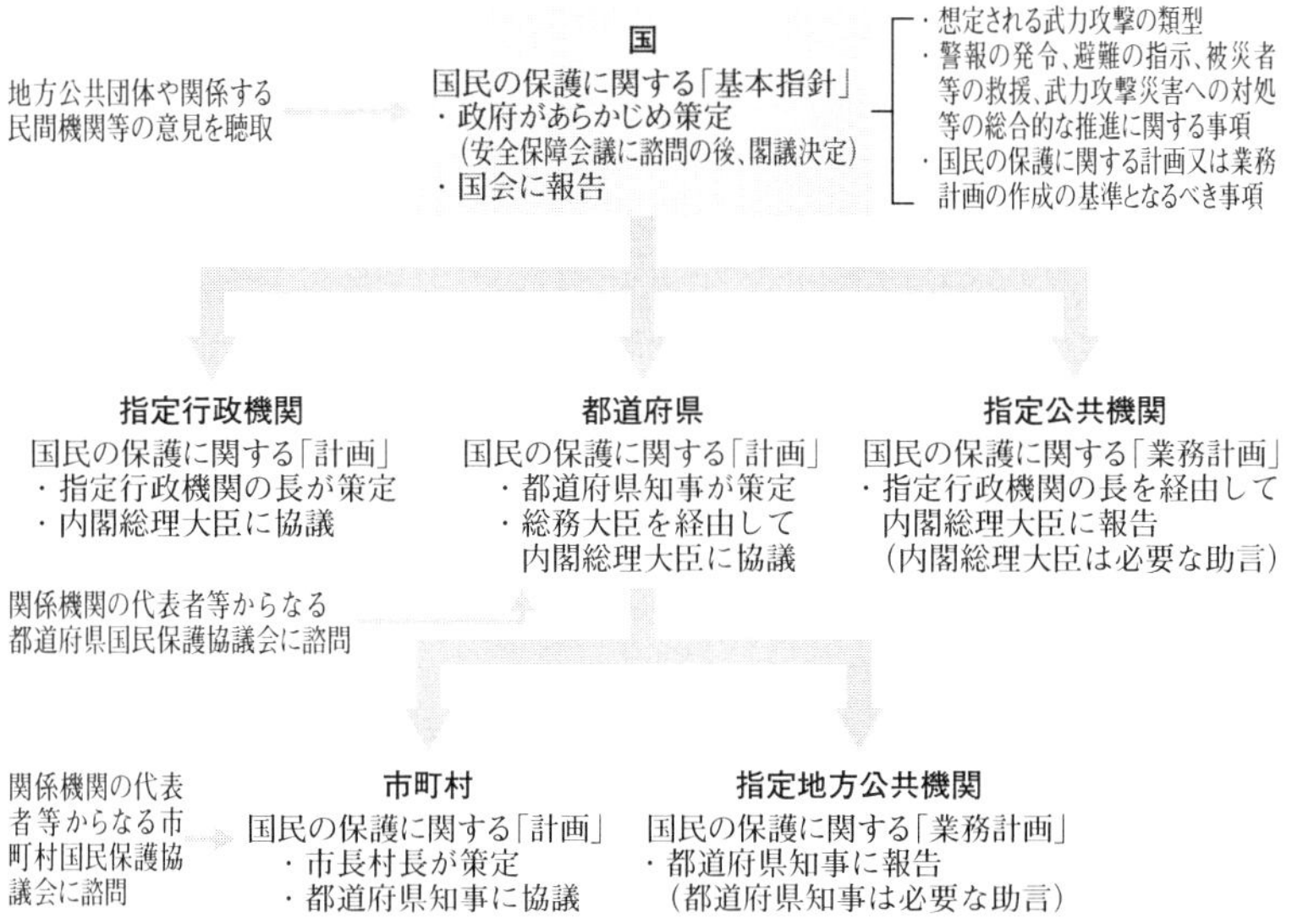
国
国民の保護に関する「基本指針」
・政府があらかじめ策定
（安全保障会議に諮問の後、閣議決定）
・国会に報告
地方公共団体や関係する
民間機関等の意見を聴取
・想定される武力攻撃の類型
・警報の発令、避難の指示、被災者等の救援、武力攻撃災害への対処等の総合的な推進に関する事項
・国民の保護に関する計画又は業務計画の作成の基準となるべき事項
指定行政機関
国民の保護に関する「計画」
・指定行政機関の長が策定
・内閣総理大臣に協議
都道府県
国民の保護に関する「計画」
・都道府県知事が策定
・総務大臣を経由して
内閣総理大臣に協議
指定公共機関
国民の保護に関する「業務計画」
・指定行政機関の長を経由して
内閣総理大臣に報告
（内閣総理大臣は必要な助言）
関係機関の代表者等からなる
都道府県国民保護協議会に諮問
関係機関の代表者等からなる市町村国民保護協議会に諮問
市町村
国民の保護に関する「計画」
・市長村長が策定
・都道府県知事に協議
指定地方公共機関
国民の保護に関する「業務計画」
・都道府県知事に報告
（都道府県知事は必要な助言）

**図1**　国民の保護に関する「基本方針」及び「計画」等

各機関間の関係は［図1］にみるとおりである。武力攻撃事態対処法と国民保護法の枠組みは、一部に都道府県・市町村重視主義なる評価が存在するものの、きわめて集権的であるといわねばならない。

もともと、有事法制は武力攻撃事態に対して中央政府は武力による排撃を主たる責務とし、住民の身体、財産などの保護については、中央政府の指示を基本として自治体の責務を強調するものである。同時に国民の協力を罰則規程を伴いつつ求めるものとなっている。つまり、武力攻撃事態にいたったときに政府は、武力攻撃事態等対策本部（本部長・首相）を設置して「対処基本方針」を策定し、自衛隊への防衛出動待機命令や防衛出動命令に国会の承認を得るものとされている。そして一方で、武力攻撃事態等対策本部長は、関係自治体の長や指定公共機関に対して、対処措置の実施を指示する。国民保護法は［図2］にみるように、それぞれの行動をさだめているが、武力攻撃事態等対策本部長の指示は「指導」ではなく、強制力を伴うものである。また現行地方自治法にいう「指示」のばあいには、裁判を経た国の代執行が法定されているが、「緊急事態」

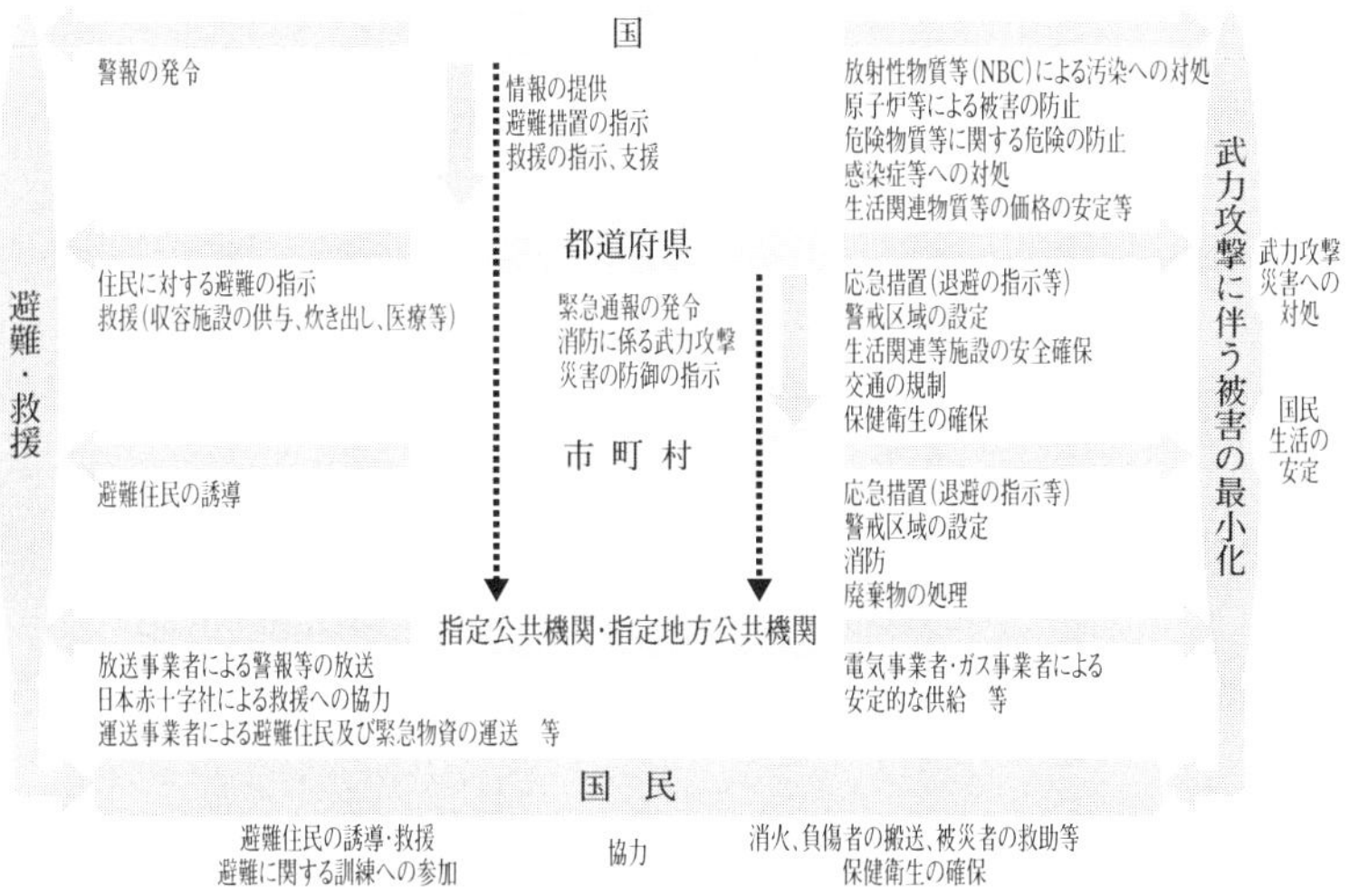


**図2**　武力攻撃事態等における国民の保護のための仕組み

ゆえに裁判抜きの直接執行が可能とされている。

ところで、地方レベルの対処枠組みをみると、非常時には閣議決定で指示された自治体に対策本部が設置される。県レベルの対策本部は知事を本部長とし、警視総監・県警本部長、教育長等で構成される。ここにおいて国民保護の対策が総合調整されるとともに、市町村長に住民避難の指示や避難経路の方法を明示する。また知事は防衛庁長官に自衛隊等の派遣を要請できる。市町村にも対策本部が設置される。首長もまた消防をふくむ職員を指揮して、避難住民を誘導するとともに、警察・自衛隊に避難住民の誘導を要請できるとされている。

法の体系としては、知事や市町村長に住民避難や戦時災害への対応の責務が課されており、このかぎりにおいて自治体重視主義といえなくもない。だが、知事とともに住民の避難誘導の責務を課されている警察は、都道府県警察を原則としているものの、都道府県警察本部長はもとより警視正以上の階級の警察官は国家公務員である。知事といえども県警本部長に対する指揮権は存在しない。地方レベルでの総合調整や避難の指示・誘導を重視するとはいえ、的確に機能するというのはあまりにも楽天的といわざるをえないだろう。知事や市町村長による自衛隊に対する住民避難の誘導要請にしても、それに応えた出動が行われるかどうかは、中央の武力攻撃事態等対策本部の判断による。「要請できる」ことの法制化と出動とは、けっして一体ではない。

また、原子力発電所などの核施設に武力攻撃がくわえられた際には、政府の対策本部は指定公共機関である電力会社に操業停止を命じるとともに、関係機関に放射性物質による汚染除去のための措置や住民の避難誘導・救済を指示するとされる。しかし、いったい核物質による大規模な汚染状況に対して、いずれの機関が具体的作業として対応するのか。中央行政機関の職員か。もともと現業職員を欠いている各省にそれだけの人員上の余裕はあるまい。自衛隊なのか。一方において武力攻撃事態への武力による反撃を想定しているかぎり、自衛隊にもその余裕はあるまい。都道府県・市町村なのか。目にみえぬ汚染物質を前にしていかに連携し大規模な住民避難を可能とするのか。そもそもチェルノブイリをはるかに超える人口密集地域において避難先があるのか。法体系として各機関の連携をいうのは簡単だが、リアリティに著しく欠けるといわざるをえない。

このように、日本の国土への大規模武力侵攻と戦闘を想定して、国民保護体制を法文化するならば、「法制官僚の頭の中のお遊戯」となるのは目にみえている。とはいえ、このレベルで法制度をとらえるのは誤っていよう。武力攻撃事態対処法・国民保護法の「真髄」は、平時の国民保護体制にあるといわねばならない。虚構の「戦時」を前提とするかぎり、「平時」の体制整備と強化が必要となる。

## 四　国民保護協議会と戦時対応訓練――強まる社会管理

実際、国民保護法に姿を現したのは、「国民保護協議会」なる組織であり、また中央政府によって費用支弁される保護計画にもとづく訓練である。先に述べたように、政府の作成する「国民の保護に関する基本指針」にもとづき都道府県と市町村は、それぞれ国民保護計画を策定せねばならない。そして、この策定にあたって幅広く住民の意見を求め、関係する機関の意見を聴取する場として、すべての都道府県・市町村に首長の諮問機関(付属機関)として国民保護協議会の設置が義務づけられた(法第三七条第三項、第三九条第三項)。一部の学者の間には、平時からの関係機関の連携をはかることができる、国民保護計画への市民参加の場といった、評価が存在する。

しかし、実態はそんなものではなかろう。国会審議においても都道府県国民保護協議会は、自衛隊の連隊長から三佐クラスの将校、警察本部長や警察幹部をメンバーの有力な一員とすることが、政府によって説明されている。くわえて武力攻撃事態とその武力による対処を当然視する地域有力者がメンバーとされよう。さらに市町村国民保護協議会には地元警察署長をはじめ地域の各種団体を母体とする地域保守リーダーがくわわることになるであろう。しかも、首長の諮問機関であると同時に付属機関とされていることは、国民保護協議会が恒常的地域組織であることを意味する。したがってそれは、国民保護計画にもとづく警報の発令、避難経路の指示、避難の誘導、食糧の供給や確保、被服・寝具の給与、医療の提供や助産、物資の売り渡し要請や土地・家屋などの提供要請といった、国民保護計画のさだめる行動の訓練を主導する組織となることは自明である。

しかも、国民保護法は国民の役割について「必要な協力に努める」としつつも、医療関係者による医療行為については知事に強制権を認めており、また知事の救援活動に関する指示への違反者には罰則が科される。さらに「思想・信条の自由」を理由とした協力拒否はみとめられておらず、具体的事由――医療関係者については病気による従事不可能、トラック業者については車両の故障など――がなくてはならない。

要するに、国民保護計画の策定とそれにもとづく訓練システムは、戦前期の総動員体制に類似するといっても過言ではない。国民保護協議会は当然のことながら武力攻撃事態の発生の「現実性」を強調するとともに、国民保護法のいう住民の協力義務を地域末端まで宣伝し、頻繁な訓練をもとに住民の動員をはかっていくであろう。そしておそらくは、こうした訓練の効率化をめざして、現に地域社会につくられている地域防災組織を改変するか、まったく別個の地域組織とするかはともかく、地域住民保護組織が組織され地域社会の基底部からの社会管理が進行することになるであろう。それは国家総動員体制下における町内会――隣組の「復活」ですらある。

憂慮しておきたいのは、こうした法制度が「白地」状態に突如として打ち建てられたものではないことだ。住民基本台帳ネットワークシステムには、大半の自治体が追従した。電子自治体・電子政府の構築とはいうが、各種の個人情報が市町村役場から都道府県庁―地方自治情報センター(総務省の外郭団体)をへて中央各省につながるコンピューターシステムが機能している。二〇〇三年に発覚した防衛庁による情報公開請求者の個人情報リストの作成といった行為は、簡単になしうる状態となっている。しかも、二〇〇五年度から施行された行政機関個人情報保護法は、その名称とは裏腹に「業務上必要かつ正当な理由」があるならば、個人情報の目的外利用や加工を可能としている。「正当な理由」が行政庁の裁量判断にゆだねられるかぎり、防衛庁の行為も「正当化」される。公権力による個人の特性の把握と管理のシステムは、いまや法的に確立している。

地域社会に目を転じるならば、防災訓練の名のもとに自衛隊との協力態勢による大規模訓練が繰り返されている。権力の指示のままに行動することに何らの疑問も提示されていない。また「治安こそ福祉」をスローガンとして警察官の大増員や行政職員の警察への派遣(出向)が行われているばかりか、青少年保護条例の「改正」による公権力の介入が常態となっている。さらにまた「防犯カメラ」なる「監視カメラ」の設置が、警察によって進められているばかりか、商店街連合会などの民間団体によって濫設されている。いったい、そこで集められた情報がどのように処理されているのか、まったく不明のままである。すべては「治安の回復」「平穏な生活」によって正当化され、疑問を提示する者の社会的排除が深まっている。

掲げられた目的の意味内容を問うことなく、公権力による社会管理システムの強化に安易に身をゆだねる情況は、とどまるところがないようだ。一九九九年の周辺事態法制定時には、武力行動の展開される「周辺」とは何を意味するのかが、それなりに論議された。政府は地理的概念でないといった曖昧な答弁に終始したが、国軍の機動化が社会的に危惧された。だが、「武力攻撃事態」については、当然の前提として議論の対象にもならない。この過剰同調のもとで制定された社会管理・動員システムは、以上に述べてきた社会管理システム(それらは象徴的事態の一例であって、学校現場における日の丸・君が代の強制や教育基本法「改正」など枚挙に暇がない)とあいまって、一段と社会管理の強化と言論・思想の権力による統制へと向かっていく。

「本土決戦」ともいうべき国土内での戦闘なる「虚構」を前提とした有事法制の狙うところは、まさに右の点にあるといわねばならない。それは「本土決戦」のために必要とされているのではなく、憲法第九条「改正」による国軍の海外における機動的展開のために必要とされている。権力は国民保護法、国民保護計画、国民保護協議会、それらにもとづく物資・人材・施設の徴用や避難についての訓練を通じて、海外に展開する国軍に対する支援体制を、言論・思想統制までふくめて整備しようとしているといってよい。

## 五　二つのシナリオ——受容か、対抗か

有事法制、とりわけ国民保護法の狙いがどこにあるのかを論じてきた。この「仮説」に対して、あくまで真に「本土決戦」型の戦闘態勢に備えたものとの主張もありえるだろう。だが、そのような主張に立った法制度が追求されたとするならば、繰り返すまでもなく、内閣の国民保護法制整備本部の官僚はいうにおよばず、政治家たちの政策構想能力は、著しく劣化しているといわねばならない。「本土決戦」型の戦闘事態がありうると「素朴」に考え、洞察力を欠いた与野党政治家たちを外皮とした政権中枢は、「虚構」を「現実可能性」として煽りつつ、国内体制の再編成

を意図しているとみておきたい。

政治家たちの洞察力の欠如のみが問題なのではない。およそ、平和憲法の順守、基本的人権、思想・言論の自由などを「ドグマ」といってよいほどに強調してきた憲法学が、「国民保護」の美名のもとに起こりうる事態を透視した発言を控えていることは、不可思議そのものである。「国家の緊急事態」なる形而上学的命題の前には、基本的人権や自由権は規範性を失い、国家統治作用に服従せねばならないものなのか。

さて、有事法制・国民保護法が現実のものとなった事実に照らすとき、想定されるシナリオは二つある。というよりはむしろ、ひとつはこのまま事態が推移したときに生じるであろう社会情況である。そしてもうひとつは、それへの対抗のシナリオである。

第一のシナリオは、すでに述べたような国民保護法にもとづく基本指針、国民保護計画、国民保護協議会にもとづく、武力攻撃事態に備えた訓練の展開によって、憲法第九条の「改正」による国軍の海外派兵を求める政治勢力の動きに拍車がかかることである。すでに小泉政権によってイラクに派遣された自衛隊は多国籍軍に統合されており、その決定プロセスを批判する民主党政治家までもふくめて、事実と憲法規程の齟齬を是正すべきとする言説には根強いものがある。憲法「改正」がどの程度の時間的射程で行われるかは、予測する必要はあるまい。事実は国民保護法とそれにもとづく体制が先行することだ。しかし、このシナリオから市民が失うものはあまりにも多くかつ重大である。

国際的にみたとき、それは日本に対する諸外国の信頼が著しく低下することである。中国、朝鮮半島の人々にとって日本による侵略の傷は依然として癒えていないし、記憶は教育として青少年層に受け継がれている。それはこの地域の人々に限定されているのではなく、東南アジアさらにはヨーロッパの人々にもまた受け継がれている。戦後六〇年間、歴史事実にもとづいた真摯な謝罪を怠ってきたツケは、重くなる一方であることを認識せねばなるまい。こうした国際的信頼性の低下の一方において、すでに述べたように国内社会における市民の管理は一段と進行する。社会管理の強化を甘受するどころか、それを受容していくならば、権力の「暴走」に歯止めはかけられない。それはこの国が初めて経験する事態ではない。すでに経験してきたことではないか。

そもそも、憲法第九条「改正」問題をはじめとして有事法制・国民保護法における認識の錯誤は、「国家」なる擬制の共同体が国土を防衛し国民を護り、また護らねばならないとする点にある。すでにこの点は、松下圭一が『市民自治の憲法理論』以来繰り返し提起してきたところであるが、それに学ぶことの重要性が、いま、あらためて高まっているといわねばなるまい。民主主義政治体制にとって政府機構は、市民の信託にもとづいて組織される。市民の信託に反する政府はそれ自体正当性を欠く。市民の生活と国土の防衛は、擬制としての国家の権力によってなされるのではなく、市民自治を基礎として着実に構想され制度化されねばならない。

この観点に立つとき、有事法制に対抗したもうひとつのシナリオを描きうる。それは「非有事」に向けた新たな地域運動である。先に述べたように、第一五九通常国会においては、ジュネーブ第四条約「戦時における文民の保護に関する一九四九年八月一二日のジュネーブ条約」追加第一議定書(「国際的武力紛争の犠牲者の保護に関する追加議定書」)および追加第二議定書(「非国際的武力紛争の犠牲者の保護に関する追加議定書」)の締結が承認され、日本もこれに加入することになった。

ジュネーブ諸条約は、一九四九年に国連、国際赤十字委員会によって起草され採択された。日本も一九五三年にジュネーブ諸条約に加入した。ジュネーブ第四条約は文民の保護をうたっているが、ここにいう「文民」とは、交戦国領域ないしその権力内に滞在する外国人を意味しており、一般市民を指していない。ベトナム戦争の終結後、国際的交戦、内戦のいずれにおいても一般市民の保護が国際的に重要課題となり、二つの追加議定書が一九七七年に採択され一九七八年に発効した。しかし日本は、この追加議定書にはアメリカの加入がないこともあって、批准・加入しないまま今日にいたっていた。追加第二議定書は、対象を内戦などの限定された領域での一般市民の保護としており、国際的武力紛争を対象とした市民自治による防衛政策にとって有用なのは、追加第一議定書である。

すでに一九八〇年代初頭から追加第一議定書の批准・加入と活用については、林茂夫、藤田久一、松下圭一らの国際法学者や政治学者が問題提起しつつも、ほとんど関心が集まらないままであった。この追加第一議定書には、「無防備地域」をはじめとした「市民保護」、「危険な力を内蔵する工作物及び施設」(原発、ダムなどのこと)、「文化財保護」などの国際標準(マーク)がさだめられている。それらはレーダー探知も可能なマークとされている。「無防備地域」の条件は、戦闘員・移動用兵器などの撤去、固定の軍事施設や営造物などの敵対利用の禁止、官憲・住民による敵対行為の禁止などだが、これらの条件の満たされた地域への攻撃は戦争犯罪とされる。「危険な力を内蔵する工作物及び施設」「文化財保護」についても、それぞれの所在を示すマークが表示されているならば、攻撃は禁止される。また「市民保護」の業務を行っている施設や人員についても攻撃は禁止される。ここにいう「市民保護」業務とは、軍の行動を補助したり軽減させるような業務はふくまれず、もっぱら人道的業務に限られている。

こうした国際人道法を具現したジュネーブ第四条約追加議定書の批准は、それなりに評価できよう。しかし、二〇〇三年からの有事法制立法化の文脈においては、これら追加議定書の批准・加入は、いかにも「付け足し」の観を免れない。政府や国会が追加第一議定書の意義を正面から評価しているならば、すでに述べてきたような武力攻撃事態対処法や国民保護法の枠組みは、およそ登場するはずもない。追加第一議定書を前提とするならば、米軍行動円滑化法や自衛隊法改正法などはもともと不要である。そして国民保護法は「無防備地域」「危険な力を内蔵する工作物及び施設」などの具体的指定の手続きと基準を中心として構成されねばならないはずである。

追加第一議定書が画期的であるのは、国際人道法を国際条約として具体化したことのみにあるのではない。それは追加第一議定書を批准した国々においては、「無防備地域」などの指定が国家によるのではなく、「適当な当局」の宣言によるとしていることである。つまりは、中央政府はもちろんふくまれるとしても、自治体による宣言が可能であることだ。ところが、この追加第一議定書の批准承認審議において政府は、「適当な当局」とは国(中央政府)のみを指すとしている(麻生太郎総務相、二〇〇四年四月一三日、衆議院本会議)。明らかに政府は、追加第一議定書の意義を理解していないばかりか、国家高権による戦争準備法の「付け足し」ないし「お飾り」程度の意味しか、それに付与していないといわざるをえない。

とはいえ、日本が二一世紀になってようやくジュネーブ第四条約追加第一議定書に加入した事実は、厳然として残る。ここに先のシナリオとは異なるシナリオを描く条件がつくられている。なによりもそれは、ジュネーブ第四条約追加第一議定書が市民自治に立脚した市民保護を可能としているのであり、そのことを踏まえた「非有事」の地域運動を起こすことである。そして、国民保護法の再構成を実現していくことであり、国軍の機動性を高めようとする憲法第九条「改正」論や一連の有事法制の無意味さを、市民の「共通認識」として定着させることである。

こうした運動の展開には、市民の政府としての自治体の真価が問われている。国民保護法は地方分権時代を反映して自治体重視主義を採用している、国民保護計画に市民参加が制度化された、などと「能天気」なことを語っているときではない。そもそも、「国民」保護法、「国民」保護計画といった言葉に疑問が提示されないこと自体、おかしなことといわざるをえない。日本の地域には「国民」だけが暮らしているわけでもなければ、「国民」のみに惨禍がおよぶわけでもない。市民保護、市民防衛が追求されねばなるまい。

自治体は一九八〇年代における地域からの平和運動の原点を再考してみるべきである。一九八二年の国連特別軍縮総会を機として原爆被爆フィルムの上映運動(テン・フィート運動)が全国各地で展開され、そうした市民運動をうけて非核平和都市宣言運動がひろがりをみた。この宣言のアイディアと国際的運動は、当時のきびしい米ソ冷戦と核戦争への不安を前にして、イギリスのマンチェスター市にはじまる。広島・長崎の経験をもつ日本の地域住民が共感したのも当然であった。二〇〇二年三月末現在、三四府県、二五六七市町村という、日本の自治体の圧倒的多数が非核平和都市宣言をしている。

ところが、一九九〇年代初頭の米ソ冷戦体制の終焉以降、非核平和都市宣言を行っている自治体の活動は、概して低調である。市民の関心も薄れており、かつてのような熱気がみられないのも事実である。ただし、非核平和都市宣言の意味していることは、たんなる反核兵器・反原発なのではなく、市民・地域のレベルからグローバルな平和運動を展開することである。今日の世界からは、米ソ超大国間の核戦争の危機は去ったものの、唯一の超大国アメリカによる軍事侵攻に起因する戦争と暴力の連鎖、あるいは民族間の武力紛争が生じている。米ソ超大国に仕切られていた時代とは異なり、世界は武力紛争の「るつぼ」と化しているといってもよかろう。

それだけに自治体の首長や地域の平和運動のリーダーは、非核平和都市宣言の原点に立ち返って、国内的にはジュネーブ第四条約追加第一議定書を核とした市民自治にもとづく「非有事」の地域運動を展開すべきである。そして国際的には、非核平和都市宣言のグローバルなネットワークを活用し、市民・自治体外交として平和運動を活発化させることである。自治体は中央政府の地方機関ではない。市民の政府である。同時にグローバルな意味での生活者＝市民の政府である。この認識をもちうるならば、一連の戦争準備法のもとで閉塞し窒息しかねない社会から脱却しうるし、同時に日本に対するグローバルな信頼を獲得することができるというべきである。

## 六　むすび

本稿は、憲法第九条「改正」論議に立ち入ったものではない。国民保護法を中心として有事法制の「虚構性」と、そこから生じるであろう社会情況について論じてきた。それにしても、有事法制をめぐる政治の過剰同調は、政治空間の萎縮を指摘して余りある。なぜ、有事法制がいかなる情況を招来するのかに思慮がおよばないのか。なぜ、ジュネーブ第四条約追加議定書の批准・加入を「付け足し」的なものにとどめているのか。高度に観念的な「大状況」をあたかも現実であるかのようにとらえ、その対策にむけて邁進し、結果として悪化した事態が生じれば、既定の事実としてしか認識しない、日本政治の悪しき体質が露呈しているといわざるをえない。

憲法「改正」議論にしても同様である。国軍の機動性を高めるための第九条全面「改正」が主張される。それへの一定の歯止めを論じつつも、国軍の海外派遣に法的根拠を明らかにするよう論じる動きもある。もちろん憲法は「不磨の大典」ではないし、現代日本の政治・経済・社会の状況に照らすとき、改正を必要とする条項も多々ある。もっとも象徴的なのは、憲法前文において国民主権を宣言したにもかかわらず、なぜ、第一章が「国民の権利、義務」でないのか。しかし、憲法改正議論が第九条に特化し、その是非が大状況からのみ論じられるところに、日本政治の貧困さがあるといえよう。

すでに論じてきたように、政治は擬制たる国家に専有されるものではない。また権力が「不用意」にもさだめた規範のなかにも、国家が描く見取り図とは異なる社会を構築する手段が存在する。「責任政党」「政権交代可能な政党」の名のもとに権力への同調をはかるのではなく、複眼的政治思考にもとづく政治空間の再生こそが、こういう時代だから野党に問われている。

〈参考文献〉

「国民保護法が成立しました——武力攻撃事態等において国民の生命・身体・財産を守る」『時の動き』(二〇〇四年七月号)。
青山繁晴「訓練を積み重ねて、法律の実効性を高める」同上。
武力攻撃事態対処法研究会編『武力攻撃事態対処法の解説Q&A』(ぎょうせい、二〇〇三年)。

小針司「憲法九条と有事関連三法」『法学教室』(二〇〇三年一〇月号)。

大橋洋一「国民保護法制と地方公共団体——災害対策法制と国民保護法制の比較を中心として」『地域政策——三重から』(二〇〇四年夏季号)。

平嶋彰英「国民保護法と地方公共団体の関わりについて」同上。

渡井理佳子「地方公共団体と住民保護の行政」同上。

須佐美文孝「国民保護法制定の背景——変わる安全保障論議」同上。

藤田久一『国際人道法　新版再増補』(有信堂高文社、二〇〇三年)。

松下圭一『都市型社会と防衛論争——市民・自治体と「有事」立法』(公人の友社、二〇〇二年)。

新藤宗幸『分権と改革——時代の文脈を読む』(世織書房、二〇〇四年)。

# あとがき

二〇〇五年一一月に結党五〇年を迎えた自由民主党は、その記念党大会において「党新憲法草案」を発表した。もともと、現行日本国憲法をＧＨＱ＝アメリカによる「押し付け憲法」と見なし、「自主憲法」の制定を党綱領に謳った政党であるから、ある意味で「当然」の行動であるといってもよい。とはいえ、自民党は結党から今日にいたるまで、ごくわずかな期間を除いて政権の中枢に位置してきた。それにもかかわらず、党綱領に忠実に憲法「改正」を、草案をもって示してきたことはなかった。党綱領は五〇年もの長期にわたって「空手形」のまま据え置かれてきたのである。

自民党の新憲法草案は、前文において象徴天皇制の維持、国民主権、基本的人権の尊重、平和主義なる現行憲法の基本原則を維持するとしつつも、「国民は帰属する国や社会を愛情と責任感と気概をもって自ら支える責務を共有する」と、国への「忠誠」規定をおいた。そして、戦後政治において「憲法政治」の焦点であり争点であった憲法第二章については、タイトルを「戦争の放棄」から「安全保障」に改め、第九条一項をそのまま残しつつも、二項にある戦力の不保持と交戦権否認を削除した。新たに起こされた第二項では「自衛軍」の保持を明記した。そして自衛軍の目的は「我が国の平和と独立並びに国及び国民の安全を確保する」ことにあるとした。

こうした改正草案が、五〇年の「空白」をおいて示された理由は、けっしてひとつではない。ここで多くを論じる余裕はないが、一九九〇年代の世界政治そして国内政治における構造変動をベースとしていよう。そのうえでいえば、「解釈改憲」が限界を越えたことを意味していよう。小泉純一郎首相は、イラクへの自衛隊の「派兵」にあたって、「われらは、平和を維持し、専制と隷従、圧迫と偏狭を地上から永遠に除去しようと務めてゐる国際社会において、名誉ある地位を占めたいと思ふ」なる日本国憲法前文を引いた。これは憲法の理念を省みない「摘み食い」でしかない。だが、ここに極端に表れているように、政権は解釈ではいかんともし難い情況の清算を迫られたのである。

この政権党の新憲法草案が今後どのような行方をたどるかは、予測の限りではない。だが、今日の政治情況からいえば、これは政権党限りの突飛な行動ではない。与野党を越えた共鳴盤が形成されている。それだけに、日本国憲法の理念に照らして戦後政治を総括し、憲法と政治のあり方を問うことが、たんに学問やジャーナリズムの世界において必要とされているのではなく、ひとりの市民として生活のなかから問いつづけるべき時代を迎えていよう。本書にいう「憲政」「憲法政治」なる言葉には、序において概念的整理を試みており再論は控えたい。本書はそれに政治学の細分された分野を超えて取り組んだものである。その意味で、本書が時代を考えるテクストとして役立つならば幸いである。

ところで、このような性格の本書を出版するに至った事情と経緯についてふれておきたい。

本書の編者に名を連ねていただき一章を書き下ろして下さった坂野潤治教授は、二〇〇三年三月に千葉大学法経学部を定年退職された。そして大学の教壇において教鞭をとる生活からリタイアされ、専ら近代日本政治史の研究者としての日々を送られることになった。二〇〇三年初春、坂野教授から直接日本政治史の教えを受けた者、専門分野は少し異なるものの指導を仰ぎ、その鋭いアドバイスに啓発を受けた者のあいだで、坂野教授の長きにわたる大学教員生活からのリタイアを記念し、またご恩顧にわずかであれ報いる出版物の刊行が話題となった。こうした事情から、本書のテーマは、坂野教授のライフワークというべき「憲政」「憲法政治」を基軸とすることとし、その後、執筆者間で企画の調整がおこなわれた。

本書の刊行は執筆者の個別的事情によって、当初の計画よりはるかに遅れてしまった。この間に坂野教授は『昭和史の決定的瞬間』(ちくま新書、二〇〇四年)、『明治デモクラシー』(岩波新書、二〇〇五年)の二冊を刊行された。その精力的お仕事に執筆者一同驚嘆するとともに、自らへの戒めとしたい。

最後に、本書の刊行をお引き受けいただき、遅々とした作業を温かく見守りつつ熱心に編集の労をとってくださった、東京大学出版会常務理事・編集局長の竹中英俊氏と編集部の斉藤美潮氏に、心から感謝の意を表したい。

二〇〇五年一二月五日

執筆者一同を代表して

新藤　宗幸

**執筆者一覧**（執筆順．*は編者）

* 坂野潤治　東京大学名誉教授
関谷　昇　千葉大学法経学部助教授
* 小林正弥　千葉大学法経学部教授
中北浩爾　立教大学法学部教授
空井　護　東北大学大学院法学研究科助教授
山口二郎　北海道大学公共政策大学院教授
島津直子　ロンドン大学バークベックカレッジ助教授
松浦正孝　北海道大学大学院法学研究科教授
牧原　出　東北大学大学院法学研究科助教授
* 新藤宗幸　千葉大学法経学部教授

憲政の政治学

2006年1月10日　初　版

[検印廃止]

編　者　坂野潤治《ばんのじゅんじ》・新藤宗幸《しんどうむねゆき》・小林正弥《こばやしまさや》

発行所　財団法人　東京大学出版会

代表者　岡本和夫

113-8654 東京都文京区本郷 7-3-1
電話 03-3811-8814・振替 00160-6-59964

印刷所　研究社印刷株式会社
製本所　矢嶋製本株式会社



ISBN 4-13-030138-1　Printed in Japan